나의 사랑하는 아내 박병희에게
이 책을 바친다.

타불라 라사 II

Tabula Rasa II

초판1쇄 인쇄 2023년 11월 22일
초판1쇄 발행 2023년 12월 12일

지은이 신일희
펴낸곳 계명대학교출판부
출판등록 제347-1998-1호(1970.9.1.)
주소 대구광역시 달서구 달구벌대로 1095
전화 053-580-6233
팩스 053-580-6235
홈페이지 www.kmupress.com

ISBN 979-11-6516-192-7 93100
정가 38,000원

타불라 라사 II

Tabula Rasa II

신일희

계명대학교 출판부

Contents

제3부
시

Apologia: 서문을 대신하여

우리가 도모하는 일들이 늘 뜻대로 되는 것만은 아니다. 천재들이 만들어내는 새로운 문명의 이야기들도 가끔은 엉뚱한 데서 예기치 않게 얻어진 영감의 덕택이기도 하다. 이 책에 실린 글들도, 물론 천재의 작품은 전혀 아니지만, 내가 처음부터 계획했던 연구 주제라기보다 어쩌다 보니 가끔씩 떠오르는 생각들을 모아 글로 남기게 된 것들이다. 이 엉뚱한 글들을 구태여 책으로 펴내는 이유는, 행여 독자들 가운데 여기서 작은 실마리라도 찾아내어 의외의 '천재적' 업적을 이룰 수도 있지 않을까 하는, 조금은 너무 크다고 생각할 수 있는 기대감 때문이다.

오늘날 지식은 전문화의 추세가 지나치게 가속화되면서 파편화되고 있다. 우리는 너무나 많은 정보를 받아들이고 있지만 정작 그것들의 기원이나 의미는 무엇인지, 어디에 어떻게 사용할 것인지 등에 대해서는 제대로 파악하지 못하고 있는 게 사실이다. 전문적 지식의 양은 늘어나는 데 비해 학문 간의 교류는 오히려 줄어들고 있어 종합적 이해력은 퇴보 일로에 있다. 현대의 지식 사회는 풍요 속에서 오히려 빈곤기를 맞고 있는 셈이다. 이 책에 담겨 있는 나의, 어쩌면 요란하게 들릴지도 모를 수레바퀴 소리는 어떤 전문성을 근거로 하지 않는다. 언어로 표현되기 전부터 내 마음에 맴돌고 있었을 잡념雜念에서 비롯되었을 것이고, 논리학이나 언어학이 작동하기 이전의 감정과 직관, 이미지와 몸의 느낌을 통해 그 모습을 드러낸 것들이다. 그 과정은 보편적일지 모르지만, 그 결과는 각양각색일 터이다. 역설적이지만, 이런 접근 방법은 여러 분야를 아우르는 통합적 생각에 이르게 하기도 한다.

제1부에 포함된 「천로역정의 비단길」과 「각설이의 서방西方 나들이」의 방랑설은 문명사의 거대 담론에 대한 나의 지적 여정의 일부라고 할 수 있다. 「비극의 눈물」과 「웃음의 삼단률」에서 언급된 '눈물'과 '웃음'은 인간의 탄생과 함께 시작되어 다른 동물들과는 구분되는 특별한 '인간 조건'이라는 뜻에서 서로의 상관성을 찾을 수 있을 듯하다. 이들을 논설문이라고 할 수 있다면, 제2부에 포함된 「어니스트 헤밍웨이의 '노인과 바다*The Old Man and the Sea*' 읽기」 「뮐러와 함께 떠나는 '겨울여행*Die Winterreise*'」 「섬의 혈액형」 「베토벤과의 대화」는 약간은 가벼운 방식으로 써진 글이다. 어둔한 결론으로 글을 맺는 대신 독자의 참여로 완성에 이르고자 했다. 언뜻 제목만 보면 모두가 그럴싸해 보일 수도 있지만, 내 삶을 감싸고 있던 존재의 조건에 대한 생각의 일부를 풀어놓은 것에 시나지 않는디. 그 과정은 나로 하여금 어떤 형태로든 나에게 축적된 자그마한 지식의 영역을 횡단하게 한 계기가 되었다. 제3부의 시들은, 그동안 펴낸 세 권의 시집에서 발췌한 것 외에도 새로운 것들이 있어서 포함시켰다. 혹자들은 어떻게 산문을 쓰며 시까지 쓰느냐고도 하지만, 사실은 산문에서 제대로 표현했거나 표현하지 못한 것들을 '시'라는 언어를 통해서 축조하고 확인하고 싶은 노력일 뿐이다.

이 책은 내가 어떤 진리를 '주장'하고자 쓴 것이 아니며 영원성에 대한 탐구의 여정에서 그때마다 착각처럼 다가온 사유를 모은 것이다. 그 가운데서 미숙하거나 불완전해 보이는 생각들과 관점들을 당연히 마주치게 될 것이다. 결국 삶의 진정한 본질은 우리가 발견하는 해답이 아니라 감히 묻고자 하는 질문에 있을 것이라는 말로 변명을 대신한다. 처음 마음속에 두었던 이 책의 제목은 '타불라 압수르다Tabula Absurda'였다. '압수르다', 즉 '부조리' 혹은 '역설적'이라는 단어야말로 나 자신의 삶을 가장 잘 드러낼 수 있을 것이라고 믿었기 때문이다. 구체적인 해답이나 심오한 통찰에 이르지는 못했을망정, 끊임없이 사람됨의 진실을 찾아온 내 솔직한 마음의 여정이 결국에는 어긋남에 봉착했음을 고백하고 싶었다. 그렇다고 하더라도 다른 한편으로는 '나'라는 질그릇 속에 항구적인 가치를 담아 제자들과 이야기를 나누고 싶은 소망이 있는 것도 사실이고, 그런 바람이 훨씬 더 컸기에 결국 '타불라 라사 II'로 제목을 정하게 되었다.

20여 년 전에 '타불라 라사'라는 책을 저술한 적이 있다. 많은 오류가 있었을 것이고, 그것으로 말미암아 후학들을 혼란스럽게 했을지도 모르겠다. 이를 알면서도 또 하나의 책을 펴내게 된 것은 앞에서 저지른 오류들을 수정하고 조금이라도 더 나은 글을 남기고 싶은 마음이 많았기 때문이다. 내가 마치 무엇이라도 된 양 나 스스로를 인간적이지 않은 차원에서 이야기하는 것은 물론 아니지만, 인간 초월의 차원에서 본다면 신의 경고를 무시하고 금기의 영역을 엿보던 이카루스가 그런 오류를 범했다. 이카루스는 빛과 진리를 찾아 더 높이 날아오르려는 욕망이 커지면 커질수록 파멸과 가까워지게 되는 벌을 받았다. 더 깊은 진리를 원했던 파우스트도 생각난다. 결국 내용 없는 글을 쓰면 쓸수록 점점 더 수렁으로 빠져들게 된다는 역설과 부조리를 내가 다시 한번 감행하는 꼴이 되고 말았다.

나는 너무나 오랫동안 내 자신을 통제할 수 없는 형편이었다. 공인으로서 시간을 통제받기 시작하면서 맘대로 뭘 계획할 수도 없게 되었고, 작은 토막이나마 시작과 끝을 온전히 나 자신을 위해 챙겨놓기도 어려운 신세가 되고 말았다. 바쁘다는 핑계의 올가미에서 벗어나기 위해 발버둥 쳤지만, 남은 것은 내 실존의 심연에 남아있는 몇 가닥의 생각이 전부였다. 이 책에 담긴 글들은 그런 생각의 쪼가리들을 모은 것들이다. 이를 불쌍히 여긴 몇몇 제자들이 발 벗고 나서서 글을 다듬고 덧칠하여 조금씩 모양새를 갖추게 되었다. 제자들이 늘 나의 풍부한 부족함을 채워주고 있다는 사실을 다시 느낀다. 매우 감사한 일이다. 큰 그림의 윤곽이라도 짐작할 수 있게 해주었으니 나로서는 또 한 번의 빚을 지게 되었다. 특히 편집 등의 어려운 일을 맡아 준 최신한, 김중순, 허정명, 이경규, 김경미, 정찬호, 서영희에게 감사한다. 제자들을 비롯해, 여전히 불확실성의 깊은 곳을 모험하려는 의지를 가진 이들에게 이 볼품없는 책을 드린다.

생의 한 장을 넘기는 퇴고推敲를 하고 나니 어느새 가을이다. 내가 아직 젊었던 20대 시절, 내 삶 속에 질풍노도가 지나가던 그때 즐겨듣던 노래가 있었다. <Try to Remember>를 다시 들으면 초원은 푸르렀고 곡식은 노랗게 익어가던 9월을 기억하게 된다. 사랑이 새로운 생명으로 태어나던 그때, 수양 버드나무weeping willow 말고는 아무도 눈물짓지 않을 만큼 아름다운 시절이었다. 겨울이 되면 이 책이 출판되어 나올지도 보르겠나. 봄의 싹도 피고, 가을의 결실이 맺어진 후에 다시 여름의 수난을 거쳐 한겨울이 깊어져도 우리를 아름답게 했던 그 9월 중순에 피어난 항구적인 사랑을 나는 여전히 감사하게 기억하고 있을 것이다.

2023년 10월

신일희

제1부

사람됨의 길목

제1장

천로역정의 비단길

천로역정天路歷程[1]

I

인간은 근본적으로 자신이 과연 존재하는지에 대한 물음을 가지고 있다. 그리고 그 존재를 증명하고자 한다. 오늘의 「천로역정의 비단길」이라는 주제도 '너 자신을 알라'라는 그리스 격언의 연장 선상에 있다. '알고 싶어 하는 것은 모든 인간의 천성'이라는 아리스토텔레스의 『형이상학』과 연결된다. 아리스토텔레스적 인간이 의식을 가지면서 제일 먼저 알고 싶어 하는 것은 자신에 관한 내용일 것이다. 시대에 따라 그 방식은 달랐지만, 그것은 곧 인류 문명의 흐름을 가늠할 수 있는 잣대가 되기도 한다. 각각 다르게 제시되었던 해답들은 크게 일곱 가지 단계로 요약할 수 있다. 그것은 특히 '이성'의 진화 과정이라는 관점에서 이루어졌다. 혹은 서양 지성의 변화하는 풍경을 그린 것이라고도 할 수 있다. 그러나 우리가 살아가는 오늘 혹은 미래를 위해 제기될 해답이나 그림은 우스꽝스럽게도 '모르겠다'라는 결론에 이르게 된다. 우스꽝스럽고 불확실한 결론은 가끔씩 우리를 불안하게 한다. 이 글은 혼자서는 두렵고 주저되는 것들에 대한 나 자신의 고백이다. 그 고백에는 나의 불

1 (편집자 주) '천로역정(天路歷程)'은 존 번연((John Bunyan; 1628-1688)이 쓴 책 *The Pilgrim's Progress: From This World to That Which Is to Come*의 우리말 번역이다. 온갖 어려움을 견디며 천국으로 가는 순례의 여정을 그린 작품이지만, 그것은 인류가 지난 수천 년간 문명의 길을 개척하며 걸어왔던 험난한 길과 짝을 이룬다. '비단길'(Silk Road)은 그 험난한 길 가운데서 가장 역사적이고 구체적인 공간이다. 따라서 "천로역정의 비단길"은 인류 문명사를 그런 관점에서 읽어내고 서술하고자 하는 은유적인 표현이다.

안함이 위로받기를 원하는 갈망이 담겨 있고, 더 나은 해결책을 얻을 수 있으리라는 기대도 담겨 있다.

1.

첫 번째 단계: 나는 경외한다. 그러므로 존재한다

timeo ergo sum

존재 의식에 대한 흔적을 찾기 위해서는 기록으로 남아있는 고대 문화권의 유산을 돌아볼 필요가 있다. 반신화적인 전설이라고 할 수 있겠지만, 지질층의 조사에 의하면 기원전 2600~2550년경에 길가메시Gilgamesh라는 왕이 메소포타미아 지역의 우룩Uruk왕국을 통치하고 있었다. 이 지역은 성서의 아브라함2100 BC 경과 관련된 갈대아 우르Ur of Chaldea 지역이다. 영웅 길가메시에 관한 이야기는 수 세기 동안에 이 지역에서 저 지역으로, 입에서 입으로 전파되어 오다가 쐐기문자로 문자화된 것은 기원전 2100년경이었다. 이는 수메르판Sumerian version, 아카드판Akkadian version, 나중에는 바빌로니아판Babylonian version 등으로 다양하게 편집되어 나왔고, 또 사건 중심으로 편집되어 12개 이상의 흙 판에 새겨져 보존되고 있다.

길가메시 영웅 서사시는 호머의 영웅 서사시1800 BC 경에 비하면 매우 짧으나 호머보다 1,300여 년이나 더 오래되었다. 2/3는 신이고 1/3은 인간으로 태어난 길가메시는 인간이면서도 초인간적 신격을 더 많이 갖춘 왕이었다. 그는 여러 지역을 정복하면서 그에게 절대적으로 굴복하지 않는 국가나 백성들은 철저히 파괴했다. 군주인 자기를 두려워해서 순종하거나 죽음을 택하도록 명했다. 그를 거역한 지역은 완전히 파괴하여 “새 한 마리 앉을 수 있는 나뭇가지 하나 없었다”라고 기록하고 있다. 공포에 근거한 절대복종이 목표였다. 거대한 왕국들의 영토를 단순히 정복만 하고 복종할 수 있는 제도를 체계화하지 않으면 자연히 구왕권 복귀를 위한 반란이 재현되었기 때문일 것이다.

그림 1) 엔키두와 훔바바가 만나는 장면이 묘사된 <길가메시 서사시>의 다섯 번째 판(2015년 발굴), 기원전 2300-1595년, 이라크 쉴레이마니예 박물관, CC BY-SA 4.0 © Osama Shukir Muhammed Amin FRCP(Glasg) via Wikipedia

그림 2) <뱀과 사자를 제압한 동물의 군주>(길가메시로 추정), 두류샤르킨의 아시리아 궁전에서 출토, 기원전 713-706, 5.52x2.18m, 루브르 미술관

그림 3) <뱀과 사자를 제압한 동물의 군주>(길가메시로 추정), 두류샤르킨의 아시리아 궁전에서 출토, 기원전 713-706, 5.52x2.18m, 루브르 미술관

그가 인간에게 절대적인 두려움과 복종을 강요했듯이 신들 또한 그에게 두려움과 복종을 기대했다. 그러나 길가메시와 그의 동행자인 야인 엔키두Enkidu는 신들의 산을 지키던

괴물 훔바바Humbaba를 살해하고, 길가메시에게 구애하던 여신 이쉬타르Ishtar, 성서 구약의 아스타레를 외면했다. 이쉬타르가 분풀이로 내려보낸 '하늘의 황소'도 죽이고, 죽인 황소의 뒷다리를 이쉬타르를 향해 내던짐으로써 여신을 성적으로 모독하기까지 했다. 신들은 그 책임을 물어 신성을 가진 길가메시는 처벌하지 못하지만, 대신 엔키두를 죽인다.

신을 공경하고 두려워하지 않은 죄는 바로 죽음, 존재의 소멸이었다. 고대 트로이의 명장 헥토르의 장엄한 죽음과는 비교할 바가 못 된다. 하지만, 이 서사시에 등장하는 인간으로서 죽음을 인지하는 장면은 인류 문학사상 처음이다. 엔키두를 덮친 죽음이라는 수면의 괴물을 의식한 첫 생명체인 길가메시는 죽지 않는 길, 영원히 살 수 있는 길을 당연히 갈구하게 된다. 본성의 2/3가 신이라 할지라도 나머지 1/3이 뜻하는 필멸의 인간성을 극복하고자 한다. 온전한 신처럼 계속 존재할 수 있는 불사의 길을 찾아 긴 여정을 시작한다. 불사초 대신 회춘초를 구했으나 귀향길에서 만난 뱀이 훔쳐 먹어 버렸다. 진시황259~210 BC의 불사초보다 2,000여 년 전의 이야기다.

그림 4) <아카드의 사르곤>, 기원전 2300년경, 청동, 30.5cm(H), 바그다드 이라크 국립박물관

그림 5) <나르메르 왕의 석판> 앞뒤면, 기원전 3200-3000, 실트암, 64x42cm, 카이로 이집트 박물관

인간 문명이 만드는 제왕 중심의 왕국이 제국으로 변모하고, 거대한 지역을 통치하는 인류 최초의 정복자-제국주의자는 아카드의 왕 사르곤Sargon of Akkad, 2334-2284 BC으로 알려

져 있다. 단군이 고조선을 건립2333 BC 한 그 시대이다. 물론 사르곤보다 더 오래된 이집트의 바로왕들이 있다. 이집트 첫 왕국의 나르메르Narmer 혹은 Manes, 3150 BC 도 있고, 기자Giza에 거대한 스핑크스를 세우고 나일강의 갈대잎 파피루스에 첫 기록을 남긴 쿠푸Khufu, 2560 BC 도 있다. 그러나 바로왕들의 통치나 정복에 관한 체계적인 자료는 남아 있지 않지만, 사르곤에 대해서는 56년의 통치 기간2340~2284 BC 경 동안 34번의 전쟁을 승리로 이끌면서 아카드 제국을 건립했다는 구체적인 기록이 남아있다.

그림 6) 신(우)에게 영감을 받고 있는 함무라비(좌), <함무라비 법전 비> 상단 부분, 1793-1751 BC, 225cm(H), 파리 루브르 미술관, CC BY 3.0 © Mbzt, via Wikipedia

그림 7) <젊은 멤논(람세스 2세)>, 1270 BC 경, 화강암, 267x203cm, 런던 대영박물관, © Jon Bodsworth

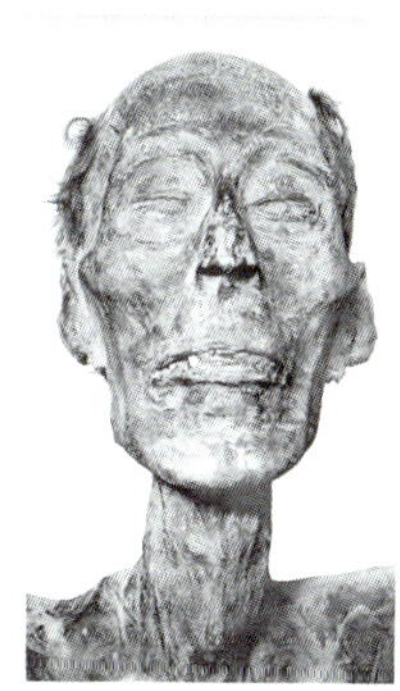

그림 8) <람세스 2세의 미라>, 카이로 박물관, © G. Elliot Smith

문화사학자들은 사르곤과 고대의 다른 정복자들과의 사이에는 차이점이 있다고 한다. 그것은 그의 정복이 신의 영광을 위해서도 아니고 그의 도시국가 아카드의 번영을 위해서도 아니었으며 오직 자기 자신의 영화를 위한 것이었다고 한다. 정복한 도시마다 자기 자신을 신격화하면서 자기의 성전을 건설하고 자기의 제국법령을 선포했다. 군주로서 좋은 일도 많이 했다. 농경사회가 필요로 한 수로 건설, 약자를 고려한 세금 제도, 통치를 위한 행정체계 등을 이루어 나갔고, 정복왕인 동시에 신적인 군주의 책임을 이행했다. 그것은 그의 비문에 새겨져 있듯이 "나는 아카드의 군주, 막강한 왕 사르곤" 즉 신성을 가진 정복자로 통치하면서 절대복종을 전제로 한 것이었다. 여기에서는 인간 군주에 대한 공포심이 백성들의 생존, 즉 존재의 조건이었다고 할 수 있다.

사르곤의 시대가 끝나고 약 오백여 년 후에 함무라비Hammurabi, 1810-1750 BC 경가 등장한다. 42년간 통치하면서 죽기 5~6년 전에 선포한 법전 서문에 스스로를 '신들을 숭배하는 자'라고 명시했다. 법전 자체는 바빌로니아의 태양의 신이며 정의의 신 샤마시Shamash로부터 전해 받은 것이라고 했다. 한 석판에는 "나는 공포를 일으키는 왕이며 나에게 복종하지 않는 자는 내 사나운 눈을 들어 사형 선고를 내린다"라고 적혀 있다. 왕은 신들에게 복종하고 모든 백성은 왕에게 복종해야 한다는 뜻이다. 그렇게 하지 않으면 왕은 왕대로, 인간은 인간대로 '사형 선고'를, 즉 존재의 파멸을 초래하게 된다.

함무라비의 시대가 이백 수십여 년이 지나고 기원전 1500년경부터 집필되기 시작했다고 하는 『구약성서』에도 존재는 항상 두려움과 생명, 공포와 연결되어 있다. 온갖 세상사를 다 경험한 솔로몬이 말년940 BC 경에 기록했으리라 추측되는 「전도서」12:13에는 "하나님을 경외하고 그 명령을 지킬지어다. 이것이 사람의 본분이니라"고 쓰여있다. 솔로몬 시대부터 200여 년에 걸쳐 기록되었다고 알려진 「잠언」1:7에는 "여호와를 경외함이 지식의 근본이니라."라고 쓰여있다. 이들 경구의 뜻은 존재하는 자로서 갈구하는 존재 의식과 확인은 여호와의 경외에 근거하고 있다는 것이다. 「전도서」나 「잠언」은 사람의 말이었으나, 바빌로니아 유수586-538 BC 경와 연관된 「예레미아」32:38~39의 "그들은 내 백성이 되겠고 나는 그들의 하나님이 될 것이며... 자기들과 후손의 복을 위하여 항상 나를 경외하게 하고"는 하나님이 직접 인간에게 '경외'를 명하신 내용이다.

'경외'가 개인과 가족뿐만 아니라 한 종족 자체의 존재와 번성을 가능하게 한다는 것이다. '여호와 경외'라는 단어의 어원을 추적하면 히브리어 'yirah Yahweh'에서 희랍어 'favos tou Kyriou', 라틴어 'timor Domini', 영어 'fear of the Lord' 및 한국어 '여호와의 경외'로 이어진다. 또한 히브리어 어원 'yi'rah'의 뜻은 한글 사전이 '공경하면서 두려워함'이라고 정의

하는 '경외'보다 더 강한, '공포'라는 뜻을 포함한다. 여호와 신에 대한 경외와 공포가 인간의 존재 이유이고 확증이라는 뜻이며 경외와 공포가 없을 때는 존재의 축복이 소멸된다는 뜻이다.

『구약』 속에 기록된 수많은 사건에서 여호와에 대한 절대복종은 축복에, 불복종은 멸망에 직결되어 있다. 모세 오경, 특히 「민수기」를 의미한다고 할 수 있는 '율법책'「여호수아」 1:8에 기록된 대로, 순종의 법을 다 지켜 행하는 것이 죽임멸망을 당하지 아니하고 생명존재을 보전할 수 있는 길이다. 경외와 공포가 존재의 전제인 셈이다. 다른 주제이지만, 구약의 '율법책'에는 함무라비 법전에 있는 내용이 많이 포함되어 있다.

함무라비의 시대가 오백여 년이 지난 후, 그리고 또 유대 민족에 대한 기록이 나타나기 시작한 후 이백여 년이 지난 시점이 되었다. 모세를 상대했다고 알려진 이집트의 왕, 태양의 신 라Ra의 아들 람세스Ramses II, 1304~1213 BC의 시대가 등장한다. 람세스는 66년을 통치하면서 인근 지역에 있는 누비아, 리비아, 팔레스타인 등 여러 나라를 정복했다. 자기의 정복 행위는 신의 아들, 즉 신으로서의 일이라는 뜻이다. 자신이 신이므로 모든 인간은 신에 대한 경외심을 토대로 한 복종을 그에게 입증해야 했다.

람세스의 경우, 한 가지 특이한 점은, 신의 아들이라는 사실이 자신의 존재 확인에 부족했는지 8명의 공식 왕비와 200여 명의 후궁을 두었다고 한다. 또 96명의 아들과 60명의 딸이 있었고, 96명의 아들 가운데 52명의 이름이 알려져 있다. 자신이 가진 신적인 정복자의 존재성도 부족해서 200여 명이 넘는 왕비와 후궁을 거느리고 150명이 넘는 자식들을 낳아 자기의 존재를 거듭 확인한 것이다. 하지만 그의 유산은 사암으로 만들어진, 파손된 무덤이라고 해야 할 것이다.

영국의 낭만주의 시인 쉘리P. B. Shelley가 1818년에 발표한 <오지만디아스Ozymandias>라는 시가 있다. 오지만디아스는 람세스의 그리스어 이름이다.

오지만디아스

고대문명의 땅을 둘러온 여행자를 만났는데
그가 이르기를: 두 개의 거대한 석상의 다리가
사막에 서 있고 그 근처 모래 속에
깨어져 반은 묻혀있는 두상을 보았다.
비뚤어진 입술, 무정한 명령을 내리며 비웃는 모습,
아직 남아 있으나 생명 없는 돌덩이에
그의 잔인한 열정을 조각가가 잘 새겨놓았다.
그리고 아래 발판에는 이런 글이 보였다:
"내 이름은 오지만디아스, 왕 중의 왕.
너희 위대한 군주들아, 내가 이루어
놓은 업적을 보고 절망하라!"
그 외에는 아무것도 남은 것 없고
끝없는 황무지, 고독하게 펼쳐진 모래가
거대하나 파손된 돌덩이 주위로
지평선까지 멀리 뻗어있을 뿐이었다.

오지만디아스의 시대를 500여 년 지나 700 BC 경에 집필되었다고 추측되는 『일리아스』Iliad에서도 비슷한 내용이 발견된다. 천하무적 아킬레우스가 아테네 여신에게 "당신에게 복종하는 것이 나의 의무입니다"[I, 216]라고 한다. 또 제우스가 아테네에게 오디세우스에 관해 말하면서 "신들에게 순종하고 많은 제사를 올리는 오디세우스를 내가 어찌 잊겠나"[I, 65~67]라고 한다. 아테네와 포세이돈 같은 신들은 당연히 제우스에게 복종한다[XXI, 290]. 비슷한 시대의 시인 헤시오드Hesiod의 작품 『신들의 족보』*Theogony*에서도 복종과 불복종에 관한 이야기가 있다. 제우스의 명을 거역하고 인간에게 불을 전해준 프로메테우스Prometheus의 이야기다. 제우스에 대한 불경의 대가로 그는 1만 년을 바위에 묶여 매일같이 독수리에게 간을 뜯어먹힌 내용은 너무나 잘 알려져 있다.

지금까지 언급된 영웅들에게는 '존재'가 철학적인 개념 아니라 생물학적인 '목숨'이고 '생명'이었다. 그 영웅들은 길가메시의 분신인 엔키두처럼 신에게 복종하지 않았기 때문에 존재를 잃었다. 「잠언」의 저자 역시 경외와 공포를 존재와 직결시켰으며, 사르곤이나 람세스 또한 자신을 신격화하면서 자신들에 대한 경외와 공포를 일반 백성들의 생명과 존재 조건으로 간주했다. 특히 아카드와 바빌로니아의 신들을 절대복종숭배하고 사마시에게서 '법전'을 전해 받으며 그 앞에서 무릎을 꿇는 함무라비의 모습은 경외와 공포에 대한 존재적 가치의 상징이라고 할 수 있다.

그의 '법전'과 모세의 '십계명'이 가지는 유사한 점들, 특히 모든 법의 전초가 되는 경외와 공포는 결코 우연이 아닐 것이다. 기록된 역사에서뿐만 아니라 초창기 수렵 단계의 원시인들도 폭풍, 번개, 천둥, 홍수, 화산 등 자연재해에 대한 공포감이 있었을 것이고 그 자연 신들에게 절대복종함으로써 그들이 분노하지 않도록 하는 것이 목숨생명체로서의 존재을 잃지 않는 길이라고 느꼈을 것이다. 죽음에 대한 공포와 그것에 상응하는 절대복종이 명하는 '경외'의 자세가 목숨을 부지하고, 존재를 유지하는 조건이다. 왕을 포함한 모든 인간은 신들에 대해, 백성은 왕에 대해 공포심을 가지고 절대적으로 복종해야 했다. 결국, 수렵시대를 지나 집단생활을 시작한 문화인으로서의 인간이 자신의 존재를 확인한 것은 "나는 경외한다. 그러므로 존재한다.I fear, therefore I am; timeo ergo sum"라는 사실을 인지한 데 있다고 해야 할 것이다. 이것이 인류의 자아 인식과 존재 확인의 첫 번째 단계이다.

2.

두 번째 단계: 나는 정복한다. 그러므로 존재한다

vinco ergo sum

이제 모래에 묻힌 람세스의 시대, 신격을 지닌 정복자의 시대를 다시 한 천년 지나고, 총체적으로는 길가메시 이후 2,200~2,300여 년의 길고 긴 문화 시대가 지나갔다. 아리스토텔레스의 동시대 인물인 알렉산더356~323 BC 대제, 위대했지만 자신을 신격화하지 않은 영웅이 나타난다. 그는 33세에 전사할 때까지 수많은 도시와 국가를 정복했다. 정복을 통해 자기의 제왕적인 위상을 확인하고 영구화하면서 바빌론의 왕, 아시아의 왕, 세계 4방의 왕King Alexander of the Four Corners of the World 등의 호칭을 누렸으며, 자기의 존재를 기리는 '알렉산드리아'라는 이름의 도시를 70개 이상이나 세웠다. 그 가운데, 지금도 남아있는 대표적인 도시가 이집트의 알렉산드리아Alexandria, 이라크의 이스칸다리야Iskandariya, 루마니아의 알렉산드리아Alexandria, 튀르키예의 알렉산드리아 트로아스Alexandria Troas 등이다. 그것도 부족해서 자기의 애마 뷰세팔루스Bucephalus를 기념한 뷰세팔리아라는 도시를 오늘날 파키스탄의 자일룸Jhelum에 건립했다. 정복의 적토마마저 자기의 정복자적 존재를 입증해 주는 증거로 남긴 것이다.

물론 알렉산더 자신이 모든 도시의 이름을 정한 것은 아니나 거기에 자신의 내면적 욕구가 숨겨져 있음은 분명하다. 그것은 가장 확실하고 지속적으로 자신의 존재를 증명할 수 있는 방법이었기 때문이다. 그리스 문화의 후계자인 로마의 시저Julius Caesar, 100–44 BC도 유럽 지역 갈리아Gaul와 지중해 전 해안을 정복하고 로마 공화국을 로마 제국으로 변형시킨다. 오늘날 튀르키예의 소아시아 중북부 흑해 지역까지 올라가 폰투스Pontus 왕국까지 정복했다. 젤라Zela 전투에서 남긴 명언 "왔노라, 보았노라, 정복했노라.veni, vidi, vici" 역시 개인 시저와 로마 제국의 존재를 정복으로 입증하고 유지하고자 한 것이라고 할 수 있다.

그림 9) 기원전 3세기 <알렉산더의 초상>의 로마시대 복제본, 대리석, 코펜하겐 글립토테크 미술관, © Marie-Lan Nguyen

그림 10) <콘스탄티누스 대제의 거상> 중 두상, 312-315, 대리석, 12m(H), 로마 카피톨리노 박물관, CC BY-SA 2.0, © Camille King, via Wikipedia

그림 11) <샤를마뉴의 흉상>, 샤를마뉴 두개골 윗부분이 들어있다고 알려진 유물함, 1350년경, 독일 아헨 대성당, CC BY-SA 4.0, © Florian B. Gutsch, via Wikipedia

콘스탄티누스Constantinus, 280~337 대제도 마찬가지다. 기독교의 이 역사적 전사는 자신의 처남이자 주요 적수였던 막센티우스Maxentius를 처단한 후 312 브리튼Britain과 갈리아Gaul에서 로마까지 정복을 이어가면서 행진했다. "이 표적으로 너는 정복하리라.in hoc signo vinces"라는 문장이 새겨진 그 전설적인 십자가가 상징하는 것은 "정복한 자는 존재할 수 있으며 정복당한 자는 사라진다"는 절대 명제이다. 콘스탄티누스는 군사적인 정복에 이어 동로마제국의 황제였던 루시니우스Lucinius와 함께 「밀라노 칙령Edict of Milan, 313」을 선포했다. 기독교를 포함한 모든 종교를 수용함으로써 종교의 총체적인 수호자가 된다. 결국 루시니우스 마저 처형하고 325 로마 제국 전체의 정치적인 정복자이며 동시에 정신적인 정복자가 된 것이다. 연대적으로 보면, 샤를마뉴Charlemagne, 742~814도 전쟁과 정복을 통해 '유럽의 아버지'라는 칭호를 얻어 한 대륙의 '시조'로 존재하게 되었다. 전쟁 영웅 및 영토 제왕과 종교 수호자로서의 존재감 등이 다 정복에 기인하고, 이 모든 것은 존재 의식과 직결되어 있는 것이다.

이슬람 세계에서도 7세기와 8세기에 정복을 통해 강한 존재 의식이 나타난다. 무함마드Muhammad, 570?~632 이후 반세기도 되지 않아 무슬림들은 페르시아 제국 전체와 비잔틴의 상당 부분을 정복한다. 이슬람에게는 이러한 정복이 단순한 군사적 행위가 아니고 무함마드 선지자가 알라신의 명의로 요구하는 절대복종의 결실이었다. 알라신에게 절대적인 복종을 하지 않는 이교도들에 대한 종교적 징벌이 정복이었고, 따라서 이슬람 문화에 정복당한 페르시아는 더 이상 존재할 수 없었다.

페르시아의 패망 후 인류 역사상 가장 성공적인 정복이며 허무한 멸망이 이슬람 세계와 동로마제국에서 일어났다. 로마 제국이 동서로 분리되고 콘스탄티누스Constantinus가 그 전 비잔티움Byzantium 지역에 자신의 이름을 딴 도시 콘스탄티누스를 설립하면서330 동로마제국이 창설되었다. 황제 자신은 그 도시를 '새 로마'Nova Roma로 구상했고 그때부터 1453년까지 천년이 넘는 긴 역사적 시간 속에서 콘스탄티노플의 비잔틴 제국은 위대한 문명을 이루어 나갔다. 그러나 천년의 '새 로마' 제국도 21세의 젊은 '정복자 메흐메트'Mehmed the Conqueror, 1432-1481 술탄에게 55일 만에 정복당하면서 화려했던 존재를 너무나 허무하게 상실하고 만다. 군사적인 정복이 존재의 확인 증거물로 이어지고, 정복과 존재가 동일시된 것이다.

위에서 언급한 알렉산더부터 메흐메트에 이르기까지, 모든 경우에 "정복한다to conquer; vincere는 것은 존재하기to be; esse 위한 행위이며 존재를 무력행위로 확인한다."는 뜻이 된다. 피정복자의 존재는 영원히 소멸된다. 이 같은 행위의 결론은 "나는 정복한다. 그러므로 존재한다.I conquer, therefore I am; vinco ergo sum"이다. 이 경우, 존재한다는 것esse은 정복하는 것vincere이다. 인간은 정복을 통해 자신의 존재를 확신하는 것이다.

야유적인 비유가 될지 모르겠으나 자연 현상에서도 정복과 존재의 상호존립이 형성되는 것 같다. 비잔틴 제국의 번성이 절정에 이른 14세기 중반 유럽에서는 흑사병이 창궐하고 있었다. 1347~1351년 사이에 최소한 7천5백만 명 이상의 생명을 앗아간 전염병은 유럽 군주 정복자들의 친인척들을 정복했으며, 유럽 인구를 그 전보다 2/3로 줄이고 말았다. 이

원시적 생명체 바이러스는 만물의 영장이라고 자처하던 인간 앞에서 무언의 행동으로 "나는 정복한다. 그러므로 존재한다."라고 광란했을 것이다. 2020년 통계로는 9천여만 명을 감염시키고 2백여만 명의 생명을 정복으로 앗아간 오늘의 COVID-19, 그 생명체 바이러스는 650여 년 전에 유럽을 강타한 정복자 선조의 길을 가고 싶어 할지도 모를 일이다.

인간존재를 인식하는데 있어서 정복의 의미와 역할은 역사 전반에 걸쳐 계속된다. 이것이 인류의 자아 인식과 존재 확인의 두 번째 단계이다.

3.

세 번째 단계: 나는 믿는다. 그러므로 존재한다

credo ergo sum

그러나 변화가 일어나기 시작한다. 정복자가 정복의 잔혹함을 관찰하면서 이제는 자기 자신이 피정복자가 될 수 있다는 의식을 하게 된다. 그러면서 정복의 가치를 지적으로 객관화하고 정신적으로 초월하기 시작한다. 정복자와 피정복자의 모습이 연결되면서 정복자는 정복의 무상함을 느끼게 되고 철학적이거나 종교적 성격을 띠게 된다. 정복자는 이제 물리적이고 군사적인 승리에서 서서히 벗어나 자신의 내면세계로 관심을 돌린다. 외적, 폭력적 정복을 내적, 정신적 성찰로 정복하기 시작하는 것이다. 인간은 자신에 대해서 숙고하게 되고, 결국 철학적 사고를 통해 자신의 존재에 관한 생각을 정립하게 된다. '내'가 '너'를 폭력적 행위로 정복하는 것이 아니고 '내'가 '나 자신'을 내면적 사색으로 극복하게 되는 것이다.

영화 <글라디에이터>Gladiator에서 자기 아들인 코모두스Commodus에 의해 살해된 로마 황제 마르쿠스 아우렐리우스Marcus Aurelius 128~180, 161~180 재위를 기억한다. 그의 삶은 외형적 영토 정복에서 내면적 자아 극복으로 이어진다. '살해'는 영화의 내용이고, 실제로는 58세에 특이한 병으로 사망했다고 한다. 재위 기간의 대부분을 전쟁터에서 보내면서 로마 제국의 영토와 문화를 유럽 북구까지 확장 시킨 위대한 철학자-황제이다. 그러나 이 정복자가 전쟁터에서 쓴 책 『사색』*Meditations*; 그리스어로 쓴 글 모음의 원제목은 「나 자신에게」에는 이런 대목들이 있다. "우리가 듣는 모든 것은 편견이지 사실이 아니다. 우리가 보는 모든 것은 시각적인 것이지 진리는 아니다." "네가 천년만년 살 것처럼 생각하고 행동하지 말라. 죽음이 항상 네 머리 위에 있다." "네가 다른 사람을 비판하기 전에 너 자신이 얼마나 그 사람과 닮았는지 생각하라." "인간의 영혼은 사색으로 그 아름다움이 채색된다." "영혼은 늘 시신에 묶여있다."

이러한 언표들은 절대 권력을 가진 황제나 정복자 혹은 개선장군이 정상적으로 할 수 있는 말이 아니다. 인간적인 제한성, 특히 시간적인 제한성 속에서 당면할 죽음을 깊이 인지하고 생의 무상함과 허무한 인간 조건을 숙고하는 철학자의 말이라고 하는 것이 더 적합할 것이다. 위대한 황제로 평가되는 마르쿠스 아우렐리우스는 정복을 초월하는 다른 가치로서의 존재자 혹은 인간을 인지하고 있는 것이다.

정복이라는 가치의 공허함과 정복자가 피정복자가 되어 허무하게 파멸될 수 있다는 의식을 하게 된 인간은 정복과 존재의 동질 혹은 동일성, 정복해야만 존재한다는 전제를 극복하게 된다. 그리고 존재의 원인 행위를 다른 곳에서 찾기 시작한다. 만일 마르쿠스 아우렐리우스 황제에게 그리스-로마 전통의 각종 신, 인간적인 약점들을 다 가지고 있는 신들 이외에 시공간을 초월하는 절대 신이 있었다면 그의 사색의 표현은 철학의 범주를 넘어 종교적으로 더 깊게 나타났을 것이다. 철학자 황제 이후 300여 년이 지난 476년에 로마 제국이 망하게 되고, 로마 제국이 사라진 유럽은 근 500여 년 동안 문맹 시대로 들어간다. 제국이 분열되고 지역마다 왕들과 제후들이 전쟁을 일삼아 문화적인 발전이 거의 없었던 이 기간500~1000 AD을 페트라르카Francesco Petrarca, 1304~1374는 '암흑시대saeculum obscurum, Dark Ages'라고 했다.

비록 이 암흑시대에 다른 문화적 발전이 없었다 하더라도, 500여 년의 긴 세월은 인간의 마음속에 새로운 가치를 꽃 피우기에 충분한 시간이었다. 정복이 곧 존재라는 가치를 극복할 수 있는 철학적 사고와 종교적 신앙심이 성장하고 있었던 것이다. 그리고 정복 혹은 굴욕에서 자유로운 신학적 인간, 즉 자기 존재와 관련하여 인간이 갖게 되는 신에 대한 믿음을 바라보게 된다. 암흑시대가 끝난 중세 유럽은 종교의 시대였고 기독교 교리에 근거한 신학과 신앙의 시대였다. 암흑시대를 거쳐 중세로 들어온 유럽인이 물리적이고 군사적인 정복을 더 이상 존재와 직결시키지 않았다. 대신 그것을 철학적이고 종교적인 가치를 존재와 연결했다는 사실은 매우 중요하다.

그림 12) <마르쿠스 아우렐리우스의 흉상>, 부분, 뮌헨 글립토테크, © Bibi Saint-Pol, via Wikipedia

그림 13) <성 안셀무스>, 16세기 말, 인그레이빙

그림 14) <성 베르나르>, 1450년경, 스테인드글라스, 파리 클뤼니 박물관, © Jastrow

문화적인 진공 상태의 암흑시대를 벗어나는 이 도약의 시대에 세 가지 문화사적 조류가 유럽을 지배하고 있었다. 여기서 우리는 '중세'라는 거대하고 복잡한 개념을 무자비하게 단순화시키고 있다는 것을 잘 알면서도 무식하게 분류해 본다. 첫째 조류는 아랍문화를 통해 유럽에 전파되기 시작한 그리스 고전주의의 '융합 논리적 성격'에 비중을 둔 스콜라 학문

이다. 둘째는 사고의 논리성을 상대적으로 초월하는 신앙심의 신비주의이다. 셋째는 그리스 고전적 이성에 근거하는 '분석 논리적 학풍'이었다고 할 수 있다. 11~12세기에 이런 조류를 대표하는 세 사람의 수도사가 있었다.

첫째 수도사는 성 안셀무스St. Anselmus, 1033~1109 캔터베리 대주교이다. 스콜라 학파의 시각에서 존재에 대한 진리를 탐구한 학자이자 성자이다. 그는 인간 자신의 존재에 대한 문제가 신앙에 의해 해결된다고 믿었다. 존재를 포함한 모든 것을 "이해하기 위해서 나는 믿는다.credo ut intelligam"라는 고백으로 신앙 시대의 축을 이룬다.『하나님의 존재에 관하여』*Proslogion*. 1077 "credo ut intelligam"이라는 표현은 성 아우구스티누스St. Augustine of Hippo, 354~430의 "crede ut intelligas"이해하기 위해서 믿어라 – 명령형라는 명제에 근거하고 있다.

안셀무스의 신앙fides: I believe, credo은 인류의 존재 가치를 위한 지상의 기준이다. 그러나 그 신앙의 목적은 세상을 '이해'하기 위한 것이었고 인간이 'intelligent'하게 우주를 풀이하기 위한 것이었다. 따라서 하나님의 우주를 이성적으로 이해하기 위한 도구로서 아리스토텔레스와 같은 고전 철학자들의 이성적 사고가 중세유럽에서 처음으로 중시되기 시작한다. 그러나 동시에 인지해야 할 것은 성 안셀무스가 현실을 이해하기 위해서 오로지 이성에만 의존하는 철학자-신학자는 물론 아니었다는 사실이다.

둘째 수도사는 성 베르나르St. Bernard de Clairvaux, 1090~1153이다. 신비주의적인 신앙심이 고전 철학자의 현실적 이성보다 더 강했던 중세의 대표주자이다. 세상만사를 "이해하기 위해서 나는 믿는다credo ut intelligam"는 안셀무스의 생각과는 다르게 그는 보이거나 보이지 않는 모든 현실을 "체험하기 위해서 나는 믿는다.credo ut experiar"라고 고백한다.『설교집』*Sermons*. 구약의 「아가」 – 솔로몬의 'Song of Songs'를 중심으로 한 86편의 설교 현실을 부분적으로라도 파악하기 위해서는 신비주의적인 체험이 이성적인 이해를 선행한다는 것이다. 그러나 이 신비주의의 본질은 순간적인 경험 같은 것이 아니고 수련을 거치면서 서서히 이루어 나가는 신성과의 융합, 즉 신적 계시의 능력이 부여하는 하나님과의 결합이라고 할 수 있다.

『신곡』Dante, *Divine Comedy*, 1308~1321의 주인공 단테는 지옥과 연옥을 지나 천국에 이르는 과정에서 세 사람의 안내를 받는다. 지옥과 연옥에서는 로마 시인 버질Vergilius의 안내를 받고, 천국의 첫 단계에서는 단테의 영원한 사랑 베아트리체Beatrice의 안내를 받는다. 그러나 가장 중요한 마지막 단계로 절대적 영광을 대하며 무한과 제한이 동화하는 단계에 이르자, 그렇게 사랑하고 신뢰한 베아트리체를 뒤로하고 성 베르나르를 안내자로 맞는다. 중세의 문화적 유산을 떠나 이성의 르네상스로 진입하는 단테가 고전적 신비주의자 성 베르나르를 안내자로 택한 것은 흥미로운 일이 아닐 수 없다.

그림 15) 카발리에, <아벨라르의 상>, 1853년 이전, 석재, 루브르 궁전, CC BY 3.0, © Jastrow, via Wikipedia

그림 16) <아벨라르와 엘로이즈>, 프랑스 샹티이 성 콩데 박물관

그림 17) 아벨라르와 엘로이즈가 합장되어 있다고 알려진 파리의 페르 라셰즈 묘지

셋째 수도사는 피에르 아벨라르Pierre Abélard, 1079~1142이다. 스콜라 학파라고 할 수 있겠으나 스콜라보다는 훨씬 더 강한 논리주의자이다. 성격상 매우 교만하고 도전적이었지만 12세기의 가장 위대한 철학자이며 전 중세의 가장 탁월한 논리학자였다. 아벨라르는 아리스토텔레스를 모든 철학자 중에 가장 예리한 철학자이며 교육자라고 생각했고, 자신도 고

전 철학자의 방법을 익혀 수많은 제자를 그리스 고전식으로 가르친 스승이기도 했다. 동시에 20년 연하인 엘로이즈Heloise, 1100~1163와의 사랑으로 인해 두 사람은 인류사에서 가장 가슴 아픈 연인들이기도 했다. 그의 사상 중에 핵심적인 것은 진리 탐구의 논리적인 사고라고 할 수 있다. 그가 가르친 방법은 항상 생각하면서 사안에 대해 의구심을 가져야 하고, 의구심을 가지면 질문하게 되고, 질문은 곧 진리로 이어진다는 것이었다*Sic et Non [Yes and No]*, 1115~1117. 논리적인 이해가 교리적인 신앙에 선행한 것이다.

성 베르나르가 아벨라르를 신학적으로 공격하면서 아벨라르는 논리가 직접 적용되지 않는 신앙 같은 영역에 논리를 적용하는 오류를 범한다고 비난했다. 또 아리스토텔레스 같은 사람의 소위 '학문'을 거룩한 신학과 연결하고 고전 그리스인의 생각이 교회 교리와 상반되지 않는다고 생각하는 그 자체가 아벨라르의 이단성을 입증한다고 했다. 우주의 진리가 교황의 교리적인 제도에 의해 확증되는 신앙 중심적인 중세에 "아리스토텔레스가 최고의 철학자"니, "진리는 상존하는 의심과 반복되는 질문을 통해서 도달할 수 있다"는 등의 생각이 수용될 리 없었다. 결국 아벨라르는 이단으로 지목되어 교황 이노센트Innocent II에 의해 파문당했다.1141 나중에 용서를 받았지만 자신이 저술한 책들이 분서를 당하는 수난을 겪어야만 했다. 사실 아벨라르는 중세의 인물이라기보다는 먼 미래에 올 종교개혁 시대의 선구자라고 하는 것이 더 적절할 것이다.

중세시대 이 세 사람의 사상적인 조류 가운데서 탁월한 비 중세적인 이단자이자 수도사인 아벨라르를 제외하고 나면 본질적으로 남아 있는 것은 안셀무스credo ut intelligam와 베르나르credo ut experiar의 전통적인 신앙이다. 그들의 공통분모는 "나는 믿는다credo"였다. 그것은 타인을 향한 무력적 정복의 가치를 극복하고 자아의 주장과 교만을 정복하는 길을 찾는 일이다. 이 길이 종교적 신앙fides, credo으로 직결되면서 신앙이 인간 존재의 원천이 되고, 가치가 되며, 귀착점이 된다. 창조자에 대한 신앙이 존재의 현존과 존엄을 확인해 주는 것이다.

이러한 신앙의 힘으로 프랑스인들은 1170년부터 100년에 걸쳐 파리의 노트르담Notre Dame de Paris, 1163을 건축했다. 같은 시기에 샤르트르 노트르담Notre Dame de Chartres, 1145~1194 대화재-1250과 랭스 노트르담Notre Dame de Reims, 1211~1345을 포함한 80여 개의 웅장하고 아름다운 대성당과 500여 개의 작은 교회를 세웠다. 이 시대는 중세인이 그리스 고전주의에 심취하기 시작한 시대였다. 샤르트르 성당은 플라톤 철학자들의 연구소 같은 기능을 하고 있었기에 성당의 구조 자체가 『티마이우스』*Timaeus*를 정교하고 신비스럽게, 이성적으로 공간화시켰다고 이야기하는 학자도 있다. 전 우주가 하나의 측정 가능한 조화의 단위로 정교하게 건설된 샤르트르 성당과 같다는 것이다.

그림 18) 샤르트르 노트르담 대성당, 1194-1230, 고딕양식, CC BY-SA 3.0, © Olvr, via Wikipedia

그림 19) 랭스 노트르담 대성당, 1211-1345, 고딕양식, CC BY-SA 4.0, © Tontonflingueur, via Wikipedia

그리스 철학을 중세 신학과 연결시키는 단계라고 할 수 있는 이 성당에는 아리스토텔레스, 유클리드, 아르키메데스 같은 그리스 철학자, 과학자들을 포함한 그리스 고전풍의 석상 200여 개가 있다. 인류 문화사의 입장에서 존재와 존재의 확인은 이제 더 이상 철학적이고 신학적으로만 머무르지 않는다. 그것은 우주의 질서를 형상화한 대성당에서 "나는 믿는다. 그러므로 존재한다.I believe, therefore I am; credo ergo sum"라는 고백으로 나타나는 것이다. 정복자 황제 마르쿠스 아우렐리우스(2세기)의 '정복' vinco 이 중세 수도사들의 '믿음' credo 이 되기까지, 혹은 무력이 정신력으로 변화하기까지는 900여 년이 소요된 셈이다. 이것이 인류의 자아 인식과 존재 확인의 세 번째 단계이다.

4.

네 번째 단계: 나는 재창조한다. 그러므로 존재한다

recreo ergo sum

하지만, 절대적 신앙, 교황의 교리적 무오류성 infallibilis 의 시대인 중세조차도 새롭고 다른 과학적 이성의 시대를 고대했던 것 같다. 대안적 사고, 즉 과학적 사고가 그것이다. 신에 대한 경외심으로 건축된 대성당에 표현된 믿음이 새로운 관점을 제시했다. 돌과 유리로 지어진 거대하고 정교한 고딕 양식의 건물은 경험과 직관만으로 지어졌지만, 무의식적이나마 수리적 통찰과 체계적인 측정이 건축가들의 생각 속에 이미 존재하고 있었던 것이다. 이러한 생각은 몇 세기 뒤에 구체화된다. 아름다운 성당을 건축하면서 그 시대의 학자들은 고전 철학에 몰입하기 시작했다. 실제로, 위에서 언급한 아벨라르 같은 아리스토텔레스의 신봉자도 논리의 불가피한 매력에 매료된다. 그로 말미암아 신앙을 기존 교회 교리에 예속되지 않는 가치로 이해하려는 의식이 강해졌다. 뿐만 아니라 교리적 제도 대신에 인간 보편적인 합리성에 관한 의식, 신적 계시 대신에 신앙인 개개인의 이성적인 이해에 관한 의식이 강해진 것이다.

중세 학자들은 소크라테스의 동시대 연장자인 프로타고라스 Protagoras of Abdera, l.c. 485-415 BC 와 조우하게 된다. 그는 『진리론』 *Truth* 에서 "인간이 만물의 척도이다 Man is the measure of all things" 라는, 당대는 물론이고 인류사 전체에 엄청난 충격을 준 명제를 남겼다. 그것은 종교적인 신앙과 제도적인 권위를 넘어선, 분석적이고 차별적인 이성의 새로운 시대를 예고하는 인류 문화사적 전조가 된다. 독실한 신앙심을 가졌던 인간이 믿었던 것은 신앙적 교리의 철칙이었다. 중세 신앙인들은 교회 교리가 모든 의구심이나 질문을 초월하고 절대적인 가치와 진리를 제공한다고 확신을 했었다. 그러나 그들이 이제는 그 담장을 넘어 교리적 권위의 당위성과 교리에서 출현하는 정치적 권력을 의심하고 문제 삼아 질문하기 시작한 것이다. '인간이 만물의 척도'라는 생각은 인간이 의문을 가지고 질문해야 만물의 실상인 진리에 도달한다는 아벨라르의 생각과 연결된다. 인간 이성이 믿음을 포함한 모든 것을 정리한다는 논리주의자의 생각이다. 아벨라르는 교회 역대 성자들의 가르침 가운데서 158개의 역설적이거나 자가당착적인 내용을 선택하여 *Sic et Non* Yes or No 에서 제기했다. 그러나 그것은 교회 성직자들의 권위를 추락시켰을 뿐만 아니라 그의 논리 강의 및 저서 또한 교리에 벗어났다는 이유로 파문을 당했다. 루터의 95 논제보다 400여 년 앞선 이야기이다.

아직 신앙의 시대였던 12세기, 비신앙적인 그리스 학문이 유럽으로 침투해 들어오기 시작할 때 전 세계에 항구적인 영향을 끼친 대사건이 발생했다. 십자군 전쟁이 일어난 것이다. 1096년에 첫 십자군 출범 이후 13세기 말까지 계속된 전쟁은 양측에 엄청난 문화적 희생을 초래하고 수많은 인명을 앗아갔다. 그러나 별다른 군사적, 영토적 이득 없이 끝나고 말았다. '시민 십자군'으로 알려진 전초 전쟁에서는 출전한 유럽의 평민 6만여 명이 3년의 여정 끝에 예루살렘에 도착했다. 그리고 콘스탄티노플로 귀향한 것은 겨우 1만 3천여 명만이 전부였으니, 그것은 무의미한 출전이었고 십자군의 대참패였다. 그러나 '군주의 십자군 전쟁'이라고 기록된 제1차 전쟁 1096~1099 에서는 안티오크와 예루살렘을 탈환하면서 얻은 승리와 도취감이 전쟁을 계속하도록 만들었다. 제3차 전쟁 때 1189~1192 는 영국의 사자왕 리차드가 출전해서 어느 정도의 승리를 거두고 3년의 휴전을 협정했다.

하지만 그 후에 역설적인 일이 제4차 전쟁 때 1202~1204 발생했다. 십자군의 목적은 이슬람의 본거지인 이집트를 공략하고 예루살렘을 탈환하는 것이었으나 중도에 함락의 목표가 콘스탄티노플로 바뀐 것이다. 서로마 교황 제국이 동로마 교황 제국을 점령하고 사흘 동안 전 도시를 약탈했다. 콘스탄티누스 대제가 도시-국가를 창설한 후 330 900여 년 동안 번성하면서 축적한 모든 문화적 유산, 즉 화려한 금은보화, 성자들의 유물, 희귀한 공예품 재료, 성화와 아이야 소피아Hagia Sofia 성당 등이 파괴되고 약탈당했다. 이런 유형의 십자군 전쟁이 8~9차1270~1272까지 무도하고 허무하게 진행되었다. 이슬람 세계에서 '프랑크족의 침략'으로 기록되고 있는 십자군 전쟁이 대부분 끝나고 700여 년이 지났다. 하지만 신앙적 문화의 영토를 확장하려는 '전쟁'은 헌팅톤의 『문명의 충돌』S. Huntington, *The Clash of Civilizations*, 1996이라는 개념과 실체로 남아 있다.

그림 20) 오베르, <1204년 십자군에 의한 콘스탄티노플 정복>, 15세기 미니어처, via Wikipedia

그림 21) '지혜의 전당'으로 알려진 바그다드 대 도서관에 모여든 학자들, 1237, © Zereshk, via Wikipedia

그러나 그 영향이 부정적인 것만은 아니었다. 십자군 전쟁이 진행되고 있던 13세기에 전쟁으로 인한 파괴와 약탈, 그리고 살육의 상황을 넘어서는 현상이 진행되고 있었다. 양 진영 간에 귀족, 책사, 학자, 예술가, 공예인들의 피할 수 없는 상호 접촉이 확대되어 나갔던 것이다. 이러한 왕래가 호의적이거나 적대적이거나 상관없이 왕래의 결과는 남아 있게 마련이다. 그 결과가 문화사적으로는 정신적인 교류, 즉 학문적이고 예술적인 교류라고 할 수 있다. 문화적 교류에서 제일 큰 소득을 거둔 진영은 침략자 진영이었다. 침략자 유럽이 침략을 당한 이슬람 지역에서 충격적인 문화 연수를 한 것이다.

그 당시에 고도로 발달한 이슬람 문화에 비교한다면 9~12세기의 유럽 문화권은 아직도 편파적이고 지역적인 암흑시대에 머물러 있었다. 9세기 초에 샤를마뉴 대제가 유럽을 하나의 대륙으로 이루어 나가기 시작했다고 가정한다면, 무함마드Muhammad, 570?~632의 후예들은 그로부터 150여 년 전인 7, 8세기에 이미 정치적인 정복을 이루었다. 그리고 이를 통해 독자적인 전통을 가진 많은 문화적 지역들을 포섭해 나갔다. 그 범위는 예루살렘에서 톨레도까지, 팔레르모에서 타슈켄트, 사마르칸트까지, 그리고 더 많은 도시에 이르렀다. 이슬람 세계는 타 문화권의 철학, 예술 및 과학적 지식을 도입했고, 이것을 자신들의 것과 교차수분交叉受粉; cross-fertilize 시켰으며, 문화적 발효를 거쳐 학문의 황금시대를 창조했다. '정복'conquest이라고 번역되는 아랍어는 문자 그대로의 의미가 '개방openings; *futuh*'이라고 한다. 이슬람 전통에서 군사적 정복을 문화적 개방과 동일시하는 것은 비이슬람 세계의 문화적 전통들을 자신들의 고유한 문화 속으로 흡수함을 의미하는 것이었다.

다양한 삶과 사고방식의 상호 발효 작용의 결과로 이슬람의 황금시대가 꽃피기 시작한다. 십자군 전쟁 발발 350여 년 전 8세기 중엽은 칼리프 알 만수르Al-Mansur, 714~775의 통치 기간이었다. 그 후 알 만수르의 증손자 알 마문Al-Mamun, 786~833의 시대는 다양한 문화 합병과 문화 동화의 시대가 되어 이슬람 문화가 고도로 번창한다. 알 마문은 병원을 개원했고 '지혜의 전당'Bayt al-Hikmah, The House of Wisdom, 830을 새롭게 설립했다. 특히 장서 40여만 권을 소장한 이 '지혜의 전당'은 그 당시 이슬람 세계뿐만 아니라 전 세계의 가장 크고 중요한 도서관으로서 국제 고등교육 및 연구기관의 기능을 했을 것이다. 여기서 수많은 고전 문헌들, 그리스 철학자와 문학가, 비극작가와 정치가들의 작품과 기록이 수집되고 아랍어로 번역되기 시작했다.

이 시대에 활약한 가장 위대한 철학자 가운데 한 사람이 후나인 빈 이샥Hunayn bin Ishaq, 809~873이라는 안과의사였다. 그는 동시에 그리스 고전번역의 가장 위대한 학자이기도 했다. 히포크라테스Hippocrates, 460~370 BC와 갈렌Galen, 129~210등의 의학 저서를 포함한 그리스 고전 철학자와 과학자들의 저서를 번역한 학자들의 총책임자였다. 그는 그리스어 원서를 먼저 시리안-아람어Syriac Aramaic로 번역하고, 동료 학자들이 다시 이슬람어Arabic로

중역을 했다. 이렇게 아랍어로 번역되어있던 고전 그리스의 학문이 유럽 중세의 9세기부터 라틴어로 번역이 되었다. 그것이 중세 신학 및 철학과 르네상스의 근간이 되었던 것이다. 그리스 원전이 9세기 바그다드의 지혜의 전당에서 중앙아시아의 아람어로, 아람어에서 아랍어로, 아랍어에서 13세기 유럽의 라틴어로 삼중역三重譯이 된 셈이었다.

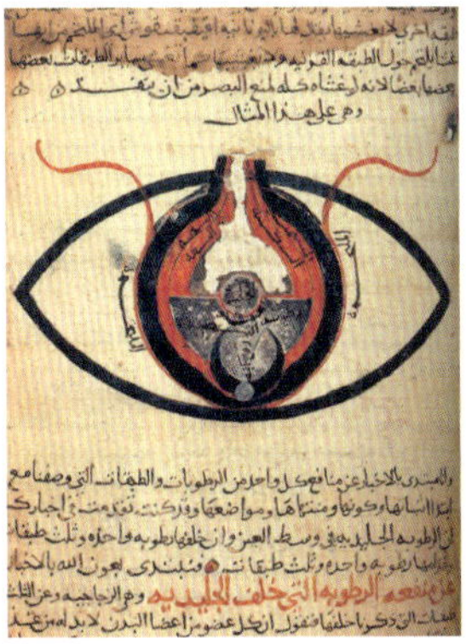

그림 22) 후나인 빈 이샤에 따른 눈에 관한 문서, 1200년경, 카이로 국립도서관

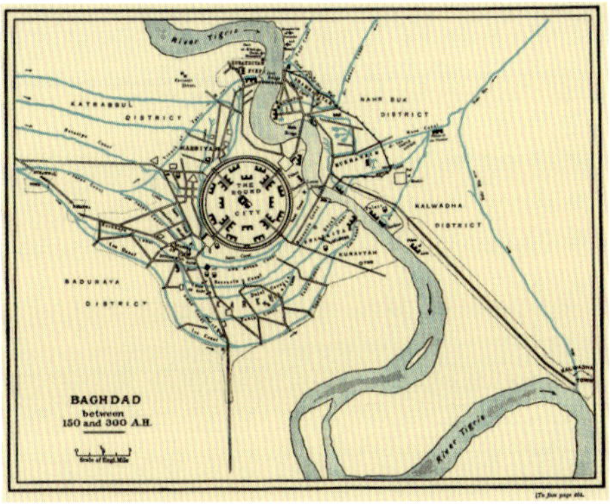

그림 23) 원형도시 바그다드 150~300 AH(767~912 AD), 1883

어쨌든, 9세기 초에는 페르시아어로 '알라신의 정원'이라는 의미의 계획도시 '바그다드'가 당시 이슬람 문명의 중심으로 세계 최대의 도시가 되었고, 아랍어는 국제어가 되었다. 오랫동안 철학적 탐구와 과학적 실험의 언어는 그리스어였다. 그러나 이제는 아랍어가 그리스어의 전통과 성격을 전수하면서 알라신과 연관된 신학적 계시의 언어와 신비주의적 체험의 심상까지 창안하게 되었다. 기독교 라틴어 중세의 철학자 혹은 신학자들과 르네상스의 예술인들은 그로부터 수 세기 후에야 고전 철학과 문학, 예술 작품들과 역사 기록들을 아랍 언어lingua arabica와 아랍문화의 렌즈를 통해 접근해야 했다.

거기에는 서로마 멸망 이후에 상실했거나 망각의 늪에서 허덕이던 호메로스, 헤시오드 그리고 소크라테스 이전 철학자 탈레스, 아낙시만드로스, 피타고라스 등이 있었다.

그리고 그 후에 우주 본선으로 진출한 인류문명의 선수들인 플라톤과 아리스토텔레스, 소포클레스, 페리클레스 등이 포함되어 있었다. 아랍어는 고전 그리스어와 중세 유럽 라틴어 사이에 필요불가결한 통역 언어가 되었다. 아랍어라는 도구가 없었더라면 그리스 고전 문화의 유산은 오랫동안 동굴 속에 갇혀 있었을 것이다. 고전 그리스 문화의 흡수로 시작된 이슬람의 황금시대는 1258년 몽골이 바그다드를 약탈할 때까지 500년간 계속되었다. 야유적이지만 몽골의 침략은 훨씬 더 광범위한 다른 문명들을 이슬람 세계에 유입시킨 셈이고, 이 도입이 이슬람 세계 전체에 새로운 활기를 불어넣은 것도 사실이다.

그림 24) 성 소피아 성당(좌우 네 개의 이슬람 종탑 제외), 이스탄불, 360-537년, © 계명대학교

그림 25) 메스키타 대사원, 8-10세기, 기도실, 스페인 코르도바

그림 26) 타불라 로제리아나(Tabula Rogeriana, Map of Roger), 1154, 아랍 지리학자 알 이드리시(Al-Idrisi)의 세계지도로 전체 유라시아 대륙과 북부 아프리카를 보여주고, 7개의 동시대 기후를 매핑

여기서 중요한 것은 9세기~12세기에 군림한 이슬람 문화의 황금시대가 실크로드뿐만 아니라 십자군 전쟁을 통해서 유럽으로 크게 전파되었다는 사실이다. 그리스 고전 문화에서 르네상스에 이르는 1,800여 년 동안에는 황금시대의 이슬람 학자들보다 더 위대한 철학자-과학자-예술인들은 없었다. 학자들 외에도 무수한 문화적 기념비들, 영원한 아이야 소피아Hagia Sofia, 537~, 중력을 부인하듯 가볍게 떠 있는 500개의 기둥과 줄무늬 아치형 구조물이 있는 코르도바의 라 메스키타La Mezquita, Cordoba, 8-10c, 그리고 두 개의 웅장한 미나렛이 있는 사마라의 회교 사원Mosque of Samarra, 9c 중엽 등이 있다. 13세기 시라즈Shiraz of Fars에서는 페르도우시의 서사시를 위한 세밀화 화가들이 정교한 창작 활동을 했다.

이슬람 문화권의 결실이 유럽에 처음으로, 또 계속해서 유입된 것은 12~13세기의 십자군 전쟁 이백여 년 동안이었다. 이슬람 문화 도시의 현장, 아이야 소피아 성당, 그리스어-아랍어-라틴어의 상호 번역을 위한 소위 '톨레도Toledo 학교', 모든 지식을 총망라한 '지혜의 전당' 등을 통해서 그리스-로마와 아랍 세계의 예술, 건축, 수학, 천문학, 의학, 특히 고전 그리스 문학과 철학 등이 유럽으로 밀려 들어왔다. 이렇게 도입된 새로운 문화의 내용과 양식이 14세기부터 꽃피기 시작한 르네상스의 근간이 되었다. 프랑스어 'renaissance'는 물론 '재생'을 뜻한다. 그런 뜻에서 프랑스 역사학자 미쉴레Jules Michelet가 1855년경에 'renaissance'라는 용어를 창안했다.

르네상스는 무無에서 유有로 창조된 새로운 문화가 아니고 고대 그리스-로마 문화권이 아랍 문화권을 통해 이탈리아 지역 등에서 '재건설'된 문화라고 할 수 있다. 아랍 문화권 이전의 중세유럽에는 현실의 모든 양상이 두꺼운 베일에 싸여 있었다. 가치관 전체가 무조건적인 신앙, 자아망각적인 환상, 불가항력적인 계시, 설명 불가한 기적 등이 그것이었다. 그러나 '아랍'이라는 이단 문화의 출현으로 기독교 문화의 베일이 벗겨지고, 개인과 국가를 포함한 현실의 양상이 객관적이고 개별화된 얼굴을 가지기 시작한다. 베일을 벗은 유럽인이 이제는 현대인의 첫 모습을 지닌, 정신적이고 지적인 '개인'으로 변모하기 시작한다는 뜻이다. 르네상스 문화사학자 부르크하르트Jakob Burckhardt, 1818~1897 는 『이탈리아 르네상스의 문화』*Die Kulture der Renaissance in Italien*, 1860 에서 현대유럽이 르네상스의 '장남'이라고 평한다.

부르크하르트의 『문화』보다 1년 전에 독일의 문화사학자 포익트Georg Voigt, 1827~1891 는 르네상스 문화 전체를 논하는 저서 『그리스 고전 문화의 재생』*Die Wiederbelebung der klassischen Alterthums*, 1859 을 출판하면서 '재생', '회생' 등의 개념을 도입했다. 결국, 르네상스는 고전 문화를 '발견'하고 '발견'을 토대로 자신의 모습을 새롭게 '창조'한 '재생'의 시대라고 할 수 있다. 우리의 문화사적 시각에서 본다면 '경외' timeo '정복' vinco '신앙' credo까지 와서는 성 안셀무스의 성서적 신앙1077 이 우르바누스 교황의 정치적 신앙1095 으로 변질되고 십자군 전쟁이 발발하게 되었다. 역설적이게도, 기독교 유럽이 이단 문화권인 아랍 세계와의 상업 교역과 정신 교류를 통해 고대 그리스-로마 문화를 발견하고, 그 토대 위에 옛 문화를 재건설recreate, recreare 한 것이다. 나와 다른 문화를 발견하고, 그 문화를 근거로 새로운 문화를 창달한 것이다.

신앙의 시대를 지나 14세기에는 단테「신곡」*Commedia*, 1321, 보카치오「데카메론」*Decameron*, 1353, 초서「캔터베리 이야기」*Canterbury Tales*, 1400 등의 문예인들이 새롭게 등장했다. 그들은 14~15세기의 화려한 예술인과 문예인들, 즉 다빈치, 미켈란젤로, 라파엘로, 티치아노, 에라스무스, 무어, 마키아벨리 등으로 이어진다. 르네상스의 기본 성격을 고대 그리스 문화의 반향이라고 한다면, 보티첼리의 <비너스의 탄생>1480년경 과 <봄>Primavera, 1482 은 고대 그리스 문화의 봄과 탄생을 의미하는 은유라고 할 수 있다. 라파엘로의 <아테네 학당>1510~1511 은 그리스 문화의 핵심을 표현한 것이라고 할 수 있다. 당대의 대표적인 예술인들, 특히 미켈란젤로, 보티첼리, 페루지노, 라파엘로 등이 작업한 시스틴 채플Cappella Sistina 의 천장 프레스코나 태피스트리 역시 고대 히브리 문화를 포함한 고전의 재창조 걸작품이다. 보카치오의 『이방인의 신의 족보』*Genealogia Deorum Gentilium*, 1532 또한 고전 그리스 및 로마 문학과 신화에 의존한다. 모든 것이 고대문화의 발견이고 재현인 것이다.

그림 27) 보티첼리, <비너스의 탄생>, 1485, 캔버스에 템페라, 172.5x278.9cm, 피렌체 우피치 미술관

그림 28) 보티첼리, <봄>, 1482, 패널에 템페라, 202x314cm, 피렌체 우피치 미술관

지리적으로나 문화사적으로 대륙의 울타리 안에 제한되어 있던 유럽이 드디어 고전 그리스 및 로마의 해양 지향적인 개방성과 탐험성을 발견하게 된다. 특히 그리스는 에게해, 이오니아해, 크레타해, 트라케해 및 지중해 등에 접해있는 해양 국가였다. 로마 역시 리구리아해, 아드리아해, 이오니아해, 지중해 등을 통해 새로운 세계를 탐색할 수 있는 지리적인 여건을 가지고 있었다. 마르코 폴로1254~1324, 콜럼버스1451~1506, 베스푸치1454~1512, 마젤란1480~1521과 같은 유럽의 해양 탐험가들을 탄생시킨 것은 고대 문화권이 가지는 해양성의 특성 덕분이었다. 그들은 인류의 문화적인 수평선을 넓혀갔다. 그들은 20여 년간 에게해를 포함한 전 지중해 세계를 무대로 삼아 탐험하고 탐구한 고대 그리스의 영웅 오디세우스의 후손들이라고 할 수 있다. 이 탐험가들이 위에서 언급한 예술인들과 함께 인류사적 사상과 전통에서 자신과는 완전히 다른 문화적 존재를 발견했다. 그리고 그 문화를 자신의 문화적 토양에서 재창조recreate한 것이다.

인간이 자신 이외의 문화적 존재를 인식하고 발견하는 것이 자신의 현존재를 인지하는 기본이 된다. 중세 'credo'의 울타리 안에 있던 인간이 울타리 넘어서 있는 고전 영역을 'recreo'한다고 할 수 있다. 인류 성장의 발전 과정에서 정의하면 "나는 재창조한다. 그러므로 존재한다.I recreate, therefore I exist; recreo ergo sum"가 된다. 이것이 인류의 자아 인식과 존재 확인의 네 번째 단계이다.

5.

다섯 번째 단계: 나는 생각한다. 그러므로 존재한다

cogito ergo sum

믿음의 시대에서 발견과 재창조의 시대로 넘어오는 과정에서도, 질문을 해야 한다는 아벨라르의 인간 이성1117은 사라지지 않고 있었다. 400여 년 후에 마르틴 루터Martin Luther, 1483~1546가 성서적인 믿음을 재발견하고 성서에 의존하는 교회 개혁적인 사고를 다시 강력하게 대두시켰다. 그는 아벨라르의 먼 후배라고 할 수 있다. 아벨라르와 마찬가지로 성서에 어긋나는 주제 95개를 선별해서 비텐베르크Wittenberg 성문에 대자보를 붙였다가1517 결국에는 교황 레오Leo X에게 파문을 당했기 때문이다1521. 이처럼 교리에 도전하는 태도는 서양사에서 엄청난 충격이었다.

신앙심 깊던 인간이 자신의 믿음의 본질을 재구상하며 신앙의 근간을 개혁하기 시작했다. 새로운 정신적 자세가 인간을 교리적 절대성에서 벗어나게 만든 것이다. 새로운 종교인은 교리적인 믿음이 아니고 합리적인 이성에 의지하여 자신의 신앙을 개혁하고 지킨다. 그는 존재하기 위해 생각하고, 또 합리적으로 생각하며 항변한다. 새로운 신앙인은 자신의 비판 능력을 사용하여 자신을 다른 유형의 존재, 즉 이성적으로 사고하는 신앙인으로 개혁하고자 한다. 그러나 아벨라르거나 루터거나, 파문을 당했거나 아니거나, 모두에게 신앙은 여전히 이성 위에 군림하고 있었다.

재창조의 르네상스 시대가 200여 년이 지난 후에 고대 그리스 문화의 발견과 연결되는 새로운 실험적 관찰의 시대가 도래한다. '천재들의 세기'라고 알려진 17세기의 정신Zeitgeist은 과학이었다. 갈릴레오, 데카르트, 스피노자, 라이프니츠, 뉴턴, 핼리 등의 위대한 지성들은 새롭게 발견된 과학적 이성, 라치오ratio라고 불리는 도구를 만물의 척도로 사용하였다. 실험과 논증, 그리고 수학 방정식을 통해 전체 우주에 새로운 질서와 구조를 부여하기 시작했다. 인간은 이제 공히 만물의 척도가 되고, 우주를 더 깊게 탐구할 수 있는 이성의 받침대를 구축하였다. 그렇게 함으로써 인간은 불안정한 자리에 자신을 세우게 되었다. 그것은 검증되지 않은 자연과학적 도구인 라치오ratio에 의해서만 지탱되는 자리이기 때문이다. 이 실험적 관찰의 시대를 이끈 삼총사가 있었다. 갈릴레오와 뉴턴과 데카르트이다.

갈릴레오Galileo Galilei, 1564~1642는 피사Pisa 대학교 중퇴자이다. 그는 혜성처럼 나타나 자신이 개조한 망원경으로 천체를 과학적으로 관찰하며 태양중심설을 제시했다.[2] 그러나 그것은 이미 한 세기 전에 활동했던 코페르니쿠스와 브루노의 이론을 재생시킨 것에 지나지 않았다. 갈릴레오는 이들의 학문적 후손이었던 셈이다. 코페르니쿠스Nicolas Copernicus, 1473~1543는 중세 신학의 틀이 되는 '지동설'을 부인하며 '태양중심설'을 주창했던[3] 사람이다. 브루노Giordano Bruno, 1548~1600 역시 지구중심설을 반박하고, 우주도 여럿 있고 지구도 여럿이 존재한다는 이단적인 생각[4]으로 로마 광장에서 화형당한 위대한 과학자였다. 갈릴레오 역시 치러야 할 죗값이 비쌌다. 이단이 되어 두 번이나 치리 당했고, 1633년 종교 재판 때에는 '심각한 이단'으로 판결을 받아 가택 연금되고 연금된 상태에서 사망했다.

---

2 『별들의 전령사』 *Sidereus Nuncius*

3 『천체의 회전에 관하여』 *De revolutionibus orbium coelestium*, 1530에 완성, 사망한 1543에 출간

4 『무한 우주와 세계에 관하여』 *De l'Infinito, Universo e Mondi, 1584*

그림 29) 케임브리지 대학교 식물원에 있는 '뉴턴의 사과나무', © Azeira

그림 30) 프란스 할스, <르네 데카르트의 초상>, 1649-1700, 캔버스에 유채, 77.5x68.5cm, 루브르 미술관

그림 31) 크리스토파노 델알티시모, <미란돌라>, 15세기, 캔버스에 유채, 59x45cm, 피렌체 우피치 미술관

뉴턴Isaac Newton, 1642~1727은 수학적 논리에 근거하여 새로운 우주의 질서를 주창했던 사람이다.[5] 그가 사과나무 아래에서 얻은 깨달음은 하이젠베르크Werner Heisenberg, 1901-1976[6]에 이르기까지 250여 년 동안 서구의 과학 문화를 지배하게 된다. 인간은 명실공히 만물의 척도가 되고, 자연과학적 측정의 받침대를 구성하여 우주를 새롭게 규명한다. 그러나 이러한 자연과학적 관찰보다 인류 문화사적으로 훨씬 더 크고 항구적인 파장을 일으킨 것은 '인간 자신의 존재'에 관한 생각이다. 이제까지는 인간이 자신의 존재인지와 확증을 스스로가 아닌 제3자에 의존해 왔다. 경외의 대상, 정복할 대상, 믿어야 할 대상, 발견해야 할자기와 다른 대상이 필요했다. 그 대상과의 관계 속에서 자신의 존재를 확인할 수 있었기 때문이다. 그러나 이제는 인간 자신이 스스로의 대상이 된다. 이런 새로운 존재 의식에 관한 사상을 출범시킨 사람이 데카르트Rene Descartes, 1596~1650이다.

---

5 『자연철학의 수학적 원칙』, *Principia Mathematica Philosophiae Naturalis*, 1687

6 『양자역학의 물리학적 원칙』, *Die Physikalischen Prinzipien der Quantumtheorie*, 1930; 1932년에 양자역학의 창시자로 노벨 물리학상 수상

데카르트는 "나는 생각한다. 그러므로 존재한다.cogito ergo sum; I think, therefore I am"라고 주장하면서 이성인의 시대를 출현시킨다.[7] 인간의 정신적 능력이 자연과학적 이론의 영역을 포함한 포괄적인 이성ratio: cogito으로 이동하고 있다. 그것은 그리스 및 아랍 고전 문화의 발견을 통해 재현된다. 나 자신의 논리적 생각, 나 자신의 사고적 이성이 전부였으나, 이제는 더 이상 나 자신의 존재를 확인해 주어야 할 제3자가 필요 없게 된 것이다. 인류사에서 처음으로 외부에 의지하지 않고 오로지 자기가 가진 이성의 힘만으로 홀로서기를 시작하는 순간이다. 심지어 인간이 의존해야 하는 모든 것, 혹은 타 문화적 존재양식의 발견이나 재창조의 필요성까지 거부하게 된다. 그러나 데카르트와 그 시대의 다른 중요한 철학자 혹은 과학자들이 모든 물리적, 형이상학적 진실의 원천을 신神이라고 생각하는 데는 이의가 없었다. 모든 것이 하나님에게서 나온다고 믿었지만, 이제부터는 인간의 '과학적' 이성ratio이 인간존재의 의미와 가치를 규정하게 된다. 이성은 인간적 지식의 포괄적인 도구가 되는 것이다.

이는 그 이전의 시대인 15세기 르네상스를 돌이켜보면 더욱 분명해진다. 미란돌라Giovanni Pico della Mirandola, 1463~1494는 "인간은 이성의 힘으로 모든 것을 심사하고 판단하며 측정한다"[8]라고 했다. 요절한 이 젊은 철학자의 생각을 17세기의 천재들이 연장했다고 할 수 있기 때문이다. 미란돌라나 데카르트 모두 다 인간 이성이 현실 관찰의 중심 역할을 한다고 생각했다. 따라서 이들은 인간이 모든 사물의 측정 기준이라고 생각한 프로타고라스의 후손들인 셈이다.

그러나 이 시대의 유럽은 교회의 대륙이라고 할 수 있다. 이 대륙에는 두 가지 문제가 일어나고 있었다. 첫째는 교회의 각종 부조리와 권위 약화가 초래한 혼란과 불안이었다. 당시의 유럽인에게는 국가의 소속감보다는 교회 교구의 소속감이 더 중요했다.

---

7 『방법서설』 *Discours de la Methode*, 1637

8 연설문 「인간의 존엄성에 관하여」 "Oratio de hominis dignitate", 1486

그러나 루터의 개혁사상이 분기점이 되어 교회는 분열되기 시작했다.1517 트리엔트 공의회 Concilium Tridentinum, Council of Trient, 1545~63 가 소집되어 개혁교회의 이단성을 확인했다. 하지만 그것은 오히려 분열을 더 확고하게 했다. 루터의 95개 주제 중에 52개가 이단으로 선포되었고, 그때 발표된 「금서목록」은 이후 금서목록 출판에 중요한 논리적 근간이 되었다. 결국, 가톨릭교회와 개혁교회, 그리고 해당 국가 간에 신앙 fides 대 신앙 fides 의 '30년 전쟁 1618~1648'이 일어났다.

그림 32) 자크 칼로, <전쟁의 큰 불행들>, 1633, 18개 에칭 시리즈 중 11번째, 8,3x18cm

유럽은 전쟁터가 되고 말았으며, 각 진영은 각각 자신만의 절대 신앙의 순교 정신으로 참전했다. 이 전쟁은 인류 역사상 가장 잔인하고 포악한 전쟁이 될 수밖에 없었다. 팔백여 만 명의 사상자를 낸 인류의 대참사였다. 유럽 인구의 1/3이 생명을 잃었고, 독일의 막데부르크 Magdeburg 는 전쟁 직전 1618 35,000여 명이던 인구가 전쟁이 끝날 무렵에는 1644 2,400여 명으로 감소했다. 대외적인 전쟁이나 대내적인 숙청을 단행할 필요가 있을 때 인간은 절대신을 빙자해서 자기와 다르게 생각하는 인간에게 가장 악랄한 행위를 가하는 괴물이 된다. '인간이 인간에게 늑대가 된'[9]것이 아니라 '인간이 인간에게 승냥이의 승냥이'가 된 것이다.

그러나 여기서 진짜로 문제가 되는 것은 우리가 세 번째 단계에서 마주했던 교리적 신앙이다. 루터의 파문1521으로부터 갈릴레오의 연금1633에 이르는 100여 년은 종교적 교리가 상식적 범주를 파괴하는 시대였다. 어렵게 움트기 시작한 과학적 이성을 그때까지 군림해 오던 교리적 신앙이 질식시키는 시대였다. 비교리적인 행동을 하는 여성들을 겨냥한 마녀사냥이 판을 치기 시작했고, 교리적 신앙의 절대성을 무시하는 듯한 과학자들을 향해서는 이단 사냥이 전성기를 이루던 시대였다. 볼테르Voltaire의 추측에 의하면 마녀사냥의 희생자가 수십만 명에 이른다고 한다. 포익트Voigt는 오히려 볼테르의 오류를 지적하면서 희생자가 백만 명이 훨씬 넘었을 것이라고 한다. 단순한 '마녀사냥'과 처형이 아니고 형언하기 어려운 고문을 거쳐 처형으로 이어지는 잔인한 '인간의 인간사냥'이었다. 자연과학자들을 겨냥한 이단 사냥의 대표적인 희생자가 7년의 고문 끝에 로마 광장에서 화형당한 이성의 신념자 지오다노 브루노이다. '신앙'fides과 '이성'ratio 사이의 극명한 갈등이었다.

이처럼, 세 번째 단계인 신앙fides, credo에서부터 네 번째 단계인 재창조recreatio, recreo를 거쳐 다섯 번째 단계인 이성ratio, cogito으로 넘어오는 과정이 그저 시간의 흐름에 따라 순조롭게 이루어진 것은 아니다. 이성은, 십자군 전쟁이라는 과정을 차치하더라도, 유럽 기독교 내에서의 전통적 신앙과 개혁적 신앙, 전통적 신앙과 과학적 이성 간의 치열한 투쟁을 거친 후에야 비로소 나타나기 시작했다. 다른 시대의 문화적 발견과 재창조recreatio, recreo를 경유해서 자연스럽게 얻어진 것도 아니다. 그러나 이성이 등장했다고 해서 신앙이 약화된 것은 아니다.

---

9 (편집자 주) "인간이 인간에게 늑대가 된다: Homo homini lupus"는 말은 1651년에 출판된 토마스 홉스의 *Leviathan*에 등장한다. 인간은 사회 질서나 통치 없는 자연 상태에서 서로에 대해 이기적이고 공격적이며 약탈적인 방식으로 행동하기 쉽다는 주장이다.

데카르트를 포함한 당대의 모든 이성의 철학자 혹은 과학자들은 물리적 혹은 형이상학적 진리 전체가 다 하나님으로부터 시작한다고 믿었다. 동시에 하나님이 창조하신 진리의 탐구를 위해서는 신앙보다 이성이, 무조건적인 순종보다 합리적인 사고가 더 적절한 도구라고 생각했다. 인간은 자신의 논리에 의존해서 생각을 전개하기에 이르렀다. 다른 무엇보다도 포괄적인 이성에 더 큰 비중을 둔 인간의 '과학적 이성' ratio은 이제 인간 지식의 통합적인 도구가 되었다. 인간존재의 의미와 가치를 규정하기 시작한 것이다.

실제로 데카르트의 'cogito ergo sum'은 인간 지성의 성장에 있어서 획기적인 단계를 제공하고 존재의 새로운 가치를 생성시켰다. 교리적 신앙인이 생소한 고전지역의 문화적 성취의 발견을 넘어 신앙 자체에 대해서 사고하는 논리적 이성인으로 진화하는 과정이다. 어떤 면에서는 타락하는 과정이라고도 할 수 있다. 이것이 반 천년 이상 소요된 이유는 그것이 단순한 변화가 아니고 인간 가치의 차원을 달리하는, 홀로서기로의 비약飛躍 혹은 퀀텀 점프quantum jump였기 때문이다. 이 시대가 구가했던 생각과 가치의 본질적인 패러다임 변화는 인류 역사상 가장 원칙적이고 위대했다. 동시에 가장 잔혹하고 무도한 파괴의 시대였다.

'천재들의 세기'를 이끌었던 지성들도 새롭게 발견한 이성ratio이라는 도구를 평가의 척도로 사용했다. 과학적 실험과 수학적 방정식을 고안해서 우주 전체에 새로운 질서와 형태를 부여했다. 뉴턴 시대에 이르러서는 수학적 논리에 근거한 새 우주의 질서가 인간 두뇌에 착근하기 시작했다. 이제 인간은 절대 권력이나 절대 교리의 범주에서 벗어나 새롭게 발견한 이성적 도구에 절대적으로 의지하게 된다. 신앙에서 이성으로 탈출한 것이다. 그러나 이 자연과학적 '이성'ratio이라는 도구는 아직 제대로 검증되지 않은 정체불명의 도구이고 여전히 예측불가의 방편에 지나지 않는다. 따라서 인간은 이제 '이성'이라는 편파적이고 불확실한 도구의 사용자가 되면서 그 상황을 벗어나지 못하는 노예가 될 수밖에 없다. 인간은 결국 신비나 초월이나 희생이나 도덕 같은 가치는 비이성적이라는 이유로 거의 망각하게 된다. 대신, '이성'에만 의지하면서 자신을 만물의 척도로 승격시키는 매우 황당하고 위험한 위치에 올라서게 된다.

자신의 논리에 의존해서 생각을 전개하는 인간은 다른 무엇보다도 포괄적인 이성에 더 큰 비중을 두게 된다. 그리고 인간의 '과학적 이성ratio'은 이제 인간 지식의 통합적인 도구가 된다. 그것으로 인간 존재의 의미와 가치를 규정하기 시작한다. 그러나 여기에는 함정이 있다. 이제부터는 이성이라는 신생 도구가 인간이나 인간 사회가 원하는, 특정한 목적을 달성하기 위한 합리성을 편리하게 제조해 주기 때문이다. 이것은 지금도 개인의 이권과 부의 축적 논리 혹은 당위성에 근거하여 노동력 착취, 인권유린, 노예매매, 권력매수 등으로 나타난다. 또한 부국강병과 자국중심 및 국가이익의 논리를 정당화해주는 민족 우월주의, 정치경제 패권주의, 문화영토 확장주의 등으로 나타나기도 한다.

현실의 척도로서의 이성은 문화사적으로 계속 성장한다. 논리적 지성은 자연히, 그리고 불가피하게, 하나의 사고 체계에서 다른 체계를 파생시킨다. 사고는 기존의 사고에서 이탈하는 다른 사고를 생성할 수밖에 없다. 생각하는 인간이 있으면 다르게 생각하는 인간이 나타나기 마련이다. 제국주의자가 있으면 반제국주의자, 혹은 무정부주의자가 나타난다. 노동력 착복의 기업 세력이나 정치권력이 있으면 그것에 대항하는 노동력 옹호의 혁명 세력이 나타난다. 사고하는 인간이 다르게 사고하는, 다른 가치 제도의 인간을 출현시킨다는 명제는 데카르트가 인류에게 남긴 불가피한 문화적 유산이다. 인류 성장의 발전 과정에서 정의하면, "나는 반항한다. 그러므로 존재한다.rebello ergo sum"가 된다. 이것이 인류의 자아 인식과 존재 확인의 다섯 번째 단계이다.

6.

여섯 번째 단계: 나는 반항한다. 그러므로 존재한다

rebello ergo sum

전능한 이성이 만병통치약이라는 가치가 수정되기 위해서는 150여 년 후 칸트가 이성 비판을 할 때까지 기다려야 했다. 현실에 대한 척도로서의 이성과 논리적 지성은 한 논리적 체계에서 다른 체계로 넘어가는 불가피한 변화의 방법론이다. 생각하는 인간은 다르게 생각하는 인간, 다른 사고의 세계와 다른 가치체계의 인간이 된다. 기존 제도와 불가분하게 공존하는 불완전성과 부조리성 등에 관한 실망 때문이다. 현 cogito의 현실에서 이탈하는 사상이나 감정의 원인은 현재 주어진 인간 조건에 대한 불만과 환멸이다. 이는 데카르트가 인류의 위대한 유산이라고 할 수 있으나 그 후유증이 심각하다. 다른 사고를 하는 인간은 기존 체계와 단절된 사고를 하는 것을 의미하고, 이는 곧 현 사고 체제에 대한 반항으로 변한다. 반항하는 인간은 주어진 현실에 'No'라고 말하고 다른 대안을 찾는 사람이다. 반항rebello 하는 것은 생각cogito 하는 것에 대한 자연스럽고 논리적인 진전이다.

주어진 현실을 수용하지 못하고 다른 현실을 갈망하는 인간이 현실에 대한 반항아가 되는 것은 피할 수 없는 일이다. 데카르트가 낳은 아들이 사고능력을 지닌 이성인인데 그 이성인의 아들, 데카르트의 손자가 반항아가 된 셈이다. 반항아는 주어진 존재 조건에서 벗어나기를 원한다. 더 좋은 현실을 지향하는 존재로서 '현 상황' what is 에 대해 'No'라고 말하며 '바라는 상황' what should be 을 추구한다. 그러나 철학적인 시각에서 관찰하면 반항아의 가장 본질적인 '현 상황'은 현존하는 사회적 상황이 아니다. 오히려 인간에게 주어진 원초적 '존재 조건'이며 존재에 대한 의식이라고 하는 것이 더 정확하다.

인간이 가지는 기본적인 존재 의식은 자아의 개별존재가 전체로부터 분리되어 나왔다는 사실을 인지하는 것이다. 나의 사고 'cogito'가 인지하는 것은 '나'와 '다른 것', '나'와 '전체'의 차이다. 인간의 존재의식은 분열의식과 동일하고, 의식을 병행하는 모든 행위는 분열이나 타락 없는 '순결에 대한 향수이며 존재 본질에 대한 호소'이다. 분리의식은 잃어버린 전체에 대한 부분의 동경과 갈등을 뜻하며, 동경과 갈등은 불만과 거부로 이어지고, 결국에는 반항에 귀착한다.

어떤 연유로든 간에 하나의 생명체로 존재하는 인간은 현재 존재하고 있다는 그 상황 자체에 대한 필연적인 반항아가 되지 않을 수 없다. 존재와 반항은 같은 동전의 앞뒷면, 분리할 수 없는 '하나'이다. 현재에 존재하고 있고 또 존재하지 않을 수 없는 조건에 감금되어 있는 인간이 자신의 존재 자체에 대해서 'No'라고 하며 자신의 존재 상황을 스스로 부인하는 유일한 동물이 된다. 피할 수 없는 존재 조건에 처한 인간은 이제 "나는 반항한다. 그러므로 존재한다."라고 선언한다.

구태여 선언하지 않아도 반항은 존재의 포괄적 현상이다. 이것이 20세기의 대표적인 반항아 카뮈Albert Camus, 1913~1960의 생각이다. 반항rebello은 사고cogito의 자연스럽고 논리적인 진전이라고 할 수 있다. 반항이 철학적이거나 형이상학적으로만 전개된다면 반항의 해답 역시 철학적이거나 형이상학적으로 가상할 수 있다. 이러한 경우에 반항의 해결은 존재 자체를 물리적으로 파괴하는 자살이나 타살 같은 것이 아니다. 오히려 존재를 적극적으로 활용하는 것이다. 존재반항를 존재반항로 처리하는 길, 이열치열以熱治熱이다.

그림 33) 지하세계에서 시시포스(우)를 감독하는 페르세포네(중), 그리스 흑화식 암포라, 기원전 530년경, 뮌헨 고대박물관

그림 34) 티치아노, <시시포스>, 1548-1549, 캔버스에 유채, 237x216cm, 마드리드 프라도 미술관

카뮈는 반항의 성공적인 해결을 『시시포스』에서 찾는다. 시시포스는 그리스 코린토스Corinth를 창설한 왕이었으며 동시에 최고의 신Zeus, 죽음의 화신Thanatos 및 저승의 여신Persephone을 포함한 여러 신을 속인 사기꾼이다. 그 죗값으로 인간 조건이라는 거대한 바위를 짊어지고 힘겹게 언덕 위로 올라가야 한다. 그러나 바위는 내려놓는 순간 아래로 굴러 떨어지고, 다시 올려놓으면 또 떨어진다. 시시포스는 절망적인 노동을 반복해야 하는 영원한 죄수의 상징이다.

카뮈는 시시포스가 저주의 인간 조건을 무의미하게 수용하고 인간 조건의 행위를 무표정하게 반복하는 것이 아니라고 한다. 내려올 때는 자기의 존재 조건을 받아들이면서 웃음을 머금고 내려온다는 것이다. 저주의 인간 조건에 대한 해답을 자살에서 찾지 않고 웃음으로 대면하는 자세, 인간존재가 반항 그 자체라는 역설적인 존재 조건을 역설적인 웃음으로 수용하고 극복하는 시시포스의 자세에서 존재에 대한 논리적인 해답의 길, 승리의 길을 찾게 된다. 승리의 길이지만 카뮈의 표현으로는 '부조리하고 역설적인 승리victoire absurde'의 길이다.

카뮈의 반항은 혁명이 아니다. 그러나 '주어진 현실'을 '바람직한 현실'로 탈바꿈시키려는 의지가 형이상학적으로만 나타나는 것이 아니고 사회적으로나 정치적으로도 표출된다. 사회정치적 반항아는 당연히 다른 사람들보다 더 이상적으로, 더 열정적으로 존재하기를 원하고, 또 그렇게 해야만 반항아의 진정한 자아 및 사회적 존재 가치가 형성된다. 하지만 이 반항아에게 주어진 인간 만사는 무지, 굶주림, 질병, 잔인함, 폭력 등으로 혼합된 부조리의 집합체이다. 반항아의 의지가 아무리 열정적이고 이상적이라 하더라도 그 의지만으로는 기존의 불가침적 현실을 개선하는 것은 불가능하다. 보다 이성적이며 이상적인 현실을 이루려는 반항아의 긍정적이고 미래지향적인 꿈은 무자비하게 파산된다. 결론적으로, "나는 반항한다. 그러므로 존재한다. rebello ergo sum"는 인류의 자아 인식과 존재 확인의 여섯 번째 단계이다.

7.

일곱 번째 단계: 나는 파괴한다. 그러므로 존재한다
destruo ergo sum

존재의 현실을 개혁하려다 절망한 반항아는 자신의 이상을 현재의 사회 조건보다 더 잘 실현할 수 있는 다른 사회 조건을 구상하게 된다. '반항'이 때로는 개혁이나 혁신을 넘어 극도의 단계에 이르면 반항아는 폭력적인 혁명가로 둔갑하기도 한다. '반항'을 통해 존재를 확인하려는 태도는 강력한 정치적, 낭만적 이데올로기의 도구가 되는 경우가 있다. 그것은 절제되지 않은 군중의 전체주의적 상태fascism가 되어 순응하지 않는 모든 가치를 파괴하게 된다. 만약 그것이 종교적 절대성의 표출로 이어지게 되면, 유일 신앙에 근거해서 이교도들을 처형하는 성전jihad으로 둔갑한다. 그리고 특정 교리의 기준에서 이탈하는 모든 것을 파괴하게 된다. '반항'이 더 합리적이고 더 훌륭한 현실을 창조하기 위해서는 어쩔 수 없이 과격한 정치 이념이나 종교적 광신의 부인할 수 없는 논리와 명분에 기대게 된다. 그리고 "나는 나의 합리적이고 숭고한 가치를 부인하는 모든 것을 파괴한다. 그러므로 존재한다."로 바뀌게 된다. 인간이 새로운 제단을 구축하려면 모든 가치를 전도해야 하고, 옛 성역을 파괴해야 한다는 니체 철학의 해법, 더 가깝게는 피카소의 파괴를 전제로 하는 창조 개념에 도달하게 되는 것이다.

파괴와 존재의 연결 고리는 기존의 모든 가치를 혁신하는 길로 만들기도 하지만 사회적으로는 큰 정치적 태풍을 가져오기도 한다. 파괴와 새로운 존재의 등식 가치는 어느 시대보다 20세기에 더 적나라하게 나타난다. 전쟁이나 무력투쟁을 통해 상대방을 파괴하고 새로운 질서 위에 승자의 존재를 확인하고 강화하는 행위가 끊임없이 일어난다. 서구와 관련된 전쟁만 해도 러일 전쟁1904~05, 발칸 전쟁1912~13, 제1차 세계대전1914~18, 러시아 혁명1917~23, 튀르키예 독립전쟁1919~27, 스페인 내전1936~39, 제2차 세계대전1940~45, 그리스 내전1946~49, 동남아 전쟁1946~54, 이스라엘-아랍전쟁총 8차:1948~82, 한국 전쟁1950~53, 베트남 전쟁1955~75, 이란-이락 전쟁1980~88, 레바논 전쟁1982~83, 소말리아 내전1991~ , 아프가니스탄 전쟁1992~2001, 제1~2차 콩고 전쟁1996~98 등 수 없이 많다.

더 광적으로는 자기의 존재를 한 종족의 말살로 입증하고자 한 히틀러가 있었고, 또 자기 존재의 가치와 절대성을 단순 파괴를 지나 동족의 말살로 입증하고자 한 킬링 필드Killing Field의 폴 포트Pol Pot, Khmer Rouge가 있었다. 히틀러는 1941~1945년 사이에 유대인 6백만여 명을 살해했고, 폴 포트는 1975~1979년 사이에 1백만여 명의 동족을 살해했다. 가장 최근에 와서는 극단적 종교 이념에 근거해서 모든 이단적인 것을 파괴하는 ISIslamic State, 과격 이슬람 무장 단체가 있다. 자기와 다른 가치를 가지고 있는 타자의 파괴를 자기 존재의 확신으로 여기는 것이다.

"나는 파괴한다. 그러므로 존재한다."가 표방하는 것은 존재와 파괴의 동질적 등식이다. 그런데 이 등식은 거기서 멈추지 않는다. 파괴자의 논리적 사고는 이제 불가피한 결론에 도달하게 된다. 반항아의 파괴 행위는 그의 존재를 입증하며, 존재 입증의 강도는 파괴 행위의 강도와 정비례한다. 반항아 혹은 혁명가는 자기의 존재적 가치를 강렬하게, 가장 강렬하고 절대적으로 입증하기를 원하게 되고, 이것이 현실 속에서 최상의 이상을 지향하는 반항아의 최종 목표가 된다. 그러나 가장 강렬한 존재적 가치, 절대적 가치의 입증은 절대적 반항의 형태로 달성하는 길뿐이다. 반항아의 존재가 절대적 반항을 요구한다면, "나는 파괴한다. 그러므로 존재한다."의 논리에 따라 존재는 절대적 파괴를 동반해야 한다. 절대적 파괴는 반항아 자신의 파괴까지 포함하게 되어 결국 자아 파멸이 된다. 파괴자는 이제 가장 열정적인 파괴의 정점에 도달하고 파괴의 단계를 최고의 단계로 승격시켜 "나는 나 자신을 포함한 모든 것을 파괴한다. 그러므로 존재한다.I destroy everything, therefore I am; destruo omnia ergo sum"라고 결론 내리게 된다. 이것이 자살테러다. 반항아인 내가 가장 열정적이고 강렬하게 존재하기 위해서는 나 자신을 포함해서 모든 것을 다 파괴해야 한다. 존재적으로 피할 수 없이 반항아가 된 인간이 가장 보람있게 살기 위해서는 모두 다 죽어야 하는 것이다. 이것은 자연과학적 이성ratio의 진로가 맞은 막다른 골목이다.

2001년 9월 11일, 뉴욕 세계무역센터의 파괴와 다른 무수한 폭탄 테러의 경우가 자살테러의 참혹한 일례들이다. 오사마 빈 라덴의 추종자들이 단행한 자폭테러뿐만 아니고 지난 제2차 세계대전 중에 '카미카제'를 포함한 수많은 자살테러가 진행되었다. 지금도 핵무기와 미사일을 가지고 위협하며 '너도 죽고 나도 죽자'는 식으로 자신의 위대한 존재감을 표출하는 국제적 테러범들이 활보하고 있는 실정이다. 이념적 자살테러도 있지만 인류사의 현 실태를 상징한다고 할 수 있는 환경 재해와 자연 파괴 역시 또 다른 형태의 자멸 행위다. 정치 종교적 자멸과 자연 환경적 자멸은 둘 다 이성 원칙ratio principle의 과학적이고 논리적인 진보로 유발되었으며 이성 원칙을 공학적이고 실리적으로 적용함으로써 유발되었다. 이제까지는 과학적이고 논리적인 이성이 인간 본성과 존엄의 가장 필수적인 품목이며 고귀한 가치라고 믿었다. cogito를 내세우며 의기양양하게 시작했던 자아 존재의 빅뱅Big Bang이 마침내 현실전멸destruo omnia이라는 인간 자멸의 블랙홀Black Hole에 이르렀다. 하나님은 우주를 이레 동안에 창조하셨다. 그러나 위대하고 이성적이며 과학적인 괴물로 변질된 인간은 천지창조가 완료된 다음 날, 여드레째가 되는 날에 자신의 생명까지 포함한 모든 것을 파괴함으로써 생명 파괴의 '창조자'가 되어 가고 있다.

인간이 파괴자가 되는 과정에서 가장 중요한 기능을 한 것은 인간 이성이다. 인간이 자아의식을 가지고 존재하기 시작한 것은 길가메쉬의 경외의 시대2600BC경였다. 그때부터 데카르트의 합리적인 이성의 시대1650경까지 오는 길은 4,200여 년 이상의 시간이 필요했다. 이집트의 마네스Manes, 3200–3000 BC까지 포함하면 5,200여 년이다. 그러나 일단 이성이 인간존재의 주도적인 구성체가 된 cogito 때부터, 즉 인간이 이성의 힘으로 홀로서기를 한 시점부터 지금의 현실전멸destruo omnia의 시대까지는 기껏 400여 년으로 충분했다. 4,200여 년 이상을 이어온 인류 역사 가운데서, 1/10도 되지 않는 400여 년 만에 이성의 인간이 자신을 포함한 현실 전체를 파멸해야 하는 종착역에 이른 것이다. 자기의 행위를 기록하는 인간이 등장해서 자기의 존재가 이성에 근거한다고 생각할 때까지는 열흘 이상 소요되었다면, 스스로 생각할 수 있다고 판단한 그때부터 스스로 모든 것을 다 파괴해야 한다는 결론에 이르기까지는 하루도 채 걸리지 않았다는 말이다. 모두 다 위대한 이성ratio의 업적이다.

데카르트 이후 근 400여 년 동안 인간의 이성은 '변함없고 믿을 수 있는' 척도로서 작용해왔다. 이성은 로봇, 휴대폰, 지능형 자동차, 양성자 치료기, 행성 간의 탐사선 등을 포함한 많은 훌륭한 아이디어들과 연구 결과들을 가져왔다. 그러나 동시에 매우 유감스럽게도 수천 개의 핵폭탄, 생화학 무기 그리고 다른 대량 살상 괴물들도 낳았다. 이성의 이런 산물 가운데는 한없는 시간과 자산을 투자하고 수많은 인명과 재산을 파괴하면서 성취해 놓은 이공학적이며 산학적인 기술과 생산물들이 있다. 이들은 인간의 행복을 위한 통일장의 이론은 고사하고 세계평화를 위한 지침 하나 없이, 상호배타적이고 충돌적인 이념의 산물들로 집약되는 것처럼 보인다.

호모 사피엔스 사피엔스라고 불리는 이 깃털 없는 두 발 동물은 지난 이십만 년 동안 제법 성공적으로 진화해 왔다. 그러나 이제, 그는 이성에 의존한 진화 과정에서 "내가 존재하기 위해서 나는 나 자신을 포함한 모든 것을 파괴해야 한다"는 단계에 와 있다. 이러한 논리적 역설, 윤리적 결핍, 실존적 허무, 그리고 무엇보다도 현저한 정신적 피폐의 말기에서 우리는 모든 것이 파괴된 미래의 황무지를 바라보고 있다. 앞에는 모든 것을 모래가루로 만드는 사막 외에는 아무것도 없어 보이고, 유일하게 보이는 것은 위대한 업적을 이룬 '왕 중의 왕, 오지만디아스'의 파손된 석상뿐이다.

마지막 귀환 불능의 지점, 동시에 전진 불능의 지점에 도달한 인류는 이제 자연과학적 이성 문명의 수렁에서 벗어날 탈출구를 찾아야 한다. 그러나 "존재하기 위해서는 다 죽어야 한다"는 이 희비극적 역설의 해답을 서양 전통에서 찾을 개연성은 거의 없다. 왜냐하면 딜레마의 원인이 바로 서양의 이성이었기 때문이다. 보다 정확히 표현하자면, 서양의 1인칭 단수, 개별화되고 이성적인 나가 주된 원인이었다. 물론 '나'가 서양에만 있는 것은 아니다. 그러나 서양의 '나'가 다른 어느 지역의 '나'보다 인류 문화에 더 큰 영향을 끼친 것은 사실이다. '나'를 정복한 것도 '나'이며, 결국은 잇따라 정복하며 자멸이라는 파괴적인 '나'에 이르게 한 것도 '나'이다. '나'의 절대 우위가 인간 진보에 있어서 독소 요인이 되어버린 것이다. 현대로 이어지는 문화사적 길목에서 인류의 방향을 바꾼 인물들, 그들은 천사거나 악마거나 모두 다 1인칭 단수 '나'의 위인들이었다.

'나는 막강한 왕'이라고 했던 인류의 첫 번째 제국주의자 사르곤, '나는 태양의 신 라Ra의 아들'이라 했던 파라오 람세스, '나는 공포를 일으키는 왕'이라며 정의의 법치를 이루려 했던 함무라비, 수많은 '나의 도시'를 남긴 알렉산더, '내가 왔노라, 내가 보았노라, 내가 정복했노라.'고 했던 시저, '내가 여기 서서 달리 어찌할 수 없노라.Hier stehe ich. Ich kann nicht anders.'며 종교개혁을 통해 하나의 문명을 창조한 마르틴 루터, '나는 생각하고 나는 존재한다'며 현대 문명의 이성적 틀을 만들어 준 데카르트, 그리고 『나의 투쟁』*Mein Kampf*을 쓰고 인간의 윤리를 무너뜨린 범죄자 히틀러에 이르기까지 이 모든 꼴 사나운 행위는 다 '나'의 짓이었다. 프랑크 시나트라의 가사를 빌리자면 "I did it my way"이다.

72년의 통치 기간 동안 서구문명의 절정을 이루었다고 할 수 있는 프랑스의 태양왕 루이 14세는 "짐이 곧 국가이다L'état, c'ést moi."라고 했다. 그것은 "내가 곧 세계이고 우주이며, 내가 곧 모든 것의 원인과 결과이다"라는 뜻일 것이다. 모든 것에서 '내'가 행위의 원인이었다. 결국 인류는 '나'의 위대함을 선포하면서 사막의 폐허 속에 묻힌 '왕 중의 왕, 오지만디아스Ozymandias[10]'의 바로 뒤까지 따라와 있다. 앞에는 모든 것을 모래가루로 만드는 사막 외에는 아무것도 없어 보이고, 유일하게 보이는 것은 위대한 업적을 이룬 오지만디아스의 파손된 석상뿐이다. 인류라는 생명체가 모래사막에 묻힌 비석이 될 가능성에 직면하고 있다. "나는 파괴한다. 그러므로 존재한다."라는 생각은 인간존재 의식 발전의 마지막 일곱 번째 단계이다.

10 (편집자 주) 파라오 람세스 2세

비단길Silk Road을 따라서 Per Via Serica

II

1.

오디세우스에게 길을 묻다

Odysseum viam quaerere

벼랑 끝에 서 있는 인간이 지금 찾아야 할 것은 완전한 해결책이 아닌 방향 제시만이라도 충분하다. 그러나 인간이 나가야 할 방향, 일곱 번째 단계를 피할 수 있는 방향을 제시할 수 있는 현자를 찾기가 힘들다. 그런 사람은 인류가 체험한 모든 단계, '경외'에서부터 '파괴'의 단계를 모두 다 체험한 후에 비로소 터득할 수 있는 지혜의 소유자라야 하기 때문이다. '자아 파괴' 혹은 '절대 파괴'를 피할 수 있는 사람은 체험을 정화시킨 사람일 것이다. 오디세우스Odysseus! 우리는 그를 고전 그리스에서 만나게 된다. 그는 해양 실크로드라고 할 수 있는 에게해를 따라 길을 떠났다가 20여 년의 타향살이를 마치고 어렵게 자신의 왕국 이타카Ithaca로 돌아온다. 트로이Troy 전쟁 10년과 귀향길 10년 동안의 방랑을 자아 정체성을 확보하는 자아 존립의 과정이라고 한다면, 이 과정이 결국 인류의 성장 단계와 일치한다고 할 수 있을 것이다. 오디세우스가 자신의 정체성 및 존립, 나가서는 그리스의 정체성 및 존립을 확인할 수 있는 길을 찾을 수 있었다면, 인류 역시 오디세우스의 길을 갈 수 있을 것이다.

먼저 그 과정을 정리해 보자. 오디세우스의 '경외'의 과정은 제우스가 아테네 여신에게 "오디세우스는 신들에게 복종하고 제사를 잘 드린다"라고 했던 말속에 숨어 있다. 또 오디세우스가 어려움에 처할 때마다 여신 아테네가 구출해 주는 그 배경에도 신들에 대한 오디세우스의 경외가 있다. '정복'의 과정은 트로이의 함락을 유도한 정복자로서의 그의 리더십에서 볼 수가 있다. '믿음'의 단계도 오디세우스의 귀향 의지에서 볼 수 있다. 절대신이 없는 시대에 절대적인 신앙의 표현으로서의 '믿음'은 아닐지라도 자신의 가족, 아내 페넬로페 Penelope, 아들 텔레마코스 Telemachus, 아버지 라에르테스 Laertes, 그리고 집 떠난 아들에 대한 그리움을 극복하지 못하고 아들의 귀향 전에 사망한 어머니 안티클레이아 Anticleia, 그리고 자기 왕국 이타카 Ithaca에 대한 믿음이 그의 존재를 확인해 주고 있다. '발견' 혹은 '재창조'의 단계는 오디세우스가 7년 동안 동거한 칼립소 Calypso 여신이 간접적으로 제공해 준다. 칼립소가 제안하는 영원한 생명 앞에서 '고향'을 지향하는 오디세우스가 인간성의 가치를 제한성에서 발견하는 것이다. '논리적인 사고'의 단계와 배경은 트로이 목마가 보여주고 있다. 난공불락의 트로이 성을 함락시킨 이성 논리적 사고, 군사 전략적 지혜의 주인공이 오디세우스이다.

또 트로이 전쟁이 끝난 후 10여 년에 걸쳐 일어나는 귀향길 자체가 그의 존재이다. 그의 존재를 보여주는 귀향길은 난관에 처한 현 상황에 대한 지속적인 거부이며 반항이다. 그는 자신의 길, 혹은 존재를 막는 모든 것을 부인하고 항거한다. 출정의 원인부터 귀향의 체험 자체가 반항의 표출이다. 일곱 번째 단계인 '파괴'는 고향 이타카에 돌아오는 즉시 일어난다. 오디세우스의 아내를 괴롭히며 자기의 왕국을 차지하려던 구애자들을 '파괴'하는 일이다. 여기까지다. 마지막 단계인 자아파괴는 발생하지 않기 때문이다.

그림 35) 존 윌리엄 워터하우스, <율리시즈와 사이렌들>, 1891, 캔버스에 유채, 100.6x202cm, 멜버른 내셔널 갤러리 오브 빅토리아

진퇴양난의 벼랑 끝에 서 있는 인류에게 해결의 방향을 제시할 수 있는 존재는 오디세우스 이외에는 없을 것 같다. 그는 인류의 성장 단계와 매우 유사한 성장 과정을 모두 다 거친 후에 자신을 파멸시키지 않고 곧게, 또 메마르나 행복하게 서 있기 때문이다. 이러한 영웅을 지식의 여신이며 오디세우스의 수호신인 아테네Athene는 '현명한 오디세우스wise Odysseus'라고 호칭한다. 현명한 오디세우스가 제시하는 방향을 먼 후세에 영국 시인 테니슨Alfred Lord Tennyson, 1809~1892이 그려내고 있다. 33세에 쓴 시 '율리시스Ulysses'이다. '율리시스'는 '오디세우스'의 라틴어 이름이다.

율리시스

... 옛 동료들,
새 세상을 찾기에 아직 늦지 않고...
많은 것을 잃었지만 아직 많은 것이 남아 있다.
또 오늘의 우리가 옛날에 하늘과 땅을 움직인

그 힘은 비록 아니지만 우리는 아직 우리이어라,
영웅적 기상의 한결같은 정신,
세월과 운명에 의해 약해졌지만
노력하고, 추구하고, 체득하고,
그리고 굴복하지 않는 강한 의지는 살아있다

2.

우리는 서로 교류한다. 그러므로 존재한다

mutamus ergo sumus

달리 어찌할 수 없는 자리에 서서 문화사적 황무지를 바라보며 절망하고 있는 인간에게 고대의 영웅들이 제시하고 있는 방향은 '굴복하지 않는 강한 의지'이다. 멀리 지평선 위로 희미하게나마 움직임이 보이는 것은 척박한 사막을 횡단하는 카라반caravan의 낙타 행렬이다. 그들은 사막을 인내하며 지나갈 수 있는 길을 개척했다. 실크로드의 카라반이 황무지를 극복할 수 있었다면 인류 문화사 역시 굴복하지 않는 정신으로 카라반의 사막 길을 갈 수 있을 것이다. 그리고 지금 처해있는 문화사적 파멸의 구도에서 벗어날 수 있는 길도 찾을 수 있을 것이다.

그렇다면 실크로드는 도대체 어떻게 고비 사막과 타클라마칸 사막의 황폐한 영역을 관통할 수 있었을지 따라가 볼 필요가 있다. 대상隊商들이 왕래했던 서안, 둔황, 사마르칸트, 타슈켄트, 이스탄불, 로마 등 동서양을 잇는 비단길의 역사는 삼십 수 세기에 이를 것으로 추정된다. 기원전 1390년경 이집트 테베의 고분 벽화에서 귀부인 체푸Tjepu가 입고 있는 옷이나 파라오 아케나톤의 부인 네페르티티Nefertiti가 입은 옷은 실크로 추정된다. 그 후 기원전 1070년경에 제조된 중국 비단이 이집트에서 발견되었다는 사실이나 알렉산더 대왕323 BC에 사망의 수의도 비단이었다는 기록은 비단의 교역사를 보여주고 있다.

그림 36) 실크로드 상의 마르코 폴로의 카라반, 1380, © Cresques Abraham, Gallica Digital Library

그림 37) 귀부인 체푸의 초상, 무덤 벽화, 36.7x24cm, 기원전 1390, CC BY 2.5, © Keith Schengili-Roberts, via Wikipedia

중국의 경우, 한 무제漢武帝, 141~87 BC가 장건張騫, ?~114 BC에게 서역 원정을 명령했다. 오늘날 중앙아시아 지역에 자리 잡은 흉노를 정벌하기 위한 외교 정책이었다. 장건은 기원전 138년에 100여 명의 수행원과 함께 장안을 떠나 사마르칸트 등지를 탐사하면서 두 번이나 흉노의 포로가 되었다. 10여 년 후 기원전 126년에 귀향할 때는 흉노인 부인과 몸종 한 사람만 데리고 돌아왔으니 그는 외교의 목적을 달성하지 못했다. 그러나 결과적으로는 중국의 비단길 개척에 있어서 역사적인 사명을 담당한 인물이다. 그의 비단길 개척으로 중국의 서역 교류의 길은 번성하기 시작했다. 그 비단길은 7세기 중엽~8세기 중엽에 가장 번성했고, 그 당시 당나라의 각종 서역 교역을 비롯한 국제적인 문화를 형성하는 원동력이 되었다. 중앙아시아 지역이 막 이슬람의 영향권으로 바뀌기 시작하던 때이다.

8세기는 중동의 이슬람 문화 시대였을 뿐만 아니고 극동의 문화 시대이기도 했다. 중국에서는 당 현종712~756이 장안을 중심으로 당나라 문화의 절정기를 이루어 나가던 시대였고, 왕유699~761, 이태백701~762, 두보712~770의 시대이기도 했다. 장안과 바그다드와 콘스탄티노플은 그 당시 세계 3대 문화 도시였는데 규모로는 장안이 인구 백여만 명으로 가장 컸다고 한다. 한반도에서는 신라의 경덕왕제위 742~765, 혜공왕제위 765~780 시대였으며, 석굴암과 불국사 등의 창건751~774이 이루어진 신라의 전성시대였다. 그때 서양에서는 수도승 알쿠인Alcuin of York이 서로마의 샤를마뉴 황제, 800년에 등극한 칼 대제에게 라틴어 글공부를 가르치려 애쓰던 시대였다.

한국에 대한 이슬람 학자들의 지리 문화적 관심 또한 9세기로 거슬러 올라간다. 9세기 중엽에 숼레이만 시라피Sulayman Sirafi라는 사람과 동시대의 이븐 코르닫베Ibn Khordadbe, 820~912라는 지리학자의 글을 필두로 옛 신라 왕국이 이슬람 세계에 등장하기 시작했다. 9세기의 코르닫베가 그의 저서 『제국과 도로집』885에 "신라는 중국 끝에 있는 나라이고 사람은 백인종으로 노아의 아들 야벳과 야벳의 아들 아무르Amur의 후손이다. 황금의 나라이고 좋은 산천의 나라이며 일단 그 나라에 들어간 아랍인은 그 누구도 고향으로 돌아가지 않으려고 하는 땅이다"라고 서술하고, 인삼, 녹용, 생강, 도자기, 비단, 말 안장 등을 수출하는 나라라고 한다. 위대한 천문학자 알 비루니Al Biruni도 11세기 초에 'Sila'를 언급했다고 한다. 인물서사시라고 할 수 있는 『쿠쉬나메』*Kushnameh*, 1108~1111에는 아랍 세력Arab Ummaiya 왕국, 661~750에서 도피해 온 페르시아 귀족 압틴Abtin이 신라Sila 혹은 Basila에 정착해서 파라랑Fararang이라는 공주와 결혼한다는 내용이 있다. 그러나 보편적으로 특이한 점은 아랍-페르시아 지역과 신라 간의 교류 기록이 물품 교역에 관한 것이라기 보다는 오히려 신라를 '꿈의 나라'라고 묘사한 기록이라는 점이다. 작금의 '한국'이 '신라'가 되어야 한다는 뜻일지도 모르겠다.

이슬람 문화는 9~12세기에 황금시대를 구가했다. 그리고 2~3세기가 지난 14세기에는 유럽의 르네상스를 꽃피우는데 중요한 토대를 제공했다. 이슬람 과학과 예술의 등장, 이슬람 번역을 통한 그리스 고전주의의 발견, 그리고 이슬람-인도의 수학과 천문학 분야에서의 진전, 이런 것들이 서양으로 전파되지 않았더라면, 유럽의 르네상스는 훨씬 나중에 개화했을지도 모른다. 이러한 전파가 이루어진 것은 3가지 주요 경로를 통해서였다. 첫 번째는 이슬람의 개방과 정복이었고, 두 번째는 11세기 교황 우르바노 2세Papa Urbano II에 의해 촉발된 '프랑크족의 침략', 즉 십자군 전쟁이었으며, 그리고 가장 중요한 세 번째는 오늘날 실크로드라고 알려진 교역로의 활성화였다.

그림 38) 소그드인들의 사자 모티프가 들어간 채색 실크, 8세기,
우즈베키스탄 부하라(Bukhara) 산으로 추정, 46x62cm, via Wikipedia

이슬람의 '개방'이 황금시대로 이어지기 훨씬 전에, 그리고 이슬람 문명을 본의 아니게 서양에 소개했던 프랑크족의 침략 훨씬 이전에, 실크로드는 이미 모든 유형의 물품이 있는

국제 시장의 역할을 했다. 전성기에 이 길은 한국, 중국, 고비와 타클라마칸 두 사막, 중앙아시아, 터키, 그 너머 로마까지, 또 여러 나라를 가로질러 대략 10,000km[11]에 이르렀다. 그러나 이러한 교역보다 훨씬 더 중요한 것은 실크로드가 의도하지 않았던 두 가지 부산물이다. 첫째는 인간 활동의 많은 분야에서 이루어진 문화적인 교류와 융합이었고, 둘째는 상인들 사이에 자연스럽게 형성된 상호 인정의 공존의식이었다.

그림 39) 이즈드크바스트 카라반사라이(Izadkhvast Caravanserai), 이란 파르스 지역, 17세기 초,
이란의 25개 유네스코에 등재된 실크로드 상인들의 숙소였던 카라반사라이 중 하나,
CC BY-SA 4.0, © Bernard Gagnon, via Wikipedia

첫 번째 부산물이라고 할 수 있는 문화 교류는 인류 문명의 형성에 지대한 영향을 끼쳤다. 불교의 중국전파는 물론이고150년경, 기독교 역시 실크로드를 통해 중국에 전파되기 시

11 (편집자 주) 육로로 계산한 대략의 거리는 다음과 같다. 단위 km. 경주-장안 2,500~3,000, 장안-둔황 1,200~1,500, 둔황-사마르칸트 1,800~2,300, 사마르칸트-안디옥 2,000~2,500, 안디옥-로마 1,500~2,000.

작했다. 콘스탄티노플의 네스토리아계 선교사 알로펜 아브라함Alopen Abraham; 阿羅本, fl. AD 635이 당 태종의 허락을 받고 "크게 밝으며 빛나는 종교"라는 뜻의 대진경교大秦景教를 전파하기 시작했으며[635], 십자가 신전을 건축했다. 두 번째 부산물이라고 할 수 있는 공존의식은 물품 교역보다는 좀 더 인간적인 양상을 보인다. 다른 사람들을 인정하고 존중하는 감각이다. 멀리서 온 상인들과 함께 일상 생활품 및 문화적 산물을 거래하는 과정에서 상인들 간에 자연스럽게 형성되었을 것이다. 불신과 경계심이 항존했다 하더라도 거래를 유지하기 위해서는 서로를 어느 정도 인정하고 수용해야 했다. 상대방의 낙타가 오기를 기대하고, 물품을 매매하거나 물물교역을 계획한다는 것 자체가 상대방의 존재를 인정하는 것이다.

여기서 주요 관심사는 상호 교역의 주체가 서양 이성의 절대 단수 '나'가 아니다. 오히려 '우리We'가 갖는 무언의 가치, 거래 파트너들 사이나 지역 간의 공통복수인 '너You' 그리고 '나'였다. 비록 미약할지라도 'You and I'의 가치를 공존의식이라고 할 수 있을 것이다. 요즘 식으로 말하자면, 실크로드 도처에서 상대적 평화와 번영을 낳은 것은 '우리We'를 위한 윈윈의 거래win-win deal였다. 인류 역사에 있어서 그 어느 때나 그 어느 공간에서도 실크로드를 따라 생성된 '우리We'보다 더 효과적으로, 더 지속적으로, 그리고 더 많은 사람에게 영향을 준 것은 없을 것이다. 알렉산더 대왕을 뒤이은 헬레니즘도, 로마 제국의 팍스 로마나Pax Romana도, 비잔틴 문화권도, 칭기스칸과 그의 왕국도, 오스만 제국도, 영-미 세력권도, 또는 소비에트 연방 코민테른Comintern과 그 모든 위성 국가들도 그렇지 못했다. 실크로드처럼 경제적으로 번영하고, 정치적으로 관대하고, 문화적으로 다양하고 역사적으로 긴 시대를 결성한 적은 없었다.

인류 문명에서 삼천 년 넘게 기능했던 실크로드의 '우리We'에 견줄만한 대타자가 없다. 서양의 과학 기술적 이성의 '나'가 만들어 놓은 문제의 해답이 '우리We'의 중요한 원천지인 실크로드에 있을지도 모른다. 1453년 오스만 제국에 의해 실크로드가 폐쇄된 것은 문화적으로 애석한 일이다. 폐쇄가 아니었다면, 투르크와 다른 이슬람 민족들이 아마 두 번째 황금시대를 일으켰을 것이고, '나'가 아닌 '우리We'가 그 시대의 주요 추진력이 되었을지도 모를 일이다. 그와 같은 황금시대는 문화적으로나 도덕적 실체에서 서양의 르네상스를 능가했을 수도 있다. 그러나 비잔틴 제국은 단 50여 일 만에 너무나 빠르고 너무나 허무하게 함락되고 말았다. 어쩌면 그러한 결과가 오스만 제국을 좀 지나치게 자아도취와 자기만족에 빠지게 하여 다른 문명에 관한 관심을 잃게 만들었는지도 모른다. 실크로드의 폐쇄는 결국 서양에도 영향을 주었고, 상업적 교역, 학문적 탐구, 영토적 확장을 위해 사람들을 서쪽을 향하도록 했다. 1492년 콜럼버스가 신세계를 향해 서쪽으로 출항한 것은 1453년 비잔틴의 급격한 페망 이후 40년도 못 되어서이다.

옛 실크로드의 위상이 지금은 가고 없다. 실크로드의 탐험 정신과 교역 의지는 그것을 통해 전파된 인류 유전자에 여전히 깊이 존속할 것이다. 그 유전자는 실크로드에 존재했던 '우리We'의 정신이다. 여기서 우리가 기억해야 할 일이 하나 있다. 어떤 문명이든 그 문명이 혼란과 정체 상태에 놓여있을 때마다, 그것을 극복하려는 의지를 제공한 것은 대체로 문학이었다. 일반 서민에게는 이야기가 음악이나 예술보다 더 쉽고 빠른 통로이기 때문일 것이다.

오늘날의 문명이 맞닥뜨린 딜레마에 대해 우리는 실크로드의 중요한 도시 이스탄불의 한 저명한 시인의 생각을 음미해 본다. 2006년 12월 6일 노벨 문학상 강연에서 오르한 파묵Orhan Pamuk, 1952~은 진정한 문학의 성격을 "모든 사람이 서로 닮았다는 희망에 찬 확신"에 두고 있다고 했다. 따라서 자기가 글을 써야 하는 이유는 현실 참여를 통해서 사람들의 현실적 감각을 그 '희망찬 확신'으로 바꾸어 놓는 데 있다고 생각한다. 그에게 참된 문학이란 모든 인간이 같은 인류의 구성원이며, 모두 서로 닮아있다는 것을 깨닫게 하는 변화의 도구다. 즉, 가깝든 멀든, 우리는 모두 이웃이다. 파묵은 또 다른 기회2008년 2월, Brooklyn Raid에 문학 예술, 진정한 문학, 진실된 인생 철학의 성격은 "나와 닮았지만 나와 다른 제3자를 인정하고 존중한다는 것"이라고 했다. 매우 일상적이고 평범한 이야기지만 노벨 문학상 수상 강연의 주제가 될 수 있는, 인류 전체를 향한 이야기이다.

우리는 오늘 막다른 길에 서 있다. '내'가 두려워하고, 정복하고, 믿고, 발견하고, 생각하고, 반항하고, 파괴하고, 급기야는 모든 것을 파괴해야만 '나'라는 존재의 존재성을 입증할 수 있다는 서구 이성의 외길에서 벗어나야 한다. '너'를 인정하고 '너'와 '나'를 '우리'로 대체하면 막다른 골목길에서 하나의 출구를 만들 수 있을 것이다. '내'가 아닌 '너'와 '나'의 상호 존중과 교류를 통한 '우리'가 아니면 지금 우리 앞에 놓인 황무지를 벗어날 수 있는 방법이 없다. 존재의 확인은 물론이고 존재의 생존을 위해서 '우리'가 등장해야 한다. '우리'가 없으면 히틀러 뒤에 또 다른 괴물이 콧수염을 달고 등장할 것이다. 오사마 빈 라덴 뒤에는 또 다른 광인이 거룩하게 보이는 터번을 쓰고 나타날 것이다. 북한의 핵 놀이꾼 뒤에는 또 다른 놀이꾼으로 스스로의 감옥에 갇혀 터질 듯이 살이 찐 위대한 영도자가 나타날 것이다.

개인과 사회 상호 간의 인정과 존중은 생명의 존엄성이라는 토대 위에 있다. 그것은 문화적 자아 주장이나 군사적 권력 강화나 정치적 영토 확장의 욕망을 다 뛰어넘게 한다. 그리고 '우리'의 가치nos, sumus와 '교류'의 가치mutatio를 새롭게 창조하게 한다. 그것은 '우리'가 서로 교류함으로써 '너'와 '나'를 '우리'로 전환시키는 일이다. 그때 비로소 우리는 "우리는 서로 교류한다. 그러므로 우리가 존재한다.We exchange, therefore we exist; mutamus ergo sumus"라고 할 수 있을 것이다. 교류야말로 실크로드의 카라반을 따라 무자비한 이성의 황무지를 문화적 지성의 초원으로 변모시켜 나갈 수 있을 것이다. 교류야말로 모든 것을 파괴해야 자신이 존재할 수 있다는 결론을 내린 인간을 구원할 수 있을 것이다. '너'와 '나'의 생존을 위한 교류가 존재를 확인할 수 있는 도구가 될 때 인류는 새로운 문명을 열 수 있을 것이다.

그림 40) 오마르 카이얌, CC BY 3.0, © Alireza Javaheri, via Wikipedia

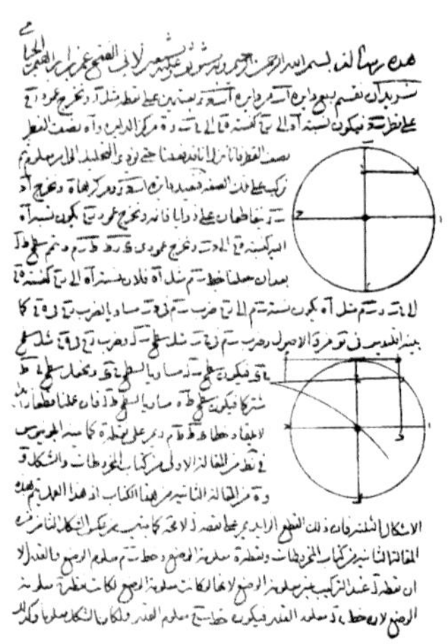

그림 41) 카이얌의 '3차 방정식과 원뿔 단면의 교집합', 테헤란 대학에 보관된 2장으로 된 원고의 첫 페이지

문명은 길가메시의 메소포타미아 지역을 출발점으로 이집트에 왔다가 그리스를 거쳐 로마로, 다시 영국을 거쳐 유럽 대륙으로, 그리고 거기서 신대륙으로 건너왔다. 그러나 방황은 계속되었다. 먼 중국 장안으로 가서 낙타를 타고 다시 길가메시의 땅, 중앙아시아로 시공간의 바퀴처럼 되돌아 왔다. 이제, 거의 천년 전 이곳에서 이슬람 문화의 한 천재적인 영혼, 오마르 카이얌Omar Khayyam, 1048~1131[12]이 꿈꾸었던 더 나은 세상을 만나게 된다. 그의 <루바이야트>The Rubaiyat의 4행시 한 구절로 4,600여 년에 걸친 긴 방랑의 여정을 마무리한다.

---

12 (편집자 주) 오마르 카이얌은 그 시대의 대표적인 시인이었을 뿐만 아니라 『대수의 문제점들』*Treatise on the Problems of Algebra*이라는 저서로 3차 방정식의 이론을 구상하고 또 약관 31세의 나이에 새로운 태양력을 제시(1079)한 수학자-천문학자이기도 했다. 페르도우시, 알 하이템, 알 비루니, 이븐 시나 등과 같은 별들과 함께 11세기 이슬람 문화를 이끈 인물이다.

Ah, Love, could you and I with Him conspire
To grasp this sorry Scheme of Things entire,
Would we not shatter it to bits - and then
Remold it nearer to the Heart's Desire.

Edward FitzGerald 역

오, 사랑하는 이여, 그대와 내가 신의 도움을 받아
이 볼품없는 세상 실태를 전부 휘어잡을 수 있다면,
우리는 그것을 산산조각 내버리고, 그런 다음에는
우리의 마음에 더 흡족한 세상을 만들 수 있으리라.

'나'의 이성과 '나'의 주장이 만들어 놓은 '볼품없는 세상'을 벗어나 '우리'의 윤리와 '우리'의 교류를 통해 더 평화롭고 합리적인 새로운 세상을 만들어야 한다는 실크로드의 아주 평범한 진리이다. 우리가 추진해야 할 '교류'의 공통분모, 즉 뿌리가 무엇이냐? 어떤 뿌리가 우리를 서로 교류하게 만들어 우리를 인간다운 인간으로 만들 수 있는가? 과연 우리가 '볼품없는 세상'을 좀 품격 있는 세상으로 만들 수 있을 것인가?

그 교류의 뿌리가 부처의 자비일지, 공자의 예일지, 예수의 사랑일지, 혹은 제4차 산업혁명일지, 인공지능일지, BTS일지 알 수 없는 일이다. 어쩌면 이 모든 것의 잡탕이거나 또 다른 가치가 등장하게 될지도 모르는 일이다. 그것도 아니라면, 우리를 '산산조각 내버리고' 새로운 유전자의 인종을 개발해야 하는 것일까? 이제 천로역정의 종착역에 도착하면서 낡고 빛바랜 비단 깃발을 내려야 할 것 같다. 조금 불행하게도 나를 찾아 헤맨 반만년의 방랑이 낡은 비단 깃발과 말 없는 질문에 답 없는 침묵으로 남아있다.

제2장

각설이의 서방 나들이

- 양洋서방 초상화 -

각설이却說이는 잘 알려진 대로 장터를 떠돌아다니면서 동네 사람들을 상대로 해학적이고 풍자적인 타령을 하고 구걸하던 인물이다. 죽지도 않고 매년 또다시 나타나는 각설이는 거칠고 저속한 표현을 쓰며 때로는 웃기기도 하고 야유도 하며 가시 있는 메시지를 전하곤 했다. 이 각설이가 21세기 벽두에 큰물 건너 서양 나들이를 갔다가 마주하게 된 것은 바로 2001년 뉴욕에 있는 세계무역센터가 파괴되는 9·11 사건이다. 그것을 목격하고 놀란 각설이가 '1800년대의 서양인들이 어떠했기에 1900년대를 결산하는 2000년대 첫해가 이런 모습이 되었는가?'라는 질문을 하면서 어설프게나마 1800년대와 그 후의 미국과 유럽 사회 여기저기를 기웃거리며 주위를 살펴본다.

19세기에 들어가기 위해서 20세기부터 역주행해 보고자 한다. 먼저 가장 강하게 눈에 띈 것은 폭행이다. 20세기에 들어 성폭행을 포함한 각종 인권 폭행, 물질 자원 폭행을 비롯한 각종 국가권력 폭행 등 여러 형태의 폭행이 두드러졌는데, 그 폭행의 양상은 문명충돌에까지 이르고 있다. 이것은 비단 특정 개인이나 집단 혹은 국가만 겪는 문제가 아니고 모든 이들이 다 결부되어 집단으로 체험하고 있는 것 같다. 초고층 건물에서 더 나아가 초고속 비행기에서부터 수소폭탄도 만들어내고, 애완견을 데리고 멋진 비단옷까지 차려입어 겉으로는 모든 것이 OECD적으로 보이지만, 내적으로는 모순과 충돌로 터질 듯한 양상이 1900년대를 살아가는 양인洋人들의 생활현상이라고 하겠다.

서양인의 유전자

I

1.

수평적 유전자: 정치적 인간

'이러한 풍요와 폭행 뒤에 있는 양인들은 누구인가?' '그들은 무슨 일들을 하고, 어떤 과정을 거쳤기에 이런 현상들이 발생하는가?' 양인들의 정신 및 생화학적인 구조 속에는 두 개의 서로 상반되면서 충돌을 야기할 수 있는 유전자가 있어 보인다. 하나는 수평적인 유전자이다. 수평적인 인간의 마음속에는 주어진 시간과 공간, 즉 역사를 통해서 자신의 생각을 창조 혹은 제조하고 세상에 전파하며 통치하고 싶어 하는 정치적인 인간의 유전자가 있는 것 같다. 이런 인간 유형의 성격을 'animal politicum 정치하는 동물'이라는 용어로 정리할 수 있다.

그림 42) <아카드의 사르곤>, 기원전 2300년경, 청동, 30.5cm, 바그다드 이라크 국립박물관

그림 43) <이수스 대전>의 알렉산드로스, 부분도, 기원전 100년경, 폼페이 출토, 나폴리 고고학박물관

역사적으로 가장 유명한 정치적 동물의 첫 모형은 기원전 2,300-2,400년경에 군림한 사르곤 대제라고 하겠다. 그는 아카드라는 거대한 제국을 건설하고 지배했던 사람이며 역사적으로는 최초의 제국주의자이다. 그 후 기원전 4세기의 알렉산드로스가 있다. 그는 '애굽의 바로왕,' '페르시아의 샤,' '아시아의 군주' 등 여러 가지 명칭을 가지고 있고, 그의 이름을 딴 도시가 70여 개에 이를 정도로 정치적, 영토적, 역사 수평적인 생을 살았던 사람이다. 그러나 이러한 사람들에게도 불안의 요인이 있었다. 어떻게 하면 멈추지 않고 더 이룰 수 있을까? 어떻게 하면 이루어 놓은 것을 항구적 가치로 남겨놓고 갈 수 있을까? 그래서 영원한 제국으로 남길 수 있을까? 하는 그런 불안이다. 이를 극복할 수 있는 방법도 만들어낸다. 어떤 독특한 이념이나 가치를 만들어 타인에게 강압적으로 주입시키고, 그 상태가 항구적으로 지탱되기를 바라 최대한의 안전장치를 하는 것이다. 알렉산드로스는 수많은 나라를 정복하고 수십 개의 도시를 건설하며 심지어는 자기 애마에게 '부케팔로스Boukephalos'라는 이름을 지어주었다. 자기의 애마까지 역사상 유일하게 이름을 가진 영웅적 존재로 만들어 역

사에 남게 하고 자기 자신도 애마 적토마를 타고 세계를 정복하며 역사 속에서 영원히 남을 수 있기 위해 살아간 동물-영웅이 된다.

정치적인 동물은 특정 집단의 이념통치자가 되는 사람들이고, 우리 시대에 국한해서 생각하면 마르크스, 엥겔스, 스탈린, 히틀러 등이 그런 인물들이다. 다들 자기 나름의 당위성과 논리성을 구축해서 다른 사람들을 강력하게 세뇌하고 자신의 역사적인 존재감을, 통치자로서의 가치를 확인하려는 양상을 보인다. 히틀러의 경우, 우월 인종주의의 개념을 고안해서 열등한 인종은 말살의 대상으로 처리하려는 극단적인 반가치적 가치, 자기가 임의로 정한 우월인종의 '순수성'을 달성하기 위해 인류에 대한 종족 살생의 범죄를 저지른 역사상 가장 잔인하고 포악한 정치 동물이라는 것을 우리가 알고 있다.

2.

수직적 유전자: 상징화하는 인간

두 번째 유전자는 수평과는 상반되는 수직적 유전자이다. 'animal symbolicum 상징화하는 인간'으로 규명할 수 있겠고, 종교인이나 철학자가 이러한 유형이라 하겠다. 유대교 종교인들의 경우에는 나와 다른 인간과의 사회정치적 관계나 또 다른 어떤 인간윤리적 관계보다 나와 하나님 야훼와의 관계가 더 중요하다. 이들은 절대 신앙을 생의 존재 근원으로 삼고 보편적인 사회윤리적 가치를 초월해버리는 유형이다. 그러나 여기에도 불안의 요인이 없지는 않다. 어떻게 주어진 시간과 공간의 범주 내에서 수직적인 관계를 정립할 수 있으며 제한과 무한을, 시간과 영원을 연결할 수 있느냐는 불안이 생긴다. 이를 극복하기 위해서는 자신의 인간적인 주권을 완전히 포기하고 절대자의 도구가 되는 것이다. 전형적인 예시가 아브라함이다. 백 살이 다 되어 얻은 아들을 죽이겠다고 나서는 가족-살인적이고 직계-

절단적인 자가당착의 인간이다. 모든 인간적 도덕과 윤리를 무시하고 오로지 자신과 야훼와의 수직적이고 절대적인 관계 속에서 자기 신의 명령만을 순종한다. 후에 철학자와 신학자들은 이것을 '신앙의 투신投身, leap of faith'이라고도 하지만, 모든 것을 포기해버리고, 자신을 철학적 신념이나 종교적 신앙에 대한 합리적인 분석이나 사회적인 한계 없이 인간적인 자아의 이성을 완전히 초월하고 오직 수직적 관계를 위해 죽음이든 순교든 자신을 투신하는 자아 희생적인 자세이다. 이 경우에 발생할 수 있는 가장 큰 위험은 자신을 포함한 가족과 타인 및 모든 사회 인간적인 가치, 즉 인간이 이룬 문명 그 자체를 자기가 섬기는 신만을 향한 수직적인 신앙의 이름으로 파괴할 수 있다는 것이다. 9·11 사태도 이러한 수직적 인간이 구원과 영생을 지향하는 절대 신앙의 이름으로 단행한 참사이다.

동양 문화권, 특히 유교나 불교 문화권에는 이 두 번째의 수직적 유전자가 특별히 강하게 나타나지는 않는 것 같다. 사람과 사람 사이의 사회정치적이나 조직 사회적 관계가 일상생활의 결정적인 척도로 인식되고 모든 생명체에 대한 겸허함과 존경심 때문에 모든 인간관계를 초월하는, 한 인간이 절대적인 존재만을 위하여 모든 인간 사회적 윤리를 파괴할 수 있는 신앙적 개념은 찾아보기 어렵다고 하겠다. 따라서 절대적인 존재의 명령에 따라 영혼의 구원을 갈망하며 행하는 희생적인 자살이나 신념적인 타살은 쉽게 나타나지 않는다.

르네상스 시대 라파엘로Raphael의 저 유명한 <아테네 학당>The School of Athens, 1509-1511에는 고대 그리스의 수십 명의 학자들이 등장한다. 왼쪽 상단에는 녹색 옷을 입은 납작코 소크라테스가 있고, 중앙에는 손을 위로 향한 채 '이 세상의 현실이 중요하지 않고 저 하늘 위에 진리가 있다'라고 가르치는 플라톤이 있다. 그 옆의 아리스토텔레스는 '하늘만 쳐다보고 걷다가는 자칫 잘못 현상적 돌부리에 걸려 넘어지거나 윤리적 웅덩이에 빠지기 쉬우니 바로 앞을 보고 주어진 현실을 직시할 것'을 권하고 있다. 플라톤의 붉은 옷(이상)과 아리스토텔레스의 푸른 옷(이성)은 이상과 이성을 융합한 계명대학교의 색채, 청홍이다. 이미 500여 년 전에 계명을 알아봐 준 라파엘로 선생의 혜안이 명품이다. 이 그림에서 또 눈여겨 볼 사람은 왼쪽 기둥 옆에 유일한 이슬람인 이븐 루시드Ibn Rushd로 서양에서는 '아베로에스Averroes'라고 불리는 12세기 학자이다. 그는 단테와 토마스 아퀴나스가 '아리스토텔레스의 최고 주석자The Commentator'라고 지칭할 정도의 영향력을 발휘한 철학자였으며, 동시에 15세기 코페르니쿠스보다 250여 년을 앞선 시점에 이미 프톨레마이오스의 천동설에 문제를 제기한 과학자이다. 여기에서 그는 아주 불만스러운 표정으로 마치 "야, 라[파엘로] 선생, 왜 이슬람 학자는 나밖에 없냐?"라고 하는 것처럼 보인다. 인간적인 수직성을 추구하는 사람들은 절대자와의 관계가 없더라도 모두 다 철학적, 과학적 혹은 사회학적 영역 속에서 절대적인 가치를 추구하는 사람들이다. 이러한 철학자-과학자들 역시 불안의 요소를 안고 있다. 절대 진리에 도달하기 위한 집념은 강하지만, 진리 탐구의 유동성과 인간 조건의 제한성에 대한 불안 또한 정비례하는 것 같다.

그림 44) 라파엘로, <아테네 학당>, 1509-1511, 프레스코, 500x700cm, 바티칸 시 사도 궁(Apostolic Palace)

그림 45) 이븐 루시드, <아테네 학당> 부분도

3.

융합적 유전자

이 두 가지, 유형보다 더 높은 차원에서 수평적·수직적 두 유전자를 융합한 사람들이 있다. 그 대표적인 세 인물이 있는데, 그 중의 한 사람이 하나님의 택함을 받은 아브라함이다. 그는 힘없고 의지력이 약한 그저 그런 노약자이거나, 어떤 이상한 목소리를 듣고 나서 100세에 기적적으로 얻은 자식을 죽이겠다고 나서는 노망한 정신 박약아, 늙은이가 아니다. 그의 조카 롯Lot이 포로로 잡혀가 있을 때, 자기 개인 휘하에 있는 특공대원 318명을 직접 이끌고 동맹국 왕들의 적진으로 진격해 들어가서 자기의 권속들을 구출해낸 최전선 사령관-족장-통치자였다. 그는 수평적인 인간임과 동시에 하나님과의 수직적인 관계도 구축하고 있는 두 유전자의 융합된 인물이라고 하겠다.

그리고 모세를 들 수 있다. 그는 야훼 하나님과 대화를 할 수 있는 신령한 사람인 동시에 한 민족의 독립운동가이며 첫 지도자이다. 그는 이슬람의 코란Quran 6,000절 가운데서도 제일 많이, 무려 115번이나 언급되었다고 한다. 미켈란젤로의 대리석 조각을 보면 뿔이 달려있다. 이는 '후광'을 뜻하는 '카란karan'이라는 히브리 단어를 르네상스 사람들이 '뿔'로 잘못 이해해서 그의 머리에 뿔을 달았다는 해석도 있다. 그러나 뿔 없는 평범한 얼굴보다는 뿔 있는 남다른 비주얼은 그에게 애굽의 바로 왕을 대적할 수 있고 한 민족을 수 십 년 동안 사막에서 사막으로 끌고 다닐 수 있는 초인적 카리스마를 부여해주면서, 모세를 대체 불가한 특출한 영도자로 보이게 한다.

그림 46) 렘브란트, <이삭의 희생>, 1635, 캔버스에 유채, 193x132cm, 상트페테르부르크, 에르미타시 박물관

그림 47) 미켈란젤로, <모세>, 1513-1515, 대리석, 부분, CC BY 3.0 © Jörg Bittner Unna

그림 48) 첼레비, <설교하는 무함마드>, 16세기 말, 터키 혹은 이라크 작으로 추정, 19.8x15.4cm(가장 자리 포함), 뉴욕 메트로폴리탄 미술관

마지막으로 이슬람 민족의 선지자이면서 메카에 입성, 아라비아를 정복한 장군-선지자 무함마드가 있다. 중세 이슬람 회화 <설교하는 무함마드>에는 위대한 장군인 그가 신앙인의 모습으로 자연 속에서 설교하는 장면이 그려져 있다. 하늘에서 비둘기 한 마리가 내려와 무함마드의 귓전에서 알라신의 메시지를 전하고, 황소 한 마리가 두 뿔 사이에 코란을 펼쳐 들고 서서 무함마드의 설교를 돕고 있다. 황소는 성경의 누가를 상징하는 것으로 보인다. 아브라함, 모세, 무함마드 이 세 사람이 수직적·수평적 두 유전자를 성공적으로 융합한 인물들인데 그들에게 공통점이 있다. 바로 절대자와의 대화이다. 절대자와 대화하는 것 이상의 인간적 가치는 없을 것이다. 종교인의 결정체라고도 하겠다.

1800년대 서양인의 초상화

Ⅱ

1.

원천적, 고전적 가치관

다음으로 양인들이 어떻게 20세기, 즉 1900년대를 공포와 불안의 세계로 만들어서 9·11사태를 일어나게 했는지 생각해보기 위해서 1800년대로 들어가 보려 한다. 각설이가 볼 때는 특정한 존재적 초석이 1800년대 서구인을 받치고 있고, 그 초석은 몇 가지 성격을 가지고 있다. 첫째는 원천적이고 고전적인 가치관이다. 이것은 기독교와 가정이 가지고 있는 가치의 초석이다. 순수한 기독교적·종교적 가치가 1800년대 중반의 기독교적 부흥의 시대를 개막했다. 요즘 우리가 부르는 찬송가도 대부분 이 시기에 작사·작곡된 것들이다. 이러한 사람들이 사는 자연적 생태조건도 창조자의 뜻에 따라 매우 분명하고 체계적이며 질서정연하다. 뉴턴의 고전물리학이 특히 19세기 사람들에게 확증해주는 우주는 파괴 불가한 기본적인 단위와 항구적인 질량 및 논리적인 법칙으로 설계되어 있으며, 수리적인 정확성 및 윤리적인 당위성과 결론적인 확실성이 보장되어 있어 인간이 믿을 수 있는 영원불변의 우주였다.

그림 49) 터너, <Buttermere Lake>, 1798, 캔버스에 유채, 119.4x88.9cm, 런던 내셔널갤러리

그림 50) 프리드리히, <산속의 십자가-테첸 제단화>, 1807-1808, 캔버스에 유채, 115x110.5cm, 드레스덴 Galerie Neue Meister

19세기에 창조확인적 사건이 있었는데 1887년 마이컬슨-몰리Michelson-Morley가 빛의 속도를 측정한 실험을 했다. 속도가 빠르고 느리고의 문제보다는 빛의 속도를 측정했다는 실험 자체가 19세기 사람들의 마음속에 '성서적 창조'를 확인시켜 주었다. 태초에 '빛이 있으라'의 '그 빛이 지금도 전파되고 있고, 그 빛이 살아 움직이고 있다'는 것이다. 이는 빛에 생명이 있다는 것이고, 그 생명은 하나님에게서 왔다는 믿음을 심어 주었다. 이 빛은 후대에 와서 야훼 무신론자라고 할 수 있는 유대계 아인슈타인의 '빛의 상수(常數)성'1905의 빛과, 종교인들이 확신했던 태초의 빛으로 연결되어 나타난다. 자연계를 측정하는 무신론적 첨단 과학과, 창조자의 첫 말씀으로 창조된 창조물이 같은 방-우주의 어둠 속에서 같이 등잔불을 밝히는 야유적인 모습이다. 그러나 동시에 궁극적인 상황이라고도 하겠다.

문예학적 가치도 마찬가지이다. 아리스토텔레스에게 진리라는 것은 다른 것이 아니라 자연 속에 있고 그 자연을 모방하는 것이 문학과 예술의 책임이었다. 진리를 탐구하는 것이 자연을 파악하는 것이고, 자연의 상태가 진리이다. 19세기 낭만주의에서도 이것이 드러난다. 19세기 영국의 대표적인 시인이라고 할 수 있는 워즈워스의 <산책>The Excursion이라는 시에는 'Nature', 'Truth', 'Divinity'라는 용어가 동질 선상에 나온다. 시인이 추종한 '자연', '진리', '신성'이 다 동질성의 다른 모습이다. 자연은 진리이고 진리는 자연이며, 이 두 가지 가치가 공통으로 지니고 있는 것이 신성이다. 터너와 프리드리히의 그림에서 보는 것처럼 '거대하고 장엄하며, 아름답고 영원한 자연 자체가 곧 진리이고, 그 안에 하나님이 계신다'라고 생각했다.

그리고 문학에서도 같은 현상이 일어난다. 슈티프터Adalbert Stifter라는 소설가의 『후後여름』Der Nachsommer의 주인공은 질서정연한 우주 속에서 건전하게 살아가는 평범한 인간, 특출한 영웅도 초라한 인간도 아닌 보통 사람이다. 상식적으로 건전한 사람의 삶이 곧 진리를 대변하고 있다. 니체가 이 소설에 대해서 '이 책은 괴테 이후에 나에게 영감을 주는 유일한 독일계 책이다'라고 말할 정도로 자연의 정상적인 현상을 진리로 전제하고 있다. 또한 일상생활에서 일하는 노동자, 절망하는 인간, 이 모든 것이 진리의 현실적인 모습이라고 생각한 것 같다. 풍자도 등장하는데 도미에의 <가르강튀아> 속의 인물은 프랑스의 황제이다. 백성들을 하도 많이 착취해서 배가 충만하게 나온 황제에 대한 풍자도 현실을 반영하고 있는 진실이고, 아무리 우스꽝스러운 돈키호테도 우리의 환상 지향적인 진실이며, 인간자연적인 진리의 일부로 생각했다.

그림 51) 쿠르베, <돌 깨는 사람들>, 1849, 캔버스에 유채, 165x257cm, 1945년 드레스덴 폭격으로 유실

그림 52) 도미에, <가르강튀아>, 1831, 석판화

그러나 이 모든 것을 역사의 시각에서 본다면 1800년대는 신앙에 근거한 경험론, 즉 신앙 간증적인 면과 이성적인 면, 즉 조직신학적인 면이 합쳐져서 인간이 이해할 수 있는 창조적 합리성의 현실이 만들어졌던 시대라고 하겠다. 여기에는 하나님의 섭리에 따른 인간의 가치와 소명이 분명히 있고, 인간의 역사는 하나님의 역사가 표면화된 것이며, 하나님의 역사를 위한 개척의 생각이 선교사들로 하여금 비기독교적 국가에 가서 교회 및 학교와 병원 같은 선교문명적 기관들을 세우게 한 원동력으로 나타난다.

2.

혁명의 시대

1) 정치사회적 혁명

이러한 가치를 배경으로 한 양인들의 19세기가 뜻밖에 정치사회적 혁명, 산업경제적 혁명, 정신문화적 혁명이라는 세 갈래의 혁명적 모습을 동시에 지니고 있다. 하나님의 가장 질서정연한 사회라고 믿었던 현실이 혁명의 시대로 나타난다. 첫째, 정치사회적 혁명의 시대로서의 19세기는 처음 나폴레옹부터 시작해서 끝까지 전쟁의 연속이다. 첫 예로서 나폴레옹의 러시아 침략을 생각할 수 있다. 러시아 침공으로 모스크바 근교 보로디노까지 진격했지만, 1812년 보로디노 전투는 나폴레옹 전쟁의 중요한 전환점이 되었다. <보로디노 고원의 나폴레옹>Napoleon I on the Borodino Heights, 1897은 '이놈의 전쟁이 왜 내 마음대로 돌아가지 않나?'라고 생각하고 있는 것 같다. 보로디노에서 러시아는 23명의 장군을 비롯한 221명의 장교 및 35,000여 명의 장병들을 잃은 반면, 프랑스는 47명의 장군과 480명의 장교를 비롯한 30,000여 명의 병사를 잃었다고 기록되어 있다. 나폴레옹은 "내가 싸운 50개의 전투 가운데 보로디노 전투가 가장 끔직했다"고 말한 바 있다. 나폴레옹이 보로디노 전투에서 승리하고 모스크바에 입성했으나 도시는 텅텅 비어 있었다. 점령한 후 주둔하지도 못한, 큰 희생만을 요구한 실익 없는 승리가 되어버렸다. 나폴레옹 몰락의 시작이 된 이 전투가 이후 톨스토이의 『전쟁과 평화』의 중심 무대가 되어 성聖 모국 러시아의 초군사적 및 초역사적 승리의 상징이 된다.

나폴레옹의 전쟁들이 끝나자 뒤이어 유럽 각 국가에서 동시다발적으로 혁명과 전쟁이 일어난다. 헝가리 혁명1849, 이탈리아 통일혁명1848~1870, 독일 통일과 제2제국 건립1850-1870, 프랑스 제2제국 1852-1870, 크리미아크림 전쟁1854-1856, 러시아 개혁운동1855-1881, 프랑스-독일전쟁1870-1871, 바다 건너 미국에서는 남북전쟁1861-1865 등, 19세기는 혁명과 전쟁의 세기였다. 크리미아 전쟁 때 '발라클라바 전투Battle of Balaclava, 1854'가 있었다. 이 전투에 큰 의미를 부여하는 사람이 많지는 않지만 테니슨Tennyson의 <경 여단의 진격>The Charge of the Light Brigade이라는 시가 남아있어 우리에게 이 전투를 상기시켜 준다.

그림 53) 바실리 베레샤긴, <보로디노 고원의 나폴레옹 1세>, 1897, 캔버스에 유채, 107x157cm, 모스크바 국립역사박물관

그림 54) 러시아 황제 알렉산더 2세

경 여단, 돌격!
실망한 장병 있었나?
없었지만 누군가 대 실책을
한 것은 알았다.
그들이 할 일은 답하는 것도 아니고,
왜 이러냐고 묻는 것도 아니고
그저 명령 따르고 죽는 것.
기마병 육백 명은
죽음의 골짜기로 달려갔다.

Forward, the Light Brigade!
Was there a man dismayed?
Not though the soldier knew
Someone had blundered.
Theirs not to make reply,
Theirs not to reason why,
Theirs but to do and die.
Into the valley of Death
Rode the six hundred

이러한 전쟁의 와중에도 핀 꽃들이 있다. 베토벤의 3번 <영웅>Heroica 이라고 하겠다. 나폴레옹의 황제 선언 몇 주 전에 공연한 이 곡이 하나의 꽃이고, 개인적으로 아름다운 꽃은 러시아 차이콥스키의 <1812년 서곡>1881 이다. 대학 다닐 때 이 곡 중에 나오는 16발의 대포 포탄을 가상의 지휘봉으로 발포하면서 공부와 시험의 스트레스를 조금이나마 해소하곤 했기 때문이다. 베르디의 오페라, 톨스토이의 소설 등도 각각 하나의 꽃이 되겠다. 크리미아 전쟁에서도 핀 꽃이 한 송이 있는데 바로 나이팅게일이다. 그녀도 롱펠로Longfellow 의 <성 필로메나>Santa Filomena, 1857 라는 시를 통해 우리에게 남아있다.

보라! 저 고통의 집에
등잔을 손에 든 숙녀
비참한 모습들을 지나며
방에서 방으로 다닌다.

Lo! In that house of misery
A lady with a lamp I see
Pass through the glimmering gloom
And flit from room to room.

혁명의 시대, 전쟁의 시대, 혼란의 시대 속에서 러시아 같은 국가에서도 황제가 꽃 피운 일이 있다. 그는 바로 '농노해방령'의 주군 알렉산더 2세Aleksándr II Nikoláyevich, 1855-1881 재위였다. 1861년에 공표되었으니 링컨의 1863년 노예해방보다 2년을 앞서는 일이다. 알렉산더 2세가 러시아라는 거대 제국의 모든 농노를 해방시키는 혁명적인 일을 단행했지만, 불행하게도 그는 개혁의 도중에 피살당하고 말았다. 그 와중에 러시아가 러시아 소유의 알래스카와 알류산 열도를 미국에 720만 불(현시가: 1.3억 불, 원화 1,500여억 원)의 가격으로 팔아버린다1867. 러시아는 그 돈으로 성 페테르부르크에 있는 이삭 성당의 원형 지붕을 금으로 장식했다. 우리로서는 이해하기 힘들지만 러시아 국민들이 성 모국 제정러시아를 위대하게 만들어 준 정교회Russian Orthodox Church에 대해서 얼마나 큰 경외심과 긍지를 지니고 있었는지 짐작할 수 있게 한 일이다.

미국의 역사적 장면을 많이 그렸던 페리스Jean Leon Gerome Ferris가 남북전쟁의 교훈과 감동을 다룬 그림 <평화를 누리자>Let us Have Peace, 1865는 패전한 남부의 리Lee 장군과 승리한 북군의 그랜트Grant 장군이 악수를 나누며 평화를 약속하는 장면을 보여준다. 그런데 그림 속에는 오히려 패장이 훨씬 더 위엄 있게 보인다. 링컨 대통령이 리 장군을 북군의 사령관으로 임명하려 했으나 그는 끝까지 거절하고 자신의 고향인 남부를 지켰는데 그의 당당한 고향 사랑과 인간적인 위엄을 북군들도 인정하고 존경할 수밖에 없었다. 특히 주목할 것은 승전한 그랜트 장군이 패장인 리 장군에게 베푼 혜택이다. 항복 서약 행사 때 승전군 북군 장병들이 패장 리 장군에게 경례하는 것을 승장 그랜트가 허용했다. 또 항복문서에 남군 장교들의 소총 등 무기 소지를 허가했고, 군마 및 나귀 등을 남군의 원소유자에게 돌려주었다. 심지어 북군의 군량까지 굶주린 남군에게 배급했다. 패전한 남군이 식장에서 퇴장할 때 북군은 승리의 함성을 자제하기도 했다.

아무튼 전쟁 가운데 핀 꽃들에도 불구하고 나폴레옹 전쟁을 이은 사회정치적 혁명의 대륙이 19세기의 격동을 마무리하고 20세기에 진입할 때는 구제국주의 국가문화체의 종말이 임박했고, 국제정치사회의 기본 틀이 파괴되기 시작한다. 기원 895년의 헝

가리와 기원 1804년의 오스트리아 두 개 국가가 1867년에 같이 건립한 오스트리아-헝가리 제국이 1918년에, 기원 1721년의 러시아 제국이 1917년에, 기원 1229년의 오스만 제국이 1922년에 각각 해체되었다. 또한 700여 년의 중앙아시아의 문화체계가 무너졌다.

2) 산업경제적 혁명

1800년대의 두 번째 얼굴은 산업혁명의 모습이다. 19세기 전반에는 증기엔진이 등장하여 1차 산업혁명을 이루고, 후반에는 전기 및 기계공학을 통한 2차 혁명이 일어난다. 3차 산업혁명은 20세기 전·후반을 통해 원자와 전자의 개발로 이뤄지고, 우리가 요즘 이야기하는 제4차 산업혁명은 인간 두뇌와 인공지능의 개발에 관한 것이라 하겠다. 물론 융합이나 경쟁이냐는 문제가 있지만, 물리학자 스티븐 호킹은 "자칫 잘못하면 인공지능이 인간 두뇌를 정복해 버린다. 그러면 끝장이다"라고 한다. 그러나 개인적인 편견으로는 알파고가 계속해서 인간의 한계를 넘어 바둑대국의 승자가 되어주기를 바란다. 왜냐하면 인류가 원하는 것은 알파고처럼 되는 것이 아니고 인류의 행복과 안녕을 위한 '통일장 이론'의 정립인데, 아직 인류가 정립해 내지 못하고 있으니 알파고가 힘을 보태주면 좋겠다. 하기야 우주대폭발과 동시에 생성된 시간과 공간의 연속체와 소립자에서 천체의 이르는 자연계의 모든 힘을 하나의 수리학적 장으로 깔끔하게 정리할 수 있을 것 같은 물리학적 통일장 이론도 아직 캄캄한데 인류의 행복은 더 캄캄하지만, 최근에 이세돌의 기보까지 포함한 알파고-이를 백전백패시킨 알파고-제로가 출현했다고 하니 행복의 통일장 이론의 등장이 우리에게 한 걸음 더 가까워진 것이라 착각해도 크게 해롭지 않겠다.

총괄적으로 정리하면 19세기 산업혁명의 긍정적 결산은 전기, 강철, 중화학 공업 등의 급속한 발전으로 현대문명의 초석이 되었다는 사실이다. 또한 국제 교역과 국제화가 급격히 확산된 점이다. 아울러 교통, 운송, 통신과 여행을 포함한 운영제도가 구축되어 일반 시민들의 생활이 편리해졌다. 대도시가 성장하며 그에 따른 문화시설과 혜택도 늘어났다. 그러나 산업혁명의 부정적 결산을 해보면, 영국, 프랑스, 독일, 스페인 등의 새로운 제국주의 시대의 개막이라고 하겠고 이 식민지 시대의 목적은 영토 확장을 통한 국가 이권 증대라 하겠다. 아프리카 식민지화의 일환으로 노예제도가 나타나기도 했다.

영국 낭만주의 화가 터너의 <노예선>Slave Ship, 1840은 보험금을 위해 노예선에서 내던져진 노예들을 물고기가 뜯어 먹고 있는 장면을 그리고 있다. 이런 비참한 일들이 일어나기 시작했다. 또한 산업혁명의 부정적 결산 중 하나는 여성 노동이다. 여성은 노동자가 아니라 노예이다. 19세기 후반 유럽의 평균 노동시간이 주당 50~60시간인데 이것은 주말 없이 매일 7시간씩 노동을 한다는 것을 의미한다. 아동 역시 심한 착취의 대상이 된다. 솜먼지로 숨도 제대로 쉬지 못하는 섬유산업 현장의 노동자 30%가 15세 이하였고, 7세 어린이들도 면직산업 공장에서 성인 1일 일당의 20% 정도 받으면서 하루 14시간씩 노동했다. 뿐만 아니라 청소년들의 성매매를 비롯해서 고아들의 인신매매 시장까지 등장하고, 대도시 빈민들은 문학작품에서 자주 오물 속에 사는 흰개미 떼로 묘사될 정도의 비참한 삶을 살고 있었다. 인간의 수익 도구화 및 기계화와 그에 따른 인간의 인간성 및 존엄성 파멸의 세기가 되었다.

그림 55) 터너, <노예선>, 1840, 캔버스에 유채, 91x123cm, 보스톤 뮤지엄 오브 파인 아트

그림 56) 영국 잡지 『Vanity Fair』 (1871. 09. 30)에 실린 다윈의 캐리커처

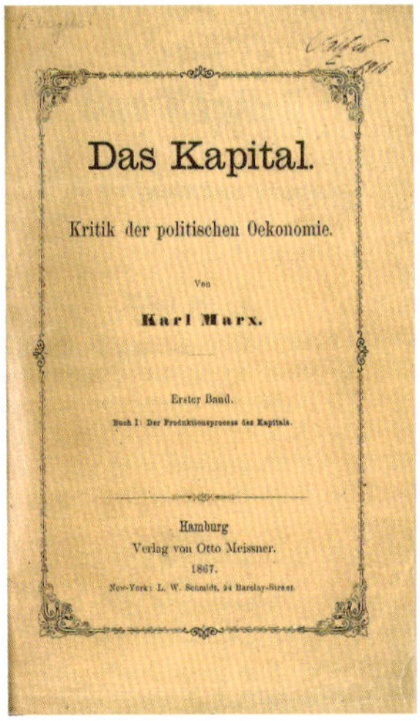

Das Kapital.

Kritik der politischen Oekonomie.

Von

Karl Marx.

Erster Band.

Buch I: Der Produktionsprocess des Kapitals.

Hamburg

Verlag von Otto Meissner.

1867.

New-York: L. W. Schmidt, 24 Barclay-Street.

그림 57) 칼 마르크스, 『자본론』 1권, 1867

3) 정신문화적 혁명

세 번째 모습은 정신문화적 혁명의 새로운 초상화라 할 수 있다. 그것은 1800년대까지 쌓아왔던 문화의 여러 모습들이 파괴되고 새로운 문명이 창조되는 현상이다. 이 혼란과 가치 전도의 시대에 산업혁명을 동반한 과학 및 정신 문화사적 혁명을 이끈 주동자들이 있어 보이고, 그중에 10명을 인위적으로 뽑아 '19세기 문제아 10남매'로 명명해서 정리해 본다.

제일 맏형-문제아는 『종의 기원』The Origin of Species, 1859의 다윈Charles Darwin, 1809-1882이다. 이제까지 이 세상이 하나님의 완벽하신 말씀대로 창조되었다는 동시 창조설을 믿어온 사람들에게 인간이라는 존재는 미생물에서 서서히 진화해 온 생태계의 한 동물이며, 세상의 중심이 아니고 진화의 한 과정일 뿐이라는 학설이 큰 충격을 준다. 미국에서는 세계를 뒤흔든 소위 '원숭이 재판Scopes Monkey Trial, 1925'까지 일어나 사회 전반에 충돌과 파장을 몰고 왔다. 나중에 나오겠지만 현 인간은 니체의 '초인Übermensch'을 지향하는 진화적 교량이라는 이론으로 전개되기도 한다.

둘째가 부울George Boole, 1815-1864이라는 수학자인데 '부울 산수,' '부울 계산법'이 현대 컴퓨터의 도구가 된다고 한다. 방해받지 않고 인권 침해의 염려도 없이 사생활을 구가하던 우리에게 갑작스런 컴퓨터의 출현은 구석구석 개인의 인권적인 사생활 속으로 침투해 들어오면서 한 개인의 생활은 더 이상 개인 혼자만의 영역이 아니게 되었다는 것을 의미한다. 바로 이 부울이라는 수학자가 그에 대한 첫 책임을 져야 한다고 하겠다.

세 번째와 네 번째가 쌍둥이 마르크스Karl Marx, 1818-1883와 엥겔스Friedrich Engels, 1820-1895이다. 이들은 각각 29세, 27세라는 대학원생 정도의 젊은 나이에 '세계 노동자들이여, 모여라!'며 <공산주의 선언>Communist Manifesto, 1847을 하게 된다. 그들은 인간의 역사를 '계급투쟁의 역사'로 정의하고 자본주의의 몰락을 예언한다. 마르크스의 기본 저서 『자본론』Das Kapital, 1867을 읽기 위해서는 전체 분량과 내용의 난이도와 더구나 반복의 지겨움이 제공하는 문제들을 학자적인 헌신과 초인적인 인내로 해결해야 하기 때문에, 끝까지 읽은 사람들은 전공 경제

학자들 외에는 그렇게 많지 않을 것이다. 여기서 마르크스는 노동을 인류 문명의 한 도구라는 개념을 뒤집어 인류 역사의 원동력으로 다시 정의한다. 따라서 유럽에서는 공산 노동자 계급, 레닌의 소련과 모택동의 중국에서는 공산 농민 계급이 급부상하고, 공산주의가 붉은 깃발을 흔들며 나타나서 전 공산 지역을 황폐하게 만들기 시작한다.

다섯 번째 문제아가 노벨Alfred Nobel, 1833-1896이다. 우리는 노벨상, 노벨상, 하면서 하늘같이 떠받들지만 그가 바로 다이너마이트를 인류에게 선물해줌으로써 인류역사상 처음으로 대량 살상을 가능하게 한 위인이다. 노벨평화상 제정에 관한 야사가 있다. 그가 죽었다는 신문 오보가 있었는데, '죽음의 장사꾼이 죽었다!'라는 제목이었다. 이 기사에 놀란 노벨의 얼굴이 노랗게 금색으로 변하면서 평화상을 제정했다는 이야기이다. 그는 또한 평생을 독신으로 수행자같이 살았으며 여성 선거권 반대자였고, 민주주의를 불신했으며 비극적인 인류의 모습을 가지고 살았다. 비극적인 인류상 때문에 죽음의 장사꾼이 되었는지 모르겠다.

여섯 번째는 목사의 아들로 태어나 나이 25세1869년에 고전 어문학 교수가 된 니체Friedrich Nietzsche 1844-1900이다. 유럽에서 교수가 된다는 것은 매우 힘든 일인데, 그리도 젊은 나이에 학위도 없이 스위스 바젤대학교 교수가 되었다는 것은 천재 아니면 비정상적인 인간이라고 볼 수밖에 없다. 그가 쓴 저서 『즐거운 학문』Fröhliche Wissenschaft, 1883~1887에는 약 400여 개의 경구가 있다. 그 중 125번째 경구에는 이런 말들이 나온다.

시장의 미친(훌륭한) 사람	Der tolle Mensch auf dem Markt
하나님을 찾고 있다!	Ich suche Gott! Ich suche Gott!
하나님은 죽었다. 계속 죽어있다.	Gott ist todt! Gott bleibt todt!
교회라는 것이 하나님의 납골소와	Was sind denn diese Kirchen noch,
비석이 아니고 무엇이냐?	wenn sie nicht die Grüfte und
	Grabmäler Gottes sind?

하나님의 죽음은 서구인들에게 기존 서구 문화의 초석적 기본구조 및 가치의 파괴를 의미한다. 니체는 또한 『차라투스트라』Also sprach Zarathustra, 1883에서 하나님의 사망 후 인간 존재의 자아 개발과 자체 진화로 생겨난, 종교적 신과는 무관한 초인Übermensch을 출현시킨다. 초인은 슈퍼맨의 원조이다. 나중에 니체를 다시 언급하기로 하겠다.

일곱 번째 문제아는 X-레이를 발견한 뢴트겐Wilhelm Konrad Röntgen, 1845-1923이다. 그는 우리의 일상적인 모습 뒤에 있는 또 하나의 이상한 모습을 찾아낸 위인이다. 엑스레이 사진을 찍으면 희귀한 맛을 선사하는 값비싼 물고기도 버려진 생선가시처럼 보인다. 아무리 매력적이고 아름다운 여성도 X-레이 사진은 그녀의 해골과 뼈만 부각시킨다. 아름다운 사람도 이렇게 만들어 놓은 사람이 뢴트겐이다. 그는 왜 인간의 모습을 이렇게 추하게 만들었을까? 물론 X-레이가 현대 의학에 공을 세운 건 분명하지만 의도했건 아니었건 간에 자연과 인간의 아름다운 모습의 가치를 처음으로 파괴해 버린 셈이다. 파괴를 통해서 모습 뒷면에 있는 제2의 현실을 표출시킨다. 당연하게도 X-레이는 예술에 큰 영향을 끼친다.

뭉크의 잘 알려진 <절규>Scream, 1893는 독일 표현주의자들이 숭배할 수 있는 아름답고 심오한 작품인지는 몰라도 이 그림에서 색채만 제거하면 다리 위에서 고함지르는 한 이상한 사람의 해골 X-레이가 되어버린다. 사실 X-레이가 없더라도 묘사된 것은 해골 그 자체이다. 코코슈카의 작품과 칸딘스키의 작품 역시 나타나 있는 현상 뒤에 숨어 있는 본질을 강조했다고 볼 수 있다. 동시에 두 그림 다 형상 뒤에 있는 본질의 X-레이이다. 샤갈 작품 또한 색채만 지워버리면 한 농촌 마을의 복합적인 모습이 되기도 하고, 성당과 마을을 뒤로한 지붕 위에서 혼자 신나게 춤추는 악사의 모습 역시 표면적인 현실 안에 있는 제2의 현실을 노출시킨다. <나와 마을>의 특이한 점은 하나의 현실적 형상(소머리) 속에 그 형상의 X-레이가 아닌, 본질적으로 다른 X-레이적 형상(소젖 짜기)이 나타나는 것이다. 한 X-레이 속에 있는 다른 X-레이라고 할 수 있겠다.

쇤베르크Arnold Schoenberg, 1874-1951가 작곡한 현악 6중주곡 <승화된 밤>도 X-레이인데, 데멜Richard Dehmel이라는 독일 시인의 작품에 곡을 붙인 음악적 X-레이이다. 시는 안개 어슴푸레한 달밤에 숲에서 한 쌍의 남녀가 데이트하는 장면을 묘사하고 있다. 그런데 여자는 동행한 남자에게 자기는 지금 다른 남자의 아이를 임신하고 있다라고 고백한다. 그러자 남자는 자신의 내적 따뜻함이 그 아이를 자기의 아이로 승화시킬 수 있으니 걱정하지 말라고 위로한다. 이 야유적인 내용이 보여주는 것 역시 X-레이적 현상이다. 사물의 골격만 보이는 안개 낀 달밤은 밝은 낮의 X-레이이고, 여자 뱃속의 아이는 숲 넘어 어디에 있을 생부의 X-레이라고 하겠다. 또 남자의 심성적 따뜻함이 남의 아이를 자기 아이로 승화시킨다는 것은 외형적 현실을 내재적 본질로 승화하는 X-레이의 메커니즘이다. 아름다워 보이는 현실은 현실이라기보다는 현실을 X-레이화한 또 다른 현실이라 하겠다.

그림 58) 뭉크, <절규>, 1893,
카드보드에 유채, 템페라, 파스텔과
크레용, 91x73.5cm, 오슬로 국립갤러리

그림 59) 칸딘스키, <즉흥(Improvisation) 3을 위한 습작>, 1909,
캔버스에 유채, 94x130cm, 파리 퐁피두센터

그다음 여덟 번째 문제아가 프로이트Sigmund Freud, 1856-1939이다. 그는 그동안 인간이라 통합구조체계로 잘 살아왔던 인간의 자아를 우선 초자아super ego, 자아ego, 무의식의 자아id라는 세 영역으로 분열시킨다. 물론 사람은 저마다의 고민과 걱정거리가 있기 마련이다. 그대로 치유하게 두면 될 것인데, 프로이트는 꿈 한 번 잘못 꾼 사람을 소파 위에 눕혀 놓고 공연히 토끼로, 혹은 다른 괴물로 분석하고 분해하고 파손해서 정신병자로 만들어 버린다. 그가 출간한 『꿈의 해석』Traumdeutung, 1899이 진단 도구이다. 이러한 학자의 생각이 예술의 영역으로 와서는 체험적 현실을 초월하고 현실이지만 실태가 없는 현실을 표현하는, 현실 이면의 모습을 담아내는 샤갈의 그림과 시공간을 초월하는 시각과 맥락을 같이한다고 하겠다.

아홉 번째 문제아는 퀴리Marie Curie, 1867-1934이다. 10남매 중에 유일한 여성이다. 그녀는 방사선이라는 제2의 불을 발견하고 노벨상을 두 번(물리 1903년, 화학 1911년) 받았다. 퀴리는 '방사성radioactivity'이라는 새로운 용어를 만들었고, '방사'라는 것은 한 원자가 외부의 영향을 받아서 자신의 모습을 드러내는 물리화학적 작용이 아니라 원자의 일부가 자발적으로 발산되면서 원자 자체가 붕괴되기 시작한다는 현상을 발견한 과학자이다. 이제까지의 고전적 가치였고 더 이상 분해할 수 없는 단위로서의 원자-벽돌이 부서지기 시작하면서 우주 자체의 예측가능한 불변성과 정확성이 의미를 상실하기 시작했다. 1898년 한 해에 우라늄보다 방사성이 300여 배 더 강한 폴로늄, 900여 배 더 강한 라듐을 발견하기도 해서 명실 공히 방사성의 시대를 개막한 노벨상 수상자 여성이다. 영리하고 예리하지만 좀 깊고 슬프게 보이는 눈은 보이지 않는 X-레이를 통해 현상 뒤에 있는 이상한 현실을 직시하면서 두렵고 불안하게 생각하고 있는 것 같다.

마지막으로는 막내 피카소Pablo Picasso, 1881-1973이다. 그는 "보는 창소행위는 먼저 파괴행위이다 Every act of creation is first of all an act of destruction."라고 주장하며 1800년대를 파괴하고 1900년대를 창조했다. 1800년대 마지막 작품으로 피카소의 <어머니의 초상화>는 이상할 것 없는 지극히 정상적인 화가의, 지극히 정상적인 그림이다. 그러나 1900년대에 들어서서 나온 <아비뇽의 처녀들>1907을 보면 다른 행성에서 온 사람들같이 보인다. 그래도 이 그림까지는 아직 얼굴은 어느 정도 정상에 가까운 모습을 갖고 있지만, 2차원적인 공간의 모습이 나타나기 시작한다. 그러나 그다음에 등장한 <우는 여성>에서는 그나마 식별할 수 있었던 구조나 조직이 완전히 해체되어 버린다. 의자에 앉은 미녀의 그림 <도라 마르와 고양이>라는 작품이 2006년 소더비 경매에서 9천 5백만 달러, 약 1,200억 원에 팔렸다고 한다. 이런 문제적 작품을 구입한 문제아가 궁금해진다. 아마 도라의 두뇌 속으로 뿌리 내린 듯한 꽃, 송곳 손톱, 딸기 스커트, 코 왼쪽으로 분명히 셋째 눈을 가졌을 얼굴 등에 병적인 애착을 보이고 있는 작가보다도 더 위대한 문제아인 모양이다.

그림 60) 지그문트 프로이트, 1921년경, 사진 Max Halberstadt

그림 61) 마리 퀴리, 1920년경, 사진 Henri Manuel

그림 62) 프리드리히 니체, 1882, 사진 Gustav-Adolf Schultze

니체 이후 서양인의 초상화

Ⅲ

이 모든 문제아 중에 첫째를 가리라면 단연코 니체이다. 20세기 중반까지 니체는 철학자들 사이에서 그저 반미치광이거나 나치의 선구자 정도로 인식되었는데, 그는 1950년대 프린스턴대학의 철학자 카우프만Walter Kaufmann에 의해 발굴되어 재조명되었다. 니체가 우리에게 남겨준 악명의 유산 하나가 '하나님은 죽었다!'라는 선언이다. 그러나 하나님의 장례부고를 보고 장례식에 참석했다는 사람이 없으니 하나님의 사망은 오보이겠지만 니체는 분명히 죽었다1900. 좌우간 '의사도 아닌 니체가 죽었다고 선언한 하나님은 어떤 존재인가? 어떤 존재이기에 니체가 그를 죽었다고 했느냐'라는 생각을 하게 된다.

우리가 한 존재를 이해하기 위해서는 그의 생활공간과 생명시간과 자아 표현을 이해하는 것이 선행될 수밖에 없다. 그리고 그 공간-시간-표현 속에서 좌표를 정하는 방법이 중요하다. 우선 하나님이 속한 공간과 시간은 무한한 우주와 영원이라고 하겠다. 그 무한과 영원이 인간을 위해 변질되고 변형된 것이 인간의 원형 고향 에덴동산과 인간의 제한된 생명의 시간일 것이다. 인간이 무한과 영원을 이해하기는 어렵겠지만, 인간이 이해할 수 있는 하나님의 존재 모습은 하나님의 언어, 즉 말씀이다. 언어가 행동을 선행하면서 '말'이 하나님의 최초 자아 표현 방법으로 인간 의식에 등장한다. '태초에 말씀이 계셨다. 태초에 하나님이 가라사대 빛이 있으라'고 한 것은 하나님의 존재는 인간이 이해할 수 있는 언어 '있으라'

라는 말씀으로 시작하고, 이어 '빛의 생성'이라는 창조로 이어진다고 하겠다. 하나님의 형상을 닮은 인간의 첫 상징적 행위 역시 언어이다. 아담이 동물의 이름을 '말'하는 것이다. 그러니까 니체가 선포한 '하나님이 죽었다'라는 것은 하나님의 공간 및 시간과 언어가 다 없어졌다는 것을 의미한다. 하나님이 죽었으니 이제 교회는 언어-말씀이 없는 공허한 납골당, 묘비석이 되어버렸다.

1.

고향의 부재

20세기 들어와서 이러한 하나님의 죽음을 인식하는 듯한 T. S 엘리엇의 초창기 시가 있다. 유럽의 전통적 신앙파괴와 정신적 폐허에 관한 <황무지>의 일부이지만, 끝에는 인류 정신의 황무지 자체를 부인하려는 강한 뜻이 반영되어있는 시이다.

<The Waste Land>1922

What the Thunder Said 천둥이 한 이야기(마지막 장)

In the faint moonlight, the grass is singing
Over the tumbled graves, about the chapel.
There is the empty chapel, only the wind's home.
(하나님이 죽은 후) 희미한 달빛 아래서 무성한 잡초가
뒤엎어진 묘지 위로 예배당에 대한 노래(진혼곡)를 부른다.
텅 비어있는 예배당은 바람의 집.

또한 하나님이 죽었다는 것은 하나님의 형상을 이어받은 창조물 인간 자신의 공간(고향)과 시간과 언어 역시 하나님의 죽음과 동시에 사라졌다는 것을 의미한다. 그런데 고향과 시간과 언어라는 것은 한 사람의 '존재'를 입증하는 과거와 현재의 흔적 내지는 업적 자체이다. 어느 인간이나 가지고 있는 최소한의 공통분모가 고향과 고향에서 시작한 시간 및 고향의 말이다. 그 가운데서도 하나님이 '말씀'으로 시작했으니 인간에게도 '말'이 가장 중요하다. '말씀' 없는 하나님은 인간에게 무존無存인 것처럼 인간이 '말'을 잃었다는 것은 인간의 총체적인 무존, 존재상실을 의미한다.

이것이 바로 니체와 본의 아니게, 또는 무의식적으로 직결되면서 대결하는 엘리엇의 인간 '황무지'라는 생각이다. 이제 인간은 잃어버린 고향과 고향의 말을 찾아 기약 없는 시간 속에서 떠돌게 된다. 이러한 잃어버린 고향-시간-말에 대한 그리움은 19세기의 여러 오페라와 문학작품 속에서도 나타난다. <나부코>의 '히브리인의 합창'이 한 예가 되겠다. 향기로운 나의 옛 고향, 천사의 하프 소리, 지금은 잠잠, 지나간 옛이야기 말해주오 등, 잃은 고향, 잃은 시간, 잃은 말, 잃은 이야기에 관한 가사이다. 니체 자신도 『즐거운 학문』 및 『차라투스트라』 집필 시작 직후에 쓴 <고독>Vereinsamt, 1884이라는 시에서 그러한 '고향과 언어의 상실'을 이야기한다. 출애굽기에는 야훼 하나님이 있기 때문에 히브리인들의 유수 생활이 석방과 구원을 내포하고 있는 반면에 니체에게는 인간을 처벌하거나 구제할 수 있는 하나님이 없어 인간 조건이 한없이 침통하고 절망적이다. 니체가 생의 마지막 10여년을 의식 없이 보낸 자아정신상실 환자가 되기 5여 년 전에 그린, 자기 자신의 미래를 예측한 자화상이라 하겠다.

고독

까마귀 떼가 시끄러이 퍼덕이는 날갯짓을 하며 시내로 향한다.
이제 곧 눈이 내릴 터인데 아직 고향이 있는 자는 복 받은 자다.

지금 너는 멍하니 서 있으면서 아! 얼마나 오랫동안 뒤만 보고 있었느냐?
겨울이 오기 전에 세상 속으로 피했구나, 이 바보야!
세상은 천 개의 춥고 말 없는 황무지로 향하는 대문인데.
네가 잃은 것을 잃는 자는 어디에서도 안주하지 못한다.
이제 창백하게 서 있는 너는 겨울 방랑의 저주를 받았구나,
점점 더 차가운 창공으로 올라가는 연기처럼.
새야, 날아라, 그리고 황무지 새소리로 거칠게 울어라.
바보야, 너는 찢겨져 피 흘리는 네 마음을 얼음과 경멸 속에 숨겨라.
까마귀 떼가 시끄러이 퍼덕이는 날갯짓을 하며 시내로 향한다.
이제 곧 눈이 내릴 터인데 고향이 없는 자는 저주받은 자이리라.

고향 부재의 심상은 '고향이 없는 자의 겨울 방랑의 저주, 추운 황무지 세상, 집 없는 황무지 새, 실향한 존재들이 갈 곳 없어 허무한 연기가 되어 집 없이 차가운 허공으로 사라지는 모습' 등 여러 곳에서 나타난다. 정신적이고 문화사적인 고향상실 역시 과거 17~18세기의 데카르트, 뉴턴, 라이프니츠 같은 철학자-과학자들이 만들어준, 그러나 지금은 상실해버린 평화와 이성주의의 합리적인 세계를 동경하며 오랫동안 '뒤' 쪽으로(과거)만 바라보고 서 있는 인간의 모습에서 잘 나타나 있다. 언어 부재 역시 '말뜻 없이 그냥 시끄럽고 거친 잡소리, 말없이 멍하니 서 있거나 고향과 말을 다 잃고 한겨울 밤에 창백하게 혼자 서있는 인간의 모습' 등에서 많이 나타난다. 결국 끝에 가서는 모든 것을 갈 곳 없는 겨울 방랑의 흰 눈으로 회칠한 황무지, 철학자-시인의 저주받아 황폐한 정신 풍경만이 남게 된다.

이제 인간이 당면한 막다른 현실은 고향, 시간, 언어의 부재라는 냉엄한 현실이다. 그런데 '이렇게 멀쩡히 말하고 있는데 말하고 있는 시간과 언어가 없다는 것은 터무니없다'고 하겠지만 언어의 상실에 대해 독일의 호프만스탈Hofmannsthal이라는 시인은 28세 때 쓴 <샨도스 경의 서신>Der Brief des Lord Chandos, 1902에 '우주가 전부 분해되고 현실의 흐름이 토막토막 나

서 더 이상 정상적인 자연 묘사를 못하겠고 말을 할 수 없다'라고 호소한다. '파손된 현실(공간과 시간)에서 나의 언어 자체도 파손되었으니 어떤 것도 묘사할 수 없어 나는 절필한다'라고 선언한다. 언어가 무기력해지고 그 기능을 잃어버린다. 문학적 언어의 문제는 나중에 다시 언급하겠다.

2.

시간의 부재

여기에 또 미술적 언어의 분해도 나타난다. 이제까지 미술은 자연의 아름다운 묘사였다. 그러나 쇠라Georges Seurat의 그림 <그랑드자트 섬의 일요일 오후>는 작은 점들로 묘사되었다. 점묘법이라는, 하나의 융합된 흐름이 아니라 산산이 부서진 단위들의 집합 방식이 나타난다. 마담 퀴리가 나온 이후에, 특히 원자의 구조를 분석하는 퀴리-러더포드의 실험 이후에 자연과학적 세계에서는 자연 자체가 원자의 집합으로 해석되어 물체의 원자론이 등장한다1898. 그러나 쇠라1884, 시냑Paul Signac과 같은 점묘법의 선구자들은 퀴리에 앞서 14~15여 년 전에 이미 이러한 변화, 자연의 미술적 원자화를 직감적으로 감지했다고 해도 되겠다.

이제까지 우리가 알고 있는 미술은 어떤 고정된 공간과 순간적인 시간 속에 주제를 묘사하는 예술이었다. 그런데 뒤샹Marcel Duchamp의 <계단을 내려오는 누드 No. 2>1912에서는 미술이 더 이상 한 특정 공간과 한 특정 순간 중심적 예술이 아니라 움직이는 공간 속의 시간예술이며, 흐르는 시간 속의 공간예술이 된다. 또한 전통적 미술의 표현법이 아니어서 위치(전 계단의 공간) 및 시간(내려오는 속도, 순간)을 동시에 정확하게 표현하는 것이 불가능하다. 전 화면이 하나의 확정된 공간이라면, 그 확정된 공간 속에는 여러 시간적 과정(계단을 내려오는 다수의 순간들)이 나타난다.

그림 63) 쇠라, <그랑드자트 섬의 일요일 오후>, 1884-1886, 캔버스에 유채, 207.6x308cm, 시카고 미술관

그림 64) 시냑, <놀리 만>, 1898, 캔버스에 유채, 93.5x75cm, 쾰른 발라프-리하르츠 미술관

그림 65) 뒤샹, <계단을 내려오는 누드 No. 2>, 1912, 147x89.2cm, 필라델피아 미술관

확정된 시간(한 계단 내려오는 순간)이라고 전제한다면, 공간적인 배경은 한 계단, 한 계단 내려오는 수만큼 다수이고 다양해짐으로써 미술의 성격이 불확실해진다. 이것은 나중에 20세기 초반의 '입자의 위치와 운동량을 동시에 정확히 측정할 수 없다'는 하이젠베르크의 '불확실성 이론'1927과 궤를 같이하는데 무려 15년을 앞서 뒤샹이 이미 그러한 자연과학적 현상을 예측하고 '미술의 불확실성 이론'을 제기했다 하겠다. 놀랍게도 직관을 대표하는 예술이 또다시 논리적 실험으로 무장된 자연과학을 15년 정도 앞서가고 있다.

음악과 문학도 마찬가지이다. 쇤베르크 같은 음악가가 나와서 종전 7온음계의 조화로운 하모니에서 벗어나 그 화음이 설명할 수 없는, 이제까지 혼란스런 잡소리라고 생각했던 자연의 소리, 다양하지만 불안하게 들리는 밤의 숲 소리 같은 자연의 잡음을 합리적으로 새롭게 묘사한다. 불협화음이 화음 전통으로부터 독립하고, 음악을 위한 음악의 혁신적인 소리의 틀을 만든다고 하겠다. 고전적 화음의 기준이 설명하지 못하는 소리를 그가 25세 때의 처녀작 <현 육중주>String Sextet, 1899에서 표현했다고 한다면, 이는 선구적 개척이라 하겠다. 앞서 언급한 <승화된 밤>Verklaerte Nacht, 1899도 같다. 평범한 청중의 입장에서는 작품공연의 긴장된 불안의 시간이 끝나야 비로소 안도의 숨을 쉴 수 있는 '개척'이겠다. 이 음악적 개척을 자연과학과 연결시켜 본다. 20세기 물리학자들이 뉴턴의 대형물체 물리학으로서는 설명 불가한 극소형 원자-소립자의 성격을 규명하기 위한 수학적 기초 작업을 하고, 슈뢰딩거-하이젠베르크Schroedinger-Heisenberg의 양자 역학론1926으로 정립한다. 쇤베르크가 (비)화음 자연 현상의 새로운 소리틀을 1899년에 선보였고, 슈뢰딩거-하이젠베르크가 소립자 자연의 새로운 행동 틀을 1926년에 선보였다고 할 수 있다. 이것은 새로운 자연의 새로운 틀 창안-발견 과정에서 예술(음악)이 과학(물리)을 27년이나 앞서간 것이라고 하겠다.

3.

언어의 부재

사실적 언어도 분해되기에 이른다. 독일 표현주의 시 작품들을 보면 문장이 다 조각나 있다. 마치 전보 메시지같이 '아버지, 정오...' 이런 식의 글은 사전 지식이 없이는 이해가 불가능하다. 그리고 의식적 언어도 분해되어 버린다. 조이스James Joyce의 『율리시스』Ulysses의 마지막 약 50쪽은 마침표 없이 계속 이어진다. 누가, 언제, 어디서, 무엇을? 의 원시적이고 사실적인 것도 정확히 알 수 없을 정도이며, 문장 및 단락의 합리성이나 융합성이 망가져 현실과 사고의 독립된 내용이나 연관된 형태가 큰 혼란을 일으킨다. 사고의 논리를 따르지 않는 생각과 느낌이 '의식의 흐름stream of consciousness'으로 나타나고, 거기에 무의식의 어두운 장막까지 겹쳐져 언어가 학술적인 분석이나 예술적인 서술의 기능은 고사하고 정상적인 소통의 역할마저 상실한다.

철학적 언어 역시 분해되기 시작한다. 20세기 초 러셀Bertrand Russell이 '언어가 특정 의미의 개별단위로 분해되어 문장이라는 것은 더 이상 하나의 생각이 가지는 지속적 흐름이 아닌 부분의 단순한 전체집합체이다'라는 뜻의 철학 <논리적 원자주의>Philosophy of Logical Atomism, 1918를 제시하는데 이것은 문장의 원자론이라 할 수 있겠다. 자연과학자들이 이야기한 물체의 원자론이 철학으로 진입해서는 언어의 파손에 따른 문장의 원자론으로 등장한다. 문장의 단어들도 물리적 물체의 방사원자들 같이 개개체가 다 제각각이다. 더 나아가 바다 건너 비엔나에서는 논리실증주의logical positivism라는 이론도 등장하면서 '문장이라는 것은 흐르는 물의 모습이 아니고 개별적으로 분해되고 분리되어 있으며, 그 내용을 논리 및 과학적으로 반복해서 증명할 수 없는 것은 의미 있는 문장도 아니고 유용한 말도 아니다'라는 뜻을 전개한다.

철강 재벌 비트겐슈타인Wittgenstein 집안의 4형제 중에 한 아들로 태어났으나 나머지 삼 형제는 자살하고 유일하게 살아남은 말더듬이 루드비히, 자라서 유명한 언어철학자가 된 루드비히Ludwig Wittgenstein도 '말할 수 없는 것에 대해서는 입을 다물어라'라며 논리적으로 표현입증 불가한 일에 대해서는 침묵할 것을 요구한다. 그의 『논리철학 논고』Tractatus Logico-Philosophicus, 1921의 내용이 좀 곤란한 것은, 우리가 이제까지 살아오면서 증명할 수 없더라도 '인생의 목적이 무엇이냐? 존재의 가치는 어디에 있는가? 사랑의 본질은 어떤 색채일까?' 등을 심각하게 이야기해 왔다. 그런데 이제 언어논리 실증주의자들은 '실존과 허무, 신앙과 구원, 의무와 희생, 아름다움과 추함, 사랑과 증오, 신뢰와 배신' 등에 대한 이야기들은 더 이상 반복적으로 입증할 수 있는 논리적인 범주 속에 포함되지 않을 뿐만 아니고 상대적인 허구라고 한다. 평범한 인생철학적 언어도 철저히 분해되고 만다. 심리적 자아 표현, 정성적 가치 설명, 자연적 풍경묘사, 초월적 이념조명 등이 불가능하게 된다.

또 문학적 언어(시적, 상징적 언어)도 와해된다. 앞에서 언급한 호프만슈탈이 언어가 분산되어 자연현상조차 표현할 수 없다고 하면서 절필을 선언했다. 그 후에 그러한 생각이 얀들Ernst Jandl이라는 독일계 시인에까지 와서는 여러 개의 자음만으로 구성된 시를 창작하게 되는데, 시의 의미는 고사하고 단어나 문장의 발음조차 불가하게 하거나 의미 없는 자음-모음의 배합으로 넌센스 절을 만들어낸다. <Schtzngrmm>이 시의 제목이고, 'tohuababa tohuabohuubaba...awatta'가 또 다른 시의 끝 절이다. 일상생활 및 인생철학적 언어도 없어졌고, 추상 및 상징적 언어는 더 문맹적으로 없어졌다. 대학생들은 이제 한여름 밤이 늦도록 친구들과 함께 소주 대여섯 병 앞에 놓고 모기의 건승을 위해 헌혈하면서 인생이나 사랑을 논할 방법, 또(일면 다행스럽기도 하지만) 학점 '짜게 주는' 학교 교수님들을 신나고 즐겁게 험담할 수 있는 언어적 도구와 가치를 잃어버렸다. 화가 나니 얀들같이 이상한 괴물의 소리는 낼 수 있지만 의미가 없으니 의사소통은 저 세상 이야기가 되어버렸다.

제1차 세계대전 이후 서양인의 길

IV

이제는 모든 것이 다 파괴되어 버렸다. 1800년대를 규정한 세 가지 갈래 길인 전쟁혁명, 산업혁명, 문화혁명이 모든 것을 파손해 버렸는데 '인간의 갈 길은 어디인가'라는 질문만이 남았다. 길을 잃은 인류의 종착역, 비참한 역사이지만 상징성을 내포하고 있는 종착역이 바로 제1차 세계대전으로 나타난다. 앞서 진행된 모든 파괴와 파손의 결산이 바로 제1차 세계대전의 파괴와 파손으로 나타난다. 이 전쟁에 총 20여 개국의 병력 6천 8백만 명이 동원되었고 3천 8백만 명의 부상자가 나오고, 1천 7백만 명이 죽었다는 통계이다. 백 년 전의 이야기이다. 이보다 더 종말적인 일을 상상하기 어려울 것이다. 이러한 종말을 예견하듯 20세기 초, 제 1차 세계대전의 시대에 독일의 문학작품 속에는 '세상의 끝Weltende,' '인류의 석양Menschheitsdämmerung,' 등의 용어가 독문학 사상 처음으로, 또 자주 등장한다. 신학에서의 '종말론Eschatologie'은 옛이야기지만 이 개념 또한 이 시대에 새롭게 나타난다.

그러나 인간의 비인간화, 인간성 상실, 인간의 동종 집단 살상 및 인류의 총체적 종말의 현실 앞에서도 인간이라는 '정신동물animal spiritum'이 종말로부터의 결사적인 문화사적 탈출을 시도하고 있었던 것 같다. 재생 의지의 원동력이 가동되고 존재의 무존無存성, 인생의 공허空虛성을 부인하려는 의지to deny our own nothingness, 우리가 아무것도 아니라는 생각을 극복하려는 강한 의지가 나타나고, 새로운 재생의 길을 찾기 위해 지대한 노력을 경주한다. 매우 다행스럽게도 갈 길을 잃은 인류가 제1차 세계대전 후에 새로운 길을 하나 발견한다. '길'이라기보다는 길을 찾아가는 도구를 동시대 문예학사의 등잔 밑에서 찾아낸다고 하는 것이 더 정확하겠다.

인류문화의 본질적인 표현 중의 하나인 시詩라는 예술 양식이 1800년대 처음부터 끝까지 인간의 총체적 파괴를 동반하면서 동시에 그 파괴의 절대성을 거부하고 있었다. 다행하게도, 또 필연적으로 1800년대 시 작품 속에 독보적인 공통분모가 되는 주제가 바로 '집,' '고향'이다. 독일 문학에 국한된 좁은 소견이지만 여기서 '시'라고 하는 것은 단순히 정서적 감정을 표현하는 것만이 아니다. 아주 엄격한 자연과학의 논리성을 포용하면서 언어 예술적인 미학을 표출시키고 또한 인간 역사의 현실성을 인정하면서 그 논리를 초월하는 인자를 나타내는 것이 시이다. 두뇌의 엄격한 논리체계 속에서 심장의 따뜻한 맥박 파장까지 들려주는 것이 바로 '시'이다. 19세기를 관통하면서 인간의 이론과 이념이 만들어내는 여러 가지 혁명과 분해 및 파손의 결론을 '시'라는 문화체가 소리 없이 꾸준히 동반해 오면서도 인간 재생의 희망을 잃지 않았던 것 같다. 그 '시적 의지와 열정'이 '고향'과 '언어,' '집'과 '말'을 지속적으로 갈구해 왔고, 인류가 갈 길의 방향을 보여주고 있었다고 하겠다.

끝맺음을 시詩로 하고자 한다. 안토닌 드보르작Antonin Dvorak의 교향곡 <신세계로부터>From the New World 2악장에 아주 느리고 우리 귀에 익숙한, 반 엄숙한 수제곡에 맞세 작사한 시이다. 처음에는 들릴 듯 말 듯 하며 멀리서 서서히 다가오는 고향의 부드러운 파장, 음악적 '말'의 울림이다.

집으로	Goin' Home
집에 간다, 집에 간다. 나넌 집에 간다.	Goin' home, goin' home. I'm a goin' home.
어너 조용한 날 말없이 거저 집에 간다.	Quiet-like some still day I'm a goin' home.
먼 길 아이고 아주 가잡따,	It's not far, jes' close by
(안 비게) 열린 문 지나;	Thru an open door;
할 일 다 마치고, 걱정 일랑 업시,	Work all done, care laid by
겁낼 꺼 업시 간다.	Goin' to fear no more.
아부지가 (싸리)문 여러 노코	Mother's there 'spectin' me,
어무이가 (호롱불 키고) 기다리넌 곳;	Father's waitin' too;
(집 떨에) 마넌 사람들이 모잇따.	Lots o' folk gather'd there,
내 모던 칭구들,	All the friends I knew,
내 모던 칭구들.	All the friends I knew.
나넌 집에, 나넌 인자 집에 간다.	I'm jes' goin' home.

작곡가의 제자인 피셔William Fisher가 영어 가사를 흑인 발음으로 작사했기에 그 분위기를 맞추느라 필자도 우리의 문화 말투로 옮겨 보았다. 여기서 '집에 간다'의 의미는 마침내 노예의 유수 조건을 뒤로 하고 잃어버렸던 고향 집을 찾아가면 그곳에는 자기 자신의 고유한 언어도 있고 따라서 실존적 존재 자체도 재확인된다는 뜻이다. 이제 20세기 초까지 인간이 한 일, 즉 정치-경제적인 일, 자연과학-공학적인 일, 철학-문예학적인 일, 절망적인 제1차 세계대전 등이 다 끝나고 잃은 집, 고향을 찾아가는 일이 20세기 인류에게 남아있었다. 하지만 20세기 한 세기가 다 가버리고 이제 21세기도 첫 사반세기를 바라보고 있지만 인류는 아

직 '고향' 찾아갈 생각을 하지 못하고 있는 것 같다. 또다시 알파고-제로, 혹은 미래에 나타날 더 똑똑한 알파고-제로+가 제안할 수 있을지도 모르는 인간 평강의 지침서, '인간 행복의 통일장 이론'을 기다려 본다. 그러나 가사에 나오듯 겁낼 것은 없다. 이미 종말적인 것들은 다 거친 후이다. 두려워할 것은 없지만 그 고향길은 그렇게 쉽지는 않을 것이다. 자연 지리적인 집은 동사무소에 가서 주소 찾아가면 될 것이고, 국가법적인 집은 등기부 등록에 남아있을 것이니 조금 고생하면 찾아갈 수 있을 것이다.

그러나 이 길은 문화사를 동반하는 정신적인 길이기 때문에 힘겨운 길이고 오래 걸리는 길, 40년이 아니라 그 보다 훨씬 더 긴 세월을 필요로 할 수 있는 인류의 출애굽 길이 된다. 그 출애굽 길의 이야기는 후세대의 다른 각설이가 나중에 언제 들려주기를 바란다. 우선은 집 찾아 나서는 이 필자, 평생을 실존적 유수의 노예생활 속에서 깨어 꿈꾸며 살아온 순수한 구향求鄕 노래로 큰물 건너 마실 나가서 '얼씨구 좋다!' 구경하다가 혼란스러운 주위를 보고 '이게 도대체 뭐꼬?' 하면서 심오한 무식 풍부와 충만한 정신 몽롱 증세에 하늘이 빙글빙글 돌면서 노랗게 되었다. 그래도 길 잃지 않고 희전 여사와 함께 손 모아 하늘 우러러보며 옛 마실로 돌아온 각설이의 이야기를 마치고자 한다.

제3장

비극의 눈물

서언

I

19세기 과학자들의 주된 관심사 중의 하나가 나일강의 원천이었다. '위대한 문화의 밑거름이 된 강물이 어디서 흘러왔고 어떤 모서리를 돌아 오늘의 모습을 형성하게 되었나?' 하는 것이 이집트 및 관련 문화영역의 연구에 중요한 요인이 되었다. 오늘 후마나의 주제는 어떤 강물의 원천이 아니고 눈물의 원천이다. 눈물도 기쁨의 눈물, 슬픔의 눈물 등 다양하지만 '가장 깊은 비극적인 눈물이 어떻게 생성되었으며, 어떻게 흘러왔느냐?'라는 질문과 부분적인 답에 관한 이야기이다.

본 강의는 비극에 관한 이야기지만 비극의 정의나 비극의 본성에 관한 것은 아니다. 비극의 변천 과정도 아니다. 고전 비극에 내재 되어있으면서 어느 시대적인 조건에서는 사라져버리는 현상에 관한 것이라 하겠다. 또 그 현상이 사라진 후의 '비극'에는 어떤 형태의 비극적인 희곡이 나타나는지 탐색해 보는 것이다. 본 강의는 이 과정에서 수없이 많은 비극 작품 가운데 몇 편의 작품을 징검다리 건너듯 기우뚱거리며 선정하고, 요약본을 제시하는 광대 같은 모습을 보일 것이다. 또, '존재'라는 단어가 수없이 나타나지만 이것을 철학적인 의미로 신중하게 사용하지 않고, 단순히 '생명체', '삶', '살아 있는 것' 혹은 '총체적으로 있는 것' 등을 단순하고 편리하게 사용한다.

제일 중요하게 언급하고 싶은 것은 하나의 그럴듯한 핑계다. 본 강의는 뜻하지 않았으나 거절할 수 없는 상황에서 온 요청을 수용한 것이다. 강의 주제는 최근에 희미하게 느끼고만 있었으니 내용의 문학적 깊이는 없고 논리적 전개 또한 매우 빈약하다. 더구나 '비극의 눈물'이라는 강의가 새로운 의지로 시작하는 신학기, 꽃피는 봄철에 듣고 싶은 강의가 아닐 것이라는 생각에 강사 자신도 후회의 눈물이 나올 것 같다.

『에뉴마 엘리쉬』와 '메소포타미아 원칙'

Ⅱ

본 강의는 눈물의 원천에 관한 기록을 오래된 문화권에서 찾아본다. 이집트의 고대 문화권에는 우리가 찾는 문화사적이고 문학적인 내용이 상대적으로 약한 것 같으나 메소포타미아 문화권에는 여러 흙판 기록이 남아 있다. 그 가운데 하나가 창조 신화다. 『에뉴마 엘리쉬』Enumah elish라고 알려진 바빌로니아 창조 신화 흙판이 1849년에 니느웨Nineveh, 현 이라크의 모술지역 발굴과정에서 발견되었다. 니느웨 도서관에서 찾은 점토판이 3만 여장이라고 하지만, 도서관 전성기 때는 30만 장이 넘었을 것이라는 고고학자들의 견해도 있다. 그 숫자가 어떻든 많은 점토판의 문화유산은 그 당시 수집광 한 사람의 업적이라고 해도 과언이 아니다. 주인공은 기원전 7세기에 아시리아Assyria를 40여 년간 통치한 아슈르바니팔Ashurbanipal왕이다. 스스로를 '우주의 왕'이라고 칭한 왕이었다. 교육 수준이 매우 높은 제왕으로 고대 수메르Sumerian와 아카디아Akkadian 언어로 기록된 자료를 수집해서 읽고, 자신도 많은 점토판을 제작했을 뿐만 아니라 아시리아 제국 변방에 있는 군소 지역 수령들에게 편지까지 보내어 점토판을 수집해 보내라는 요청까지 했다. 구체적으로는 홍수관리, 질병 처방, 종교의식, 역사 기록, 승리를 위한 마적 주문 등의 다양한 점토판이라고 한다. 영웅 서사시 『길가메시』Gilgamesh 점토판도 왕의 수집 판이다. 원본을 직접 구입하거나 빌려와서 사본을 만들어

체계적으로 정리하고, 소중하게 보관하면서 "누구든지 흙판을 훔치면 그 집안에는 후손이 없으리라!"라는 저주까지 내린 수집가-왕이다.

400여 년 후에 알렉산드리아Alexandria 도서관이 본격적으로 기능했으리라 추정하는데, 그 도서관에서는 알렉산드리아 항구에 정박한 화물선 등에서 빌려온 원본으로 사본을 만들고 난 후에 원본 대신 사본을 돌려보냈다는 이야기가 전해지고 있다. 아슈르바니팔 왕이 프톨레마이오스Ptolemy 왕들보다 정직했던 것 같다. 그러나 아이러니하게도 알렉산드리아 도서관 덕분에 아이스킬로스, 소포클레스, 에우리피데스 같은 그리스 고전작가들을 비롯하여 플라톤, 아리스토텔레스 등 철학자들의 저술 업적이 보전되었다. 메소포타미아의 창조 신화 『에뉴마 엘리쉬』의 기록은 쐐기문자의 흙판 일곱 장에 작성되어 있고, 본 흙판 자체는 기원전 12세기 이전의 작품이다. 비록 기원전 12세기의 기록이지만 내용은 고대 바빌로니아의 창조 신화다. 그리스 신화보다 더 오래 되었고 훨씬 더 복잡한 신화다. '에뉴마 엘리쉬'라는 명칭은 신화의 첫 단어를 따온 것이라고 한다.

그림 66) 네오 아시리아 시대 원통 인장(cylinder seal) 이미지, 『에뉴마 엘리쉬』의 해신 티아마트의 살육장면으로 추정, 기원전 8세기, CC BY-SA 3.0, © Ben Pirard, Via Wikipedia

그림 67) 엔키, 아다(Adda) 인장의 부분, 기원전 2300년경, 대영박물관, via Wikipedia

오늘의 눈물을 찾기 위해서는 신화의 내용을 조금 파악해야 할 것 같다. 신들의 족보에 복잡한 혼선이 많이 있는 신화를 단순화하는 범죄를 인지하고 있지만 피할 수 없는 작업이다. 내용 이해의 목적은 인류의 가장 오래된 신화에 처음으로 등장하는 인간의 모습을 정립하는 것이다. 창조 전 태초에는 티아마트Tiamat라는 해수海水의 여신과 압수Apsu라는 지하수의 남신이 있었다. 두 신이 티그리스 강과 유프라테스 강에 모여 메소포타미아라는 세상-땅을 만들고 여기서 제2세대 및 그 후세대의 신들을 많이 창조하였다. 그러나 다수가 다수의 시끄러운 문제를 많이 만든다. 지하수 압수가 세상을 시끄럽게 하는 젊은 신들을 모두 제거하려 하지만, 티아마트가 반대한다. 갈등의 결과로 티아마트와 압수의 아들격인 지상수 엔키Enki가 부친 격이 되는 제2세대 신들을 제거하려 했던 압수를 살해한다. 엔키는 그 후에 다른 여신과 결합해서 마르두크Marduk라는 신을 낳는다. 남편 신을 잃은 티아마트가 바다의 용이 되고, 둘째 남편 킹구Kingu를 앞세워 첫째 남편의 복수를 계획한다. 상대는 첫째 남편의 살해자 엔키의 아들인 마르두크다. 그 싸움에서 마르두크는 조모 격인 티아마트를 죽이고 티아마트의 흉부를 뜯어 하늘과 땅을 만든다. 또 티아마트의 두 눈을 찔러 티그리스와 유프라테스강의 원천을 만들고 꼬리는 잘라 은하수를 만든다. 마르두크는 그 후에 티아마트의 둘째 남편인 동시에 마르두크 자신의 조부 격인 킹구Kingu를 살해한다. 그다음에 매우 중요한 일이 일어난다. 마르두크가 살해된 킹구의 피를 진흙과 섞어 인간을 창조한다.

그림 68) 마르두크, 기원전 9세기 바빌로니아 왕 Marduk-zakir-shumi I세의 원통 인장 드로잉, 부분

그림 69) 훔바바와 싸우는 길가메시와 엔키두를 묘사한 것으로 추정되는 네오 히타이트 시대 카파라 왕의 부조, 기원전 950-875, 63x42cm, 볼티모어 Walters Art Museum

인간의 족보는 이렇다. 제1대 선조 압수는 자기가 창조한 제2세대 신들을 살해할 계획을 세웠다. 제2대 선조인 엔키는 그의 부친 격인 압수를 살해하고, 제3대 선조인 마르두크는 그의 조모 격인 신들을 살해했다. 그 후에 마르두크는 자기가 살해한 조부 격 선조 킹구의 피를 흙과 섞어 인간을 창조했다. 피조물의 존재 목적은 창조자의 즐거운 여가의 준비라고 명시하고 있다. '즐거운' 여가는 신년 축제 같은 행사 때 신들의 업적을 낭송하면서 신들을 찬미하는 일일 것이고, 심하게는 신들이 인간의 생명을 편리한 도구로 사용하는 것 등이다. 인간의 창조 목적이 신들에게 즐거움을 제공한다는 내용은 나중에 메소포타미아 문화권의 영향을 받은 히브리 문화권에도 나타나지만 그 범위가 제한되어 있다. "이 백성은 내가 나를 위하여 지었나니 나를 찬송하게 하려 함이니라" 이사야 43:21. 상기한 것들이 고대 바빌로니아 창조 신화에 등장하는 신들의 장황하고 상징적인 이야기다.

인류의 가장 오래된 메소포타미아의 창조 신화기록에서 세 가지 결론을 내릴 수 있다. 첫째, 신들의 개입으로 형성된 인간의 존재적 구조는 피와 흙으로 결성되었다는 사실이다. 단순한 피가 아니고 살해된 신의 피다. 인간의 존재 자체가 피눈물과 흙의 결정체라고 하겠다. 그 피의 유전자 속에는 가해자와 피해자의 요인이 동시에 내재하고 있다. 남을 살해할 수도 있고, 자신이 살해당할 수도 있다. 메소포타미아 인간에게는 자살의 유전자가 없는데도 불구하고 인간이라는 생명체가 창조 후에 자살을 구상하고 단행하는 유일한 창조물이 된 것 같다. 둘째, 피조 결정체인 인간의 본질은 자기의 창조자를 파괴하는 것이다. 그런데 부모급이나 직계 선조급을 살해한다는 것은 자신을 존재할 수 있게 만들어 준, 자신의 존재 원천을 파괴하는 일이다. 자신의 존재를 스스로 부인하고 파괴하는 일이 자기 존재를 확인하고 강조하는 일이다. 친족살상이 새롭게 시작하는 존재의 출현 조건이다. 동시에 친족살상의 전통에는 선조를 살상하는 것뿐만 아니라 후손 살상도 포함되어 있다. 자기가 창조한 피조물을 파괴하는 일이다. 피조물의 파괴가 창조자의 존재를 확인하는 것이다. 셋째, 인간의 삶을 포함한 이 모든 것은 신들에 의해서, 신들을 위한 기쁨조로 창안되고 진행된다는 사실이다. 인간의 자유나 자율, 창의나 개척 등은 개념조차 있을 수 없다.

이러한 각종 근친 살해 등을 '비극'이라는 막연한 개념으로 볼 수 있다. 비극이라는 것은 흔히들 거대한 가치관들의 충돌에 기인한다고 한다. 인간의 가장 고귀한 가치관이 우주적인 기준에 역행할 때, 위대한 인간이 신들의 명령을 거부할 때 일어나는 상황이다. 고전 그리스적인 시각이다. 물론 그렇게 볼 수도 있다. 그러나 가장 오래된 창조 신화가 이야기하는 '비극성'은 다른 곳에 있다. 자신이 존재할 수 있도록 만들어 준 존재나 가치를 파괴하는 일이 비극이다. 동시에 자신의 존재를 존속시킬 수 있는 후손 존재를 파괴하는 비극이 자신의 존재를 확립하는 방법이다. 신이든 인간이든 자기 존재의 원천을 파괴할 때, 혹은 자기 자신의 계승을 스스로 파괴할 때 일어나는 현상이 비극인데 이 비극이 자신의 존재를 확립하는 길이다. 자아의 존재 이유가 선조든 후손이든 파괴해야 성립된다. 결국 자아의 존재가 자아의 결론적인 무존재에 의해 형성되고 규명되는 실상이다. 이것을 존재의 역설이라고 하겠다. 또 그 역설은 신들이, 초인적인 존재들이 인간에게 주는 트로이의 목마처럼 피할 수 없는 선물이다. 이러한 존재 조건의 역설을 '메소포타미아 원칙'이라고 하겠다.

메소포타미아 원칙의 첫 예시가 신화에서 바로 나타난다. 엔키가 자기의 부친 격인 압수를 살해한다. 후손인 남신 마르두크 역시 자신의 존재를 확립하기 위해 조모 격인 창조자 티아마트를 살해한다. 후손이 선조를 살해하는 것과 동시에 선조가 후손을 살해한다. 『에뉴마 엘리쉬』와 거의 동시에 구상되었으리라 추측하는 영웅 서사시 『길가메시』에도 같은 현상이 일어난다. 메소포타미아 신들의 왕 엔릴Enlil을 비롯한 창조의 여신 아루루Aruru가 우룩Uruk의 포악한 왕 길가메시를 제압하기 위해 머리에 뿔이 난 야인 엔키두Enkidu를 찰흙으로 창조한다. 그러나 엔키두가 첫 대결 이후 원래의 목적과 야성을 저버리고 길가메시의 친구-동행자가 된다. 원 목적의 역설적인 행위다. 또 여신 이쉬타르Ishtar가 영웅 길가메시에게 구애할 때 엔키두가 여신을 비웃으며 여신의 청금석 뿔을 가진 하늘 황소를 죽이고, 황소의 뒷다리를 이쉬타르에게 던진다. 성적인 모독에 분노한 이쉬타르가 신들에게 호소하고, 신들이 엔키두를 죽인다. 길가메쉬를 제압하려고 설정한 창조의 목적이 목적 파괴의 원인이 되어 피조물 엔키두를 창조자 신들이 파괴한다. 창조의 목적이 창조를 파괴하는 역설이 나타난다.

아브라함 원칙

Ⅲ

『에뉴마 엘리쉬』에서 시작하는 비극의 본질이 일 천여 년 이상이 지난 후에 돌연변이를 체험한다. 그 변이가 히브리 문화권에서 발생한다. 아브라함의 이야기다. 아브라함이 백세 때 하나님으로부터 자식 선물을 받는다. 만일 적법한 후손이 없으면 아브라함의 길고 축복받은 생애도 『에뉴마 엘리쉬』의 원형에 따라 존재 역설의 제물이 된다. 인간 생명의 원초적 목적이 생명의 계승인데, 이제 그 목적이 계승의 종말과 동일시된다. 적법한 자식이 없으면 아브라함의 존재 목적이 '존재하지 않기'가 된다. 특별하게 축복받은 존재의 목적이 존재의 종말적 파괴라는 역설이다. 그러나 신이 인간 아브라함의 생애에 개입하고 웃음의 자식을 선물함으로써 인간-아브라함을 존재의 역설에서 석방하는 듯하다.

그러나 신이 다시 개입하고 아비가 자식을 죽이게 함으로써 존재의 역설을 더욱 강력하게 표출시킨다. 존재 존속의 교량인 자식을 죽이면 존속의 가능성子 역시 파괴되고, 존속이 파괴되면 존재 원천인 아비父의 존재 이유가 무효화 된다. 아비에게 유일하게 남은 길은 장렬하겠으나 역설적인 자진自盡의 해결책-탈출구다. 만일 존재의 역설이 현실화되었다면 아브라함의 생애가 비극이 되었을 것이고, 후대에 신구약성서에는 민족의 조부인 아브라함의 전철에 따라 비극이 난무했을 것이다. 그러나 신이 세 번째로 개입해서 아브라함에게 제물의 속죄양을 주어 이삭의 생명을 유지하게 함으로써 인간을 존재의 역설에서 구출하고,

비극의 운명에서 영원히 자유롭게 한다. 번제의 대상인 자식을 위한 제물이 친족살상을 대신한 셈이다. 오늘의 시각에서 보면, 인간 제물을 다른 동물 생명체로 대신한다는 것이 큰일이 아니라고 생각하겠으나 실제로는 가치관의 엄청난 변화다. 이러한 변화의 승화된 절정이 아브라함의 후손인 예수의 생애에서 나타난다. 포도주가 피를 대신하고, 빵이 육신을 대신하는 성찬 의식이다. 그 후에 사도 바울이 또 다른 상징을 제시한다. 로마 교인들에게 “몸을 산 제물” 로마서 12:1 로 드리라고 한다. 살해된 몸 자체만이 제물의 기능을 하는 메소포타미아에서는 불가능한 일이다. 『에뉴마 엘리쉬』와 『창세기』 사이에 있는, 미미하게 보이나 깊은 계곡의 차이점을 표출하는 돌연변이라고 하겠다.

그림 70) 렘브란트, <이삭의 희생>, 1655, 에칭과 드라이포인트, 16.1x13.4㎝, 뉴욕 메트로폴리탄 미술관

신기한 것은 메소포타미아의 문화적 실체와 정반대되는 변이가 같은 메소포타미아 지역에서 대대로 살아온 아브라함의 생애에서 일어난다는 사실이다. 메소포타미아에서는

초인적인 힘을 다른 초인적인 힘으로 방어할 수 없었다. 상호살생할 수 있는 신들의 세계였다. 막강한 여신 티아마트도 젊은 남신 마르두크의 희생물이 되었다. 그러나 히브리 문화권에서는 초인적인 힘이, 오로지 동일 초인적인 힘만이 스스로를 제지할 수 있게 된다. 변이는 그 변이가 돌연변이라도 모체를 파괴하지 않지만, 히브리 변이는 모체인 메소포타미아를 파괴한다. 이 변이의 본질을 '아브라함의 원칙'이라고 하겠다. 히브리 문화권이 메소포타미아 원칙을 적용해서 메소포타미아를 파괴하고, 새로운 원칙, 히브리적인 아브라함 원칙을 정립한 셈이다. 초인적인, 신적인 힘의 본질이 메소포타미아 신들의 상대성에서 히브리 신의 절대성, 히브리의 여러 신 중의 한 존재가 절대적 신으로 옮겨오는 과정인 것 같다.

그림 71) 미켈란젤로, <십자가의 그리스도>, 1541년경, 드로잉, 36.8x26.8cm, 런던 대영박물관

인간의 삶에 초인적인 힘의 개입과 그 개입으로 인해 발생하는 존재의 역설이 히브리 문화권뿐만 아니고, 히브리 전통을 이은 유대 문화권에서 다시 나타난다. 예수의

이야기다. 신神 예수가 아닌 인간 예수의 생애를 본다. 종교적인 교리를 떠나 이방인의 시각으로 관찰한 것에 본 글의 논리와 용어를 적용한다. 먼저, 예수의 생명 자체가 초인적인 힘으로 창조된다. 수태고지다. 인간적인 생의 결말 역시 존재의 역설로 나타난다. 아버지가 아들의 생명을 파괴하기 위해 아들을 출산한다. "하나님이 세상을 이처럼 사랑하사" 아들이라는 존재를 창조했으나, 생명 창조의 목적이 생명의 종결이다. 인간의 구원이라는 출생의 당위성이 구원자의 십자가라는 파괴의 필연성이다. 생명의 창조적 원인이 생명의 존재적 파멸이다. "아빠 아버지여, 이 잔을 내게서 옮기시옵소서"라는 호소가 수용되지 않는 조건이다. 본 글의 용어로는 친자살상이다. 존재의 목적이 존재의 파괴라는 역설로 나타난다. 그러나 여기에도 친자살상의 귀결이 초인적인 힘으로 진행된다. 더 정확하게는, 친자살상십자가이 진행되지만, 더 높은 차원, 초인적인 차원에서 친자 존속부활으로 나타난다. 초인적으로 시작한 비극적인 존재의 역설이 같은 초인적인 힘으로 무력화된다. 아브라함의 원칙이 적용된다.

예수 자신도 존재의 역설에 원인으로 행동한다. 가나 결혼식에 술이 떨어졌을 때요한복음 2:4 어머니 성모 마리아가 예수에게 도움을 요청하니, 예수가 답을 한다. "여자여, 이것이 그대의 일이지 나와 무슨 상관이 있나이까?" 본 번역의 원전인 히브리 문장은 조금 애매하고, 다양한 번역이 가능하다고 한다. 4세기 성 제롬의 번역에 근거한 라틴어 번역Vulgate과 1611년의 흠정역King James Version에는 "여자여, 그대와 내가 무슨 관계가 있나이까?"라고 되어있다. 그 후에 출판된 다른 영어나 한글 번역에는 "여자여, 이것이 나와 무슨 관계가 있나이까?"라고만 되어있고 '그대와 나'라는 표현은 없다. 히브리어 전문가 이약구 명예교수의 생각으로는 제일 위의 번역이 히브리 원문에 가장 근접하는 번역이라고 한다. 이 교수가 제시한 번역 및 라틴어역과 흠정역에는 예수가 자기 어머니를 '여자'로 칭할 뿐만 아니라 그 '여자'와 자기가 아무런 관계가 없다는 뜻으로 이야기한다. 어떠하든 간에 모든 번역에 예수가 어머니를 어머니로 인정하지 않고 '여자'로 칭한다. 어머니를 부인하는 것이다. 이것은 상징적인 친모살상이다. 여기에도 자기 존재의 원천을 부인하는 비극적인 존재 역설의 한 중요한 부분이 나타난다. 고대 바빌로니아-메소포타미아 문화권이 히브리 문화권에 남긴 흔적이라고 하겠다.

메소포타미아의 문화에 인류학자들이 제시하는 또 하나의 변이가 있다. 메소포타미아 신화의 통치자 티아마트 여신이 자기의 위치를 수호하기 위해 자기의 명을 거역하는 제2세대 남신들, 특히 자기의 순종형 남편 압수를 살해한 엔키 같은 남신들을 제거할 계획을 세운다. 여신 총수 티아마트와 새롭게 등장하는 남신 마르두크가 결투하고, 결국 마르두크가 여신을 살해한 후 여신의 흉부로 새로운 우주를 만들었다. 문화인류학자들은 티아마트와 마르두크의 투쟁 과정을 원초적 모계사회와 진화적 신생 부계사회 사이에 발생하는 인류 역사의 사회 구조적 투쟁이라고 한다. 순종형 남편(남자신 압수)이 먼저 제거되고, 통치형 아내(여자신 티아마트)가 살해된다. 그 결과 통치형 남자신(마르두크)이 등장해서 새로운 사회적 우주-궁창을 만든다. 인류가 모계사회에서 부계사회로 진화한 것이다.

바다의 여신 티아마트의 바다처럼 예측 불가하고 혼란스러운 모계사회가 끝나고 새로운 부계사회의 신이 등장해서 더 자애적이고 질서정연한 우주를 창조한다. 새로운 우주의 창조자가 남신이고, 그 남신이 히브리 문화권에서는 '엘로힘'Elohim 혹은 '야훼'YHWH, Yahweh로 알려진 '아도나이'Adonai, 主, Lord로 등장한다. 주 하나님 엘로힘의 인간 창조는 흙과 물과 숨결로 실행된다. 그러나 여기에는 메소포타미아 신화에 나타나는 살해된 신의 피눈물은 없다. 히브리 문화권에서 처음으로 시작하는 부계 사회적 창조자의 첫 창조물인 히브리 인간의 유전자적 구조에는 메소포타미아 신화에 나타나는 살해의 근원적인 요소가 없다. 생명 살해의 요인이 없어 보이는 부계 사회적 창조자의 자애성은 피조물을 위한 에덴동산이었고, 첫 질서 확립은 피조물에게 부여된 법, 이 과일은 되고 저 과일은 안 된다는 법이다. 문화 인류학자들의 창조 신화 분석에서도 『에뉴마 엘리쉬』와 문화 지역적으로 동일한 문화권의 결실인 『창세기』 사이에 큰 변이가 발생한다.

그리스 - 메소포타미아 원칙 계승

IV

메소포타미아에서 그다음 인류문화선수인 그리스로 넘어온다. 호머의 오디세우스Odysseus 이야기다. 일반적으로는, '현명한 오디세우스'가 지혜의 여신 아테나Athena의 수호 아래 10년 동안의 귀향길을 마치고 자기의 왕국 이타카Ithaca로 돌아와서 그의 모든 배신자-적을 제거하고, 아내 페넬로페Penelope와 재결합해서 행복한 삶을 영위한다고 생각한다. 그러나 "바다에서 죽음이 오리라"는 신탁의 예언대로 오디세우스는 자기의 아들 텔레고누스Telegonus의 독창에 사망한다. 오디세우스의 직계 후손이 오디세우스의 살해자가 된다. 호머의 가장 위대한 영웅 역시 존재의 역설, 인간의 생애에 신들이 개입하고 그 결과로 근친살해의 제물이 되어 존재역설의 주인공이 된다. 호머의 가장 강한 영웅 아킬레스Achilles도 같은 운명이다. 여기에서도 아킬레스의 출생이 예언되어 있다. 수많은 영웅을 파괴한 아킬레스지만 그 아킬레스의 존재 조건은 아킬레스건이다. 아킬레스건이 없는 아킬레스는 있을 수 없다. 아킬레스건죽음을 위한 출생이다. 생명 계승의 파괴가 출생의 이유다. 존재의 역설이다. 호머의 후손 소포클레스Sophocles의 오이디푸스 왕Oedipus Rex도 인간 생사 속으로 신들의 신탁이 개입함으로써 주인공이 부친을 살해하고, 모친과 결혼한 후에 스스로 눈을 찔러 장님이 되어 딸 안티고네Antigone와 천하를 방황하다가 죽음을 맞는, 존재적 역설의 비극적 영웅이 된다. 이 모든 그리스 극작품에도 다른 생명을 살해하고 자신도 친족살해나 자기 존재 자체의 희생물이 된다는 메소포타미아 원칙이 적용되고 있다.

그림 72) 앵그르, <오이디푸스와 스핑크스>, 1808, 캔버스에 유채, 189x144cm, 파리 루브르 미술관

오이디푸스의 생애에 쉽게 풀이되지 않는 면이 있다. 오이디푸스는 태어난 즉시 저주의 운명을 피하기 위해 발꿈치 인대가 묶여 버려진다. 출생 때부터 상징적으로나 실질적으로 부친살해와 근친 상혼의 비극의 공간에서 벗어나려는 필사적이고 희생적인 윤리성이 나타난다. 외나무다리에서 벌어진 결투에서는 오이디푸스의 정의감과 여러 명의 호위병을 혼자의 힘으로 제압한 신체적 강인함이 보이고, 나중에는 스핑크스의 수수께끼를 풀 수 있는 지적 능력이 나타난다. 이 세 가지, 즉 윤리성과 정의감, 체력 및 지성의 융합은 그리스 문화

의 이상적인 결합체다. 그리스의 문화적 가치의 정상에 도달한 영웅이 비극의 대표적인 인간이 된다는 허무한 현실이다. 그렇더라도 소포클레스가 테바Thebes의 중진-현자 15명으로 구성된 코러스의 입을 통해서 알리는 것은 "우리의 책무는 어떻게 하면 우리가 신의 명령을 가장 성실하게 집행할 수 있을까?"라는 것이다. 『에뉴마 엘리쉬』의 기쁨조다. 결국 메소포타미아의 살해 중심적 신화가 히브리문화 『전도서』의 "헛되고 헛되도다. 모든 것이 헛되도다"를 거쳐 그리스 문화권에서는 거부할 수 없는 신의 명령운명에 순종하는 것 외에는 인간에게 다른 선택이 없다는 결론이 운명적인 꽃을 피운 예다. 서구문화의 오이디푸스가 보여주는 것은 아주 모범적으로 우수하게 살아온 생애라고 할지라도 인간은 인간이 어떻게 할 수 없는, 신의 개입으로 진행된 파멸의 운명으로 귀결한다는 것이다. 어려운 문제의 답이 메소포타미아 원칙인 것 같다.

그림 73) 루벤스, <어린 아킬레스를 스틱스 강에 담그는 테티스>, 1630-1635, 오일 스케치, 44.1x38.4cm, 로테르담 Museum Boijmans Van Beuningen

그림 74) 들라크루아, <격노하여 자식을 죽이려는 메디아>, 1862, 캔버스에 유채, 122x84cm, 파리 루브르 미술관

메소포타미아 문화권에서 그리스 바다를 지나 유럽에 상륙한다. 그리스 문화의 후계자라고 할 수 있는 로마 문화권에 나타나는 비극은 주로 그리스 신화에 근거하거나 그리스 비극 작가들을 모방하는 작품들이다. 전형적인 비극이 세네카Seneca the Younger의 『메디아』Medea, 50년경다. 물론 에우리피데스Euripides 비극에 근거한 작품이다. 야만인 마녀 공주 메디아와 아르고호Argonaut를 타고 황금 양털을 찾으려 항해해 온 이아손Jason 사이의 비극적인 사랑 이야기다. 이아손이 메디아의 사랑을 배신하고 코린트의 공주와 결혼했을 때, 메디아가 그 공주를 독약이 묻은 겉옷으로 살해한다. 또 자기와 이아손 사이에 태어난 두 명의 아들 중에 첫째를 제물로 바치고, 둘째도 이아손 앞에서 살해한다. 신들이 정한 운명에 따라 인간의 존재적 역설이 진행된다. 다만 세네카의 메디아는 자신을 비극의 제물로 생각하지 않고, 자기의 운명을 자기가 만드는 복수의 제사장으로 생각한다. 그러나 무슨 가면을 써도 친자를 살생하는 존재의 역설을 피하지는 못한다. 이 지점에 한 가지 질문이 떠오른다. 이 세상의 욕정을 다 부인하는 스토아Stoics 이념의 철학자 세네카가, 「자비」De Clementia란 글을 쓴 세네카가 무엇 때문에 『메디아』처럼 잔인한 작품을, 그것도 타인의 작품을 모방까지 하면서 더할 나위 없이 잔인한 작품을 구상했는지 의아하다. 네로 황제와 가까이 지냈다고 해도 황제의 잔인함을 염두에 둔 작품은 아니리라 생각하지만, 작품의 동기가 무엇인지 모르겠다.

중세 유럽 - 메소포타미아 원칙의 변이

V

로마에서 더 서쪽으로 간다. 독일의 가장 오래된 영웅 서사시로서 12세기 작품으로 추정되는 『니벨룽의 노래』Das Nibelungenlied가 있다. 이 작품 역시 『오디세이』 같이 희곡이 아니고 영웅 서사시다. 호머가 후대에 수많은 희곡의 보고가 되었듯이 『니벨룽의 노래』도 바그너Wagner 작품 등의 원천이 된다. 이 서사시의 간략한 내용은 이렇다. 부르군디Burgundy 왕국의 크림힐트Kriemhild라는 아름다운 공주가 꿈을 꾸었는데 공주가 키우던 매가 독수리들에 의해서 갈기갈기 찢어지는 내용이다. 그 후에 공주가 지그프리트Siegfried라는 전사와 결혼한다. 크림힐트의 오빠 군터Gunther가 왕이었고, 왕비 브룬힐트Brunhild와 크림힐트 사이에 심한 갈등의 결과로 지그프리트가 살해된다. 끝에는 크림힐트의 복수로 살해자가 살해될 뿐만 아니라 크림힐트를 포함한 모든 영웅이 살해된다. 비극의 근원이 되는 근친 살해의 무대다. 『니벨룽의 노래』에서는 비극의 원동력이 신에 의해 가동되는 것이 아니다. 이제는 '신'이라는 초인적인 힘이 꿈으로 나타난다. 전설이나 그의 모든 고전에서는 '꿈'이라는 현상이 초인적인 힘의 전달 도구로 나타난다. 위에서 언급한 『길가메시 서사시』와 구약성서에도 많은 꿈이 인간을 초월하는 힘의 표현양식이 된다. 지그프리트의 생애도 크림힐트의 꿈속에 이미 예견되어있다. 초인적인 힘이 인간 생사에 개입하는 것이다. 또한 존재의 역설도 나타난다.

크림힐트의 존재 목적은 지그프리트의 복수인데, 존재 목적이 자아 파괴와 동일시된다. 존재의 사유가 존재의 파괴가 되는 것이다. 존재의 역설이다.

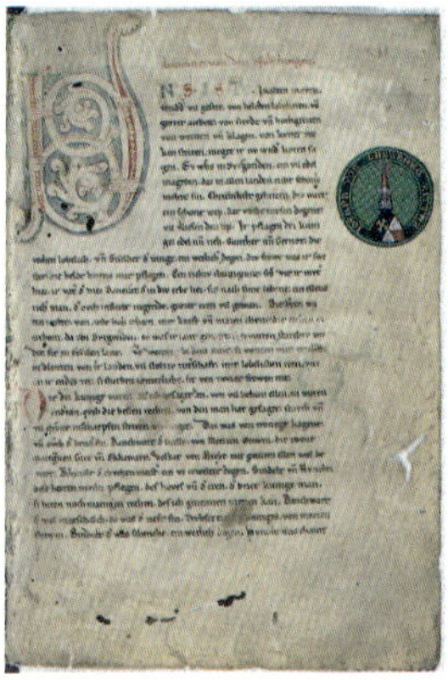

그림 75) <니벨룽의 노래> 사본, 1220-1250년경

그림 76) 말로의 『파우스투스 박사의 비극적인 삶과 죽음의 역사』 1620년판 표지

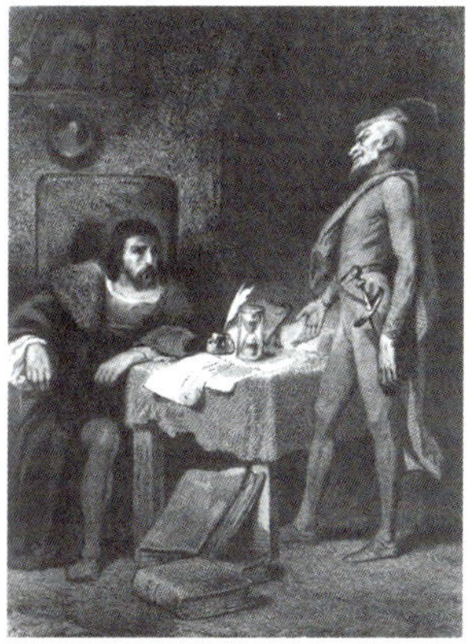

그림 77) 토니 조하노, <파우스트와 메피스토펠레스>, 1845-1847, 동판화, 괴테의 『파우스트』 (1982) 삽화

500여 년 후 영국의 전성시대에 말로Christopher Marlowe가 『파우스투스 박사의 비극적인 삶과 죽음의 역사』Tragical History of the Life and Death of Doctor Faustus, 1592라는 긴 명칭의 작품을 출판한다. 괴테의 파우스트Faust 1부, 1808; 2부, 1832의 원형이다. 파우스트는 학자다. 학자의 포기할 수 없는 책무는 학문의 연찬을 통한 진리 탐구다. 인간학자의 피할 수 없는 존재 조건은 인간의 학문적 한계를 극한의 경지까지 추구해서 결론적으로는 초월하는 것인데, 그 존재 조건이 존재 파괴의 원동력이 된다. 한계를 초월할 가능성을 초인적인 악령 메피스토Mephistopheles가 제시한다. 그 대가로 파우스트는 자기의 영혼을 제공한다. 이 계약은 물론 비극으로 끝난다. 여기서도 원흉이 초인적인 힘이고, 결과는 존재의 목적이 진리 탐구인데 그 탐구 자체가 존재의 파멸을 전제하고 있다. 학자의 본질적인 탐구 의지가 학자의 필연적인 존재 파괴의 원동력이다. 인간이 자신의 제한된 인간성을 초월하는, 부인하는 자가당착

적인 행위를 할 때 일어나는 현상이다. 파우스트도 메소포타미아 원칙에 준하는 존재 역설의 희생물이 된다.

셰익스피어의 『줄리어스 시저』The Tragedy of Juilus Caesar, 1599에 나타나는 비극성에도 초인적인 힘의 개입과 상징적인 근친 살해가 뜻하는 존재의 역설이 나타난다. 영광스러운 정복자 시저의 존재 목적은 로마의 부국강병일 것이다. 시저의 정복으로 인해 로마가 부국강병의 국가체가 되면 될수록 시저의 운명은 정비례해서 위험해지고, 초인적인 힘의 도구인 점쟁이의 '삼월 중순을 경계하라!'라는 예언이 도래한다. 결국 시저는 자기의 친동생이나 조카같이 믿던 브루투스Brutus가 주역이 된 암살단에 의해 살해된다. 작품 끝에는 살해된 시저의 혼령이 나타나 브루투스가 안토니우스Antonius와 시저의 양아들 옥타비우스Octavius의 연합군과의 전투에서 패배하리라는 예언을 한다. 또다시 초인적인 힘이 나타난다. 마지막에는 브루투스도 자결하고 그의 아내도 자결한다. 초인적인 힘의 개입과 상징적인 근친 살해의 상황이 연속적으로 일어난다. 사실 이 작품의 비극적 주인공은 시저가 아니고 상징적인 근친 살해의 주인공이 되었다가 끝에는 근친 살해의 피해자가 되는 브루투스라고 하겠다. 『햄릿』The Tragedy of Hamlet, Prince of Denmark, 1599-1601에서도 같은 일이 일어난다.

이성의 근대 - 비극의 중단과 예외적 현상(실러와 헵벨)

VI

이러한 초인적인 힘에 의해 발발하는 비극이 17~18 세기 '이성의 시대'에서 거의 중단된다. 데카르트와 뉴턴 같은 이성적인 위인들의 시대가 논리적인 척도로 분석되지 않는 초인적인 힘의 출현을 이성의 이름으로 저지하고, 따라서 비극도 결정적으로 쇠퇴하는 것 같다. 그러나 19세기 초에 자연과학적 이성을 무시한 고전적 비극이 등장한다. 실러Friedrich Schiller의 『오를레앙의 처녀』Die Jungfrau von Orleans, 1801다. 독일 고전주의Weimarer Klassik 작품으로서 상징적으로 매우 심오하고 시문학적으로 매우 빼어난 작품이다. 독일 고전주의는 세 사람의 문학인이 대표하는데, 헤르더Herder, 괴테, 실러다. 헤르더는 잘 알려져 있지 않으나 "코리아인"을 "온화한 백성ein sanftes Volk"이라고 칭한 문학인이고, 괴테는 괴테이고, 실러는 셋 중에 현상과 감성의 괴리를 가장 깊게 느낀 지적인 시인이다. 본 작품의 내용은 프랑스 왕권을 두고 영국과 프랑스가 치른 100년 전쟁1337~1453에서 프랑스의 승리를 주도한 처녀 잔 다르크Jeanne d'Arc의 생애1412~1431다. 작품에는 처녀의 이름이 잔Jeanne이 독일어형인 요한나Johanna로 나온다.

프랑스의 한 부농의 딸이며 양치기 소녀로 자라는 요한나의 여정이 성모 마리아의 계시와 아버지의 꿈 세 개로 시작한다. 존재의 역설적인 결말을 지향하듯 작품에는 많은 가치관이 처녀의 생에서 상충한다. 처녀의 미미한 사회성과 무거운 종교적인 소명, 양치기의 지팡이와 사령관의 창검, 처녀의 순수한 아름다움과 마녀의 살인적인 매력, 4차원적인 신비와 전장의 현실, 정신적인 순결과 욕정, 영국 적장리오넬에 대한 프랑스 장군요한나의 사랑 등 요한나는 역설의 결합체다. 끝에는 전쟁 부상으로 죽음에 이른다. 비극적인 존재의 역설에서 보면 요한나의 생의 이유가 프랑스의 승리다. 그러나 그 승리 자체가 주인공의 죽음이다. 생의 이유가 생의 종결이다. 처녀의 아버지도 딸을 저주한다. 친족의 살상이 상징적으로 나타난다. 거역할 수 없는 존재 조건전쟁의 영웅이 존재의 파괴필멸의 부상다. 본인의 의지로는 피할 수 없는 본인의 자아 존재 자체가 자아 파멸이다. 요한나 역시 존재역설의 주인공이 된다. 그러나 처녀의 마지막 순간에는 왕이 펼치는 프랑스의 국기가 요한나의 주검을 덮고, 요한나는 "고통은 짧고 환희는 영원하다"라고 고백하면서 영웅의 영혼은 천사들의 찬미가 들리는 가운데 승천한다. 아브라함 원칙이 작동하고, 오를레앙 영웅의 죽음이 존재의 역설을 초월하는 장면이다. 역사적으로는 잔 다르크가 19세의 나이로 처형된 후 500여 년이 지나고, 1920년에 시성諡聖되어 성자가 된다.

그림 78) 페히트, 요한나, 실러의 『오를레앙의 처녀』 삽화 중, 1859, 철판화

초인적인 존재의 마지막 출현이 괴테의 메피스토Faust II, 1832라 하겠다. 시대적으로 조금 아이러니한 것은 초인적 존재인 메피스토와 초인적인 인간의 능력을 갈망했던 파우스트가 영구히 사라지고 반세기가 지난 후에 니체의 차라투스트라가 신의 죽음을 '선포'하고 새로운 인간, 인간의 정신적이거나 사회 규범적인 한계를 넘어서는 일종의 '슈퍼맨Übermensch'를 등장시킨다Zarathustra, 1884. 니체의 '슈퍼맨'이 초인적인 힘은 물론 아니다. 19세기에도 물론 많은 비극이 등장한다. 그러나 19세기의 사실주의와 자연주의의 비극은 초인적인 힘의 작용으로 일어나는 비극이 아니고, 인간 사회 속에서 발생하는 현상이다. 민족 간의 투쟁, 사회 계층 간의 갈등, 여성의 사회적 위상, 가족 간의 관계, 결혼의 문제, 정신병 및 빈곤과 각종 질환 등을 주제로 하는 현실 문제들이 비극을 만든다고 하겠다. 그러나 위대한 비극은 없는 것 같다. 여기서 '위대하다'라고 하는 것은 초월적인 힘의 파괴적 파장을 이해할 수도 없고 회피할 수도 없는 제한성의 인간이 생명으로 응답하는 장엄함의 표현이라고 할 수 있다. 아브라함의 경우에 야훼의 재개입이 없었더라면 그는 이해 불가한 동시에 탈출 불가한 존재적 속죄의 제물 조건인 친자살해를 수용했을 것이고, 그 후에는 아비가 아비의 존재를 계승하는 자식을 죽이는, 존재의 역설이 제시하는 장렬한 자진을 단행했을 것이다. 그러한 인간 조건이 생성할 수 있는 고독하고 고통스러운, 자아 희생에 이를 수 있는 장엄함의 위대함이다.

그러나 이러한 고전 비극적인 위대함이 완전히 사라지고 희곡으로서의 비극이 인간 이성을 수용하는 사회현상으로 나타나기 전에 이 중요한 변화를 연착륙시키는 현대판 비극이 한편 있다. 독일의 사실주의 극작가 프리드리히 헵벨Friedrich Hebbel의 『아그네스 베르나우어』Agnes Bernauer, 1851라는 작품이다. 고전 비극의 모형을 따라 5막으로 되어있으나 아리스토텔레스의 비극 정의는 따르지 않는 탈고전 비극으로 부제는 '독일 비애극Ein deutsches Trauerspiel' 이다. 불행하게도 작품의 중요성이 그렇게 인정받지 못하고 있다. 필자가 여기서도 내용을 난도질한다. 독일 바바리아 공작국의 왕자 알브레흐트는 목욕탕 주인의 딸 아그네스와 사랑의 욕탕에 빠진다. 그러나 왕족이 평민과는 결혼할 수 없을 뿐만 아니라, 바바리아 공작국의 평화를 위해서는 왕자가 다른 공작국의 공주와 정략결혼을 해야 한다. 그러나 왕자는 서민 처녀와 결혼하면서 왕권을 박탈당한다. 3년 후에 왕의 후계자로 지명된 귀족이 사망한다. 왕자 알브레흐트가 다시 왕세자가 되고 왕이 되면 목욕탕 집의 딸이 왕비가 될 상황이다. 이 가능성을 제거하기 위해 왕이 아그네스를 '더 큰 목욕탕' 다뉴브강에 익사시킨다.

그림 79) 작자 미상, <1435년 10월 12일 아그네스 베른아우어의 익사>, 1874

알브레흐트 Albrecht III 와 아그네스라는 처녀 약 1410~1435.10.12. 는 실재 인물이다. 아그네스의 존재적 본질은 자연이 내린 아름다움의 정상이고, 왕의 본질은 사회가 전통적으로 내린 권력의 정상이다. 초인적인 힘이 아닌 자연이 개입해서 부여한 아름다운 출생이 비서민적인 국가 권력의 제물이 된다. 피할 수 없는 출생이 역시 피할 수 없는 본성의 제물이 된다. 아그네스의 회피 불가한 경국지색 자체가 본인의 거부 불가한 파멸이다. 헵벨이 <Sommerbild>라는 시에서 "여름의 끝자락에 피 흘릴 듯 만개한 붉은 장미 Ich sah des Sommers letzte Rose stehn. Sie war, als ob she bluten koenne, rot."라고 표현하듯이 존재 속에 파멸의 조건이 이미 표출되어 있다. 아름다움을 만개할 수밖에 없는 홍장미의 존재적 본성 자체가 파멸의 만개다. 이처럼 초인적인 힘이 신적인 힘으로는 나타나지 않지만, 절대군주의 통치적인 힘이 초인적으로 나타난다고 하겠다. 끝에는 초인적인 시아버지왕 자신이 평민 며느리아그네스를 익사시키는 근친살해의 비극이다. 존재의 역설이 작동하는 비극이다. 이러한 고전적 비극이 19세기 중반에 비극 역사상 거의 마지막으로 목욕탕 처녀 아그네스에 나타난다. 고전 비극이 현대사회의 서민 비애적 '비극'으로 가는 길의 연착륙이다. 연착륙이라고 하더라도 메소포타미아 원칙의 한 양상이고, 연착륙이 또 다른 문제를 야기한다.

고전 비극에서 나타나는 초인적인 힘이 아그네스의 경우에 초법적이고 초사회적인 힘, 절대군주의 힘으로 변질되었다. 그러나 고전 비극이 현대의 서민 비애극으로 변모하기 위해서는 초인적인 힘을 대신하는 절대군주의 힘이 다시 진화하고, 일반적인 사회인에게 원칙적으로 적용될 수 있는 보편타당한 힘으로 나타나야 할 것이다. 그 힘은 두 갈래로 나타난다. 첫 번째 길은 사회인이 사회 속에 살아갈 때 인간으로서 체험하는 각종 질환, 정신적이고 심리적이며 육체적인 병세로 나타나는 길이다. 초인적인 힘이 절대군주의 초사회적인 힘으로 변질되었다가, 다시 일반 시민-인간적인 병세, 인간적인 존재 증후군의 힘으로 등상한다. 인간을 비극적으로 만들 수 있는 모함, 배신, 살인, 복수, 혼외정사, 근친살해, 근친상간 등의 인간적 병세다. 문학사적으로는 이 병세가 사실주의와 자연주의의 중요 관심사다. 비극을 초래하는 인간의 병세는 우회 및 파괴가 불가한 인간 조건인 것 같다. 그러한 병세의 주된 원동력은 사회적인 고정관념이나 심한 편견도 있을 수 있겠지만 더 본질적인 것은 사랑에 대한 욕정이다. 프로이트Sigmund Freud 같은 심리학자들이 이야기하는 성적인 욕망이라고 하겠다.

두 원칙의 현대적 변이

VII

초인적인 힘의 개입을 대체하는 이러한 인간존재 증후군의 현상이 현대로의 길목에서 한 작품에 폭발적으로 나타난다. 미국의 극작가이며 1936년에 노벨문학상을 수상한 유진 오닐Eugene O'Neill의 『상복이 어울리는 엘렉트라』Mourning becomes Electra, 1931; 이후에는 『엘렉트라』로 명기다. 오닐의 '비극'은 <귀향>The Homecoming, <쫓기는 자들>The Hunted, <귀신들린 자들>The Haunted의 삼부작으로 구성된, 아이스킬로스Aeschylos, 525~456 BC의 『오레스테이아』Oresteia의 긴 현대판이다. 작품의 문화사적 배경은 미국 동북부의 청교도적 틀에 매인 한 명문 가문의 병세와 몰락이다. 작품은 미국 남북전쟁에서 승리한 북군의 장군 에즈라 매넌Ezra Mannon 준장의 귀향으로 시작한다. 그 당시 에즈라의 딸 라비니아Lavinia는 아버지에 대한 이성적인 집착 때문에 결혼하지 않았고, 부인 크리스틴Christine은 브란트Brant라는 선장의 정부가 되어있었다. 라비니아는 자기의 정적이 되는 어머니 크리스틴을 저주한다. 귀가한 에즈라가 자기 아내로부터 불륜의 이야기를 듣고 협심증을 일으킬 때 부인이 치료약 대신에 독약을 준다. 3년의 전쟁터에서 승리한 장군이 자기 집의 자기 침대에서 아내가 처방한 독약으로 사망한다. 사랑의 욕정이 거부 불가한 초인적인 힘처럼 등장해서 근친살해를 자행하는 것이다.

이후에도 이상한 일들이 많이 일어난다. 외부에 나가 있던 아들 오린Orin이 돌아와서는 어머니 크리스틴의 정부 브란트를 살해하고, 어머니에게 자기의 사랑을 고백하면서 자기와 함께 어디로 도주해서 같이 살자고 한다. 자기의 정부도 살해당하고, 자기의 아들로부터 근친상간의 고백을 듣고 절망한 크리스틴은 자살한다. 시간이 지나면서 딸은 죽은 어머니를 닮아가고 아들 역시 죽은 아버지를 닮아간다. 아버지를 닮아가는 오린이 어머니를 닮아가는 라비니아에게 집착하면서 사랑의 욕망을 고백한다. 놀란 라비니아가 오린을 저주하고 자기는 다른 사람하고 결혼하겠다고 한다. 어머니에게 거부당하고 연이어 라비니아에게도 거부당한, 어머니와 누이에게 각각 간청한 이중적인 근친상간이 실패하자 오린은 자살한다. 이로써 매논 집안의 복합적인 근친상간과 직접 및 간접적인 근친살해의 역사는 끝난다. 마지막에 혼자남은 라비니아가 자신은 자기 집안 역사의 포로가 되었다고 생각하면서 남은 평생을 참담한 일들로 채워진 집을 참회 속에 지키며 살겠다고 한다.

이 비극은 인간존재 자체의 보편적인 상황은 아니다. 매논 집안의 특수 현황이다. 또 작품이 발표된 1930년대의 미국 사회가 소위 '오이디푸스 콤플렉스'나 '엘렉트라 콤플렉스'가 일으킬 수 있는 근친살해나 근친상간이 특별히 번성한 시대도 아니다. 한 특정 집안의 특이하게 비참하고 참담한 참혹의 역사라고 하겠다. 따라서 고전적인 의미에서의 비극은 아니다. 특히 『엘렉트라』는 아이스킬로스의 원작에 근거한다고 하겠지만 등장하는 인물들은 인간 조건을 최상의 고귀한 상태에서 대표하는 왕족도 아니고, 주인공들의 가치관이 인간 조건을 포괄적으로 대변하는 상황도 아니다. 다만 중요하게는, 보편타당한 인간 조긴의 한 양상이 본 작품의 배경이 되어있다. 그것을 사랑의 욕정이라고 규명할 수 있다. 『엘렉트라』는 사랑의 욕정이라는 인간성의 한 면을 극단적인 하단까지 추적한, 추락의 밑바닥에서 탐사한 비고전적인 비극이라 하겠다. 초인적인 힘의 개입은 없으나 근친 살해라는 존재의 역설은 나타난다. 전반적으로는 이 작품이 메소포타미아 원칙에 예속되지 않는다고 하겠으나 그 원칙의 병세적인 변질이기는 하다. 이로써 고전 비극이 더 이상 추락, 혹은 타락할 수 없는 상태가 되었다. 이제 남아 있는 다른 가능성은 추락의 밑바닥에 처한 인간 조건을 재조명하는 일이다. 더 이상 추락할 수 없이 추락한 인간 조건의 균형을 이루기 위해서 재조명하는 길은 인간 조건을 추락의 계곡에서 상승의 봉우리로 돌리는 길이다. 극에서 정반대 극으로 이동하는 길이다.

그림 80) 작자미상, 캔터베리 대성당에서 일어난 토마스 베켓 살인을 다룬 이미지, 1200년경

그림 81) 프레드릭 레이튼, <아가멤논의 무덤 앞의 엘렉트라>, 1868-1869, 캔버스에 유채, 150x75.5cm, Kingston upon Hull, Ferens Art Gallery

두 번째, 정반대 길의 최종지점은 인간존재 증후군의 최상위 가치라고 하겠다. 인간 조건을 정상에서 규명하는 일이다. 배려와 이해, 동정심과 헌신, 사랑과 희생, 회생과 창조 등을 경유하는 일이다. 1931년에 발표된 오닐의 『엘렉트라』를 정면으로 대응하듯 1935년에 엘리엇T. S. Eliot의 『대성당에서의 살인』Murder in the Cathedral이 나타난다. 작품의 배경은 12세기 영국의 왕 헨리 2세Henry II와 캔터베리 대주교 토마스 베켓Thomas Becket사이의 관계가 빚은 후자의 살인이다. 작품의 양식을 보면 제1부와 2부로 구성되어 있고, 그 사이에 설교

가 있다. 따라서 고전 비극의 막과 장으로 구분되어있는 구조적 양식은 완전히 무시하지만, 아리스토텔레스적 비극의 시학적 흐름을 매우 잘 따르고 있다. 제한된 시간1170년 12월 2일~29일에 동일 장소켄터베리 대성당, 행동살인 및 코러스의 기능과 더욱 중요하게는 작품의 내용이 전개하는 동정심pity, eleos, 공포감fear, phobos 및 카타르시스catharsis의 흐름을 예술적으로 잘 표현하고 있다.

작품은 대주교 토마스가 프랑스에서 7년의 유배를 마치고 귀국하는 데서 시작한다. 왕 헨리와 대주교 토마스는 젊었을 때 친형제 같은 친구였다. 왕이 토마스를 영국의 총리로 임명해서 왕의 대리자로 왕국을 다스리게 하고, 캔터베리 대주교로 임명해서 영국 교회와 성직자들을 관리하게 했다. 왕의 목적은 교회의 성직자 인사와 교회 체계의 운영을 왕권에 예속시키고자 함이었다. 그러나 왕의 옛 친구 토마스는 대주교로서 교회의 독립성을 수호했다. 이제 왕과의 화해 없이 귀국하는 대주교에 대한 전체적인 극적 분위기는 대주교의 임박한 죽음이다. 왕과의 갈등이 죽음을 가져올 것이라고 예견하는 세 사람의 신부Priest가 제일 먼저 등장해서 프랑스로 돌아가라고 한다. 신부들은 불가피한 죽음의 상황을 분석한다. 특히 두 번째 신부는 행동과 고난의 상호의존을 상기하며, 교회의 수호는 정치권의 핍박과 공존한다고 생각한다. 신부들 다음에는 네 사람의 설득자-유혹자Tempter가 와서 각자의 논리로 대주교를 회유시키려 한다. 젊었을 때의 자유분방한 생활로 돌아가라거나, 총리로서 부와 권력을 누리라는 등의 유혹을 제안한다. 세 번째 유혹자는 대주교에게 혁명을 일으키고 더 합리적인 국가를 창설하라고 한다. 그러나 대주교는 자신은 절대로 반역하지 않는다고 한다. 네 번째 유혹자가 중요한데, 그는 대주교에게 교회를 위해 정의로운 항거를 계속하고 교회의 위대한 순교자가 되라고 한다. 그러나 대주교는 왕을 비롯한 국가 사회적 요구를 다 거부하고, 순교자의 영광을 위해 성스러운 순교자가 되라는 마지막 유혹도 옳은 일을 잘못된 이유로는 하는 것이라며 거부한다.

끝에는 네 사람의 기사Knight가 와서 자기들은 왕의 명령으로 대주교를 처형하기 위해 온 것뿐이라거나, 대주교가 국가의 반역자라는 등의 이야기를 한다. 네 번째의 기사는 대주교가 교만의 결과로 죽임을 당하기 때문에 그러한 죽음은 처형이나 순교가 아니고 자살이라고 주장한다. 결국 대주교는 왕국통치 논리의 제물이 된다. 제물이 되는 대주교는 순교자의 순교 행위가 순교자의 선택이 아니고, 신적인 뜻의 도구라고 한다. 대주교 토마스의 경우에도 초인적인 힘, 중세적인 개념으로는 하나님의 역사하심이 대주교의 생애에 개입하고, 대주교의 종교적 소명 자체가 대주교의 피할 수 없는 존재 조건이 된다. 인간 토마스의 존재 속에 종교인 대주교의 본성이 내재해있고, 본성의 본질은 네 번째의 기사가 강조하듯 자아 파괴이다. 왕이 왕의 유일한 친형제 같은 존재를 살인한다. 형제 살해이고 자신의 존재 파괴다. 메소포타미아 원칙이 작동되고, 존재의 역설이 나타난다. 그러나 여기에서도 아브라함의 경우처럼 초인적인 힘이 재개입하고, 대주교를 '성자'로 승화시킴으로써 자아 파괴의 계곡에서 구출한다. 역사적으로는 대주교 토마스는 살해된 후 3년 만에1118 성자로 추대된다. 결론적으로 보면 대주교 토마스 베켓이 아브라함 원칙에 예속되고 메소포타미아의 파괴적 비극에서 석방된다.

20세기에도 존재의 본질적 역설은 아니나마 부富에 얽매인 현대인의 현실적 역설을 취급하는 예외적인 작품이 하나 있다. 카뮈Albert Camus의 『오해』Le Malentendu, 1943다. 특별히 중요한 작품도 아니고, 내용이나 줄거리도 비교적 간단하다. 어느 시골 마을에 모녀가 여관을 운영하며 돈을 모으고 있다. 모녀의 목적은 외지에 나가서 돈을 벌어 어머니와 여동생에게 부유한 삶을 제공하겠다며 집을 떠난 아들을 찾아 나서기 위함이다. 모녀가 돈을 모으는 방법은 투숙객을 살해하고 돈을 착취하는 것이다. 하루는 준수하고 부유하게 보이는 중년 신사가 여관에 투숙한다. 모녀는 전과 다름없이 투숙객을 살해한다. 다음 날 아침에 어느 중년 숙녀가 와서 투숙한 남자가 자기 남편인데 여관 가족의 아들이라는 사실을 밝힌다. 이 작품 속에는 친족 갈망이 친족살해가 되고, 자식을 찾음으로써 자신의 존재가 재확인되는 사실 자체가 자아 파멸이 된다. 여기에 자살 등의 존재의 역설은 있으나 초인적인 힘의 원동력이 없는, 단순히 비참한 인간 조건이 내재하고 있을 뿐이다. 초인적인 힘이 내재하고 있다고 한다면 그 힘은 하나의 생명체를 위해서 수많은 생명체를 제물로 삼는, 최악으로 변질된 자식에 대한 갈망이라고 하겠다. 초인적인 힘이 사라진 후에 나타나는, 사회 인간적 병세가 극한에 이르는 '참담한' 작품이라고 할 수 있다.

추락의 밑바닥-엘렉트라에서 상승의 봉우리-토마스까지 체험한 인간 조건이 이제는 양극의 균형을 찾아간다. 인간이 엘렉트라의 깊은 흙탕물에서 올라오고 동시에 토마스의 높은 산마루에서 내려와 모든 인간에게 적용될 수 있는 평지의 조건을 찾는다. 평지의 조건은 평범한 인간 조건일 것이다. 엘렉트라도 아니고 토마스도 아닌 일반서민everyman의 조건이다. 1949년에 미국 극작가 아서 밀러Arthur Miller가 개개인이 가지는 특별한 인간 조건을 보편화하면서 『세일즈맨의 죽음』Death of a Salesman, 1949을 발표한다. 아주 평범한 63세의 세일즈맨 윌리 로만Willy Loman의 일생이 24시간의 틀 안에서 조명된다. 누구나 자기의 집을 소유하고 안정되게 살면서 더 개척할 수 있는 지평선을 만들 수 있다는 '미국적 꿈American Dream'을 믿고 사는 주인공이다. 그러나 현실적으로는 자아존중감을 유지하기 위해 항상 자기기만의 함정 속에서 벗어나지 못하는 삶이 노출된다. 윌리 로만은 자기의 세일즈 성공이나 자식들의 훌륭함에 만족하나, 아들 비프Biff는 뼈저리게 현실적인 생각으로 "저나 아버지나 다 싸구려 인생이에요!I am a dime a dozen, and so are you!"라고 한다. 사실 주인공의 이름 자체가 아주 평범한 'Willy'이고 주인공을 더 본질적으로 규명하는 성 'Loman'은 'Low man, Low-ly man신분이 낮고 특성이 없는, 그저 그런 사람'이라고 하겠다. 그러나 주인공은 자기의 삶을 비非싸구려로 재생시키고, 자기 아내의 삶을 자기의 사망보험금으로 더 부유하게 만들어 주기 위해 극단적인 길을 택한다. 여기에는 항상 전진해야 한다는 현대사회의 강요가 작용하지만 초인적의 힘의 개입은 물론 없다. 또 자기의 죽음이 자기의 분신이 되는 아내의 풍요한 삶이라는 현상적인 역설이 나타나지만 존재의 역설은 아니다.

이 작품 발표 직후에 밀러가 평범한 서민의 일생도 비극이 될 수 있다는 글 'Tragedy and the Common Man'1949을 쓴다. 고전 비극의 요인이 되는 '비극적 결점tragic flaw, hamartia'이 현대에 와서는 더 이상 특정 영웅에게 주어진, 시공간을 초월하는 운명이 아니고, 개인적인 평범한 결점으로 타락한다. 현대의 비극은 개인이 사회적으로 받아야 할 존경심이나 사회 속에 존재하면서 받아야 할 정당한 위상을 지향하는 사회 충동적 갈망의 결과물이라는 내용의 글이다. 세일즈맨 로만처럼 성공적인 세일즈맨의 위상을 사회적 요구에 의해 끝없이 추구할 때 일어나는 결과물이다. 자기가 성공적인 세일즈맨이라고 착각하는 상황이 파손되고, 자식들마저 아버지의 일생을 "싸구려 인생"이라고 평할 때 일어나는, 뒤늦은 자아 인식적 자아 파괴다. 현대의 'everyman'에게 일어날 수 있는 비극이다. 여기서 단순화시켜 버렸으나 밀러의 글은 실지로 매우 깊고 지적인 글이다.

그러나 고전적 장엄함이 완전히 결여되어 있는 현대인 'everyman'이 의식적으로든 무의식적으로든 고전 비극적 존재로 변화할 때 일어나는 현상은 현실을 수용하지 못하는 정신적인 발작이나 자기 비하적이고 야유적인 웃음이 아니면 자살일 것이다. 사회적 인생의 본질이 자아 기만적 허구와 비참한 공허함과 존재적 무의미함으로 구성될 때, 인간에게 주어진 탈출구는 광적인 발작이거나 허탈한 웃음이거나 절망으로 인한 자살 등이라는 뜻이다. 광적인 발작은 정신병동으로 수송되지만 허탈한 웃음의 주인공은 아직 안방에 남아 있다. 그러나 정신병동이든 안방이든 장엄한 비극의 무대는 아니다. 인간의 현실이 존재적인 발작을 일으키고 실성한 상태에서 절망의 미소를 띠게 만드는, 수용할 수 없는 현실이지만 자살의 유혹을 거부하고 마지막까지 남아 있는 인간 조건의 현상이 희비극tragicomedy이다. 눈물은 물론 없고 기쁨의 웃음도 없는, 비非눈물과 비非웃음이 결합한 불합리하고 부조리한 인간 현상이다. 초인적인 힘의 개입이나 존재의 역설 없이 허망하고 무의미하게 반복되는 일상을 이어가야 하는 인간 조건에 관한 생각이 20세기 중반에 왕성했던, 실존주의 성향의 문학에 나타나는 '부조리absurd' 개념이다.

부조리극

VIII

에스린Martin Esslin이라는 비평가가 '부조리의 무대Theater of the Absurd'라고 명명한 작품들 가운데 거의 첫 작품이 1969년에 노벨문학상을 수득한 사뮤엘 베케트Samuel Beckett의 『고도를 기다리며』Waiting for Godot, 1952라고 할 수 있다. 어느 시골 마을 길목에 친구 둘이 고도를 기다린다. 오늘은 오지 못하고 내일 온다는 전갈이 반복되는 동안 두 친구는 밑도 끝도 없는 이야기를 나누며 누구인지도 모르고, 오지 않는 고도를 기다린다. 무존재의 출현을 무작정 기다린다. 현대 everyman의 무의미하게 반복되는 일상의 모습인지도 모르겠다. 희극이든 비극이든 초인적인 힘이 등장해야만 인간이 존재의 가치나 무가치를 찾을 수 있겠는데, 그 힘이 나타나지 않으니 기다리는 사람에게는 비참한 내면의 웃음만이 남아 있다. 베케트의 더 잘 알려진 작품이 『마지막 한 수』Endgame, 1957라고 하겠다. 장님 주인공과 하인 사이의 대화가 주된 내용이다. 떠난다고 하면서 떠나지 못하는 하인, "인간이 지구에 매여 있으니 치유는 없어! You're on Earth, and there's no cure for that."라는 주인공과 다리가 절단된 상태에서 쓰레기통 안에 사는 주인공의 부모가 등장한다. 쓰레기같이 부패한 현실에 탈출의 가능성 없이 수감 되어 있는 절망적인 인간 조건이다.

그 외에도 물론 많은 작품이 있다. 그중에 몇 편을 보지만 여기서도 계속해서 중요한 작품들을 한두 행으로 요약한다. 유진 이오네스코Eugene Ionesco의 『의자』The Chairs, 1952라는 작품에서는 주인공-노부부가 무대 위에 가상의 청중을 대신하는 빈 의자들을 계속해서 가져다 놓는다. 남편에게는 인류에게 전달할 구원의 메시지가 있는데, 노부부는 그 메시지를 낭독할 연설자를 기다린다. 연설자가 도착하자 주인공 노부부는 생의 임무가 끝났다며 자살한다. 그러나 기다렸던 연설자는 귀머거리-벙어리이다. 장 저네Jean Genet의 『발코니』The Balcony, 1957는 어느 도시의 혁명이 사회 유지들을 처형하는 이야기다. 그러나 처형자-살인자들은 사창私娼 손님들이고, 사창 손님들 모두가 사회 유지다. 해롤드 핀터Harold Pinter의 『생일 파티』The Birthday Party, 1957는 한 숙박 시설 거실에 사회를 대표하는 외부인들이 주인공 예술인을 대한다. 대화는 혼란이고, 방문객 두 사람의 언어가 주인공-피아니스트를 파괴적으로 분해한다. 언어 자체도 분해되어 있고 이중적이다. '숙박 시설이다, 아니다'; '생일이다, 아니다'; '피아노 연주를 전 세계적으로 했다, 전국을 돌며 했다'; '연주를 한 번 해본 적이 있다, 주인공-연주자가 누구인지도 모른다' 등 모든 것이 무질서하고 현실과는 정반대로 이중적이다.

그림 82) 베케트, <고도를 기다리며> 공연장면, 1987년 아비뇽 페스티발, Otomar Krejča 감독, via Wikipedia

그림 83) 르동, <우는 거미>, 1881, 목탄, 49.5x37.5cm, 개인소장

합리성의 이성이 등극하기 시작한 르네상스와 계몽주의 이후 시대의 희곡에 고전적인 요소는 언급한 바와 같이 거의 사라지고 없다. 변화하는 사회의 계층 관계가 파괴적으로 나타나거나, 사회 여건을 역행하는 개인이 비참하게 되거나, 사회적 현실에 적응하는 행위가 허무하게 되거나, 개인 간의 대화가 무의미하게 되거나, 무의미한 대화가 언어의 분해를 초래하는 등의 현상이 나타나지만, 초인적의 힘의 개입 및 결론적인 존재 역설의 '비극적'인 원인행위와 결과는 없어 보인다. 물론 히틀러, 스탈린, 폴 포트, 김정은 같은 인간이 정신병적으로 만드는 참혹함이나 처참함 같은 현상은 나타난다. 또 미술계이지만 그러한 현상을 동반하는 통곡도 있다. 프랑코가 히틀러에게 요청해서 독일공군이 파괴한 게르니카Guernica의 참사를 배경으로 한 피카소의 <우는 여자>Weeping Woman, 1937가 찢어지며 울부짖는 통곡도 있다. 야유적인 것은 <우는 여자>의 가격이 2016년경에 1,300여억 원이었는데, 주인공 여자가 돈 보따리 들고 웃으면서 은행으로 향하는 '웃는 여자'가 더 적절한 제목인 것 같다.

<우는 여자>처럼 아들을 잃은 어머니가 보이는 다른 모습이 있다. 엘 그레코El Greco의 <슬픈 성모>Mater Dolorosa, 1597년 경이다. 아들이 극악한 범죄자처럼 십자가에 처형당한 모습을 통곡이나 눈물 없이 바라보는 모습이다. 아들 예수가 비극적인 존재로서 존재 역설의 제물이었다면 통곡이 있었겠지만, 역설을 극복한 존재였기에 눈물조차 없다. 그렇다고 미소를 지을 일은 물론 아니다. 통곡을 완전히 내면화해서 외형적으로는 모든 것을 초월하는 듯한 슬픔의 모습을 보인다. 인간과 신 사이에 서서 양면의 세계를 다 나타내 보이는 것 같다. 엘 그레코의 천재성이 인류에 남겨준 유산이다. 미화 8억 5천만 불의 쪽지가 붙은 <모나리자>Mona Lisa, 1503보다 더 신비스럽고 심오한 모습이다. 그러나 울든 웃든 혹은 다른 표현이든 비극은 사라지고 없어 보인다.

현재로서는 인간이 인간의 제한성을 초월할 수 있는 길도 없고, 인간적 존재 질병의 치유가 불가능하며, 존재에 감금된 인간의 장엄한 해결책 역시 불가한 상태다. 이러한 인간 조건에 관해서 카뮈Albert Camus가 시시포스를 등장시킨다. 시시포스의 허무한 행동의 반복은

피할 수 없는 인간의 존재 조건이지만, 중요한 것은 시시포스의 태도라고 한다. 카뮈는 시시포스의 태도를 "행복happy"이라고 한다. 야유적이고 단념적인 동시에 초현상적인 행복감만이 시시포스가 자신의 존재 조건을 수용할 수 있는 방법이다. 이것이 치유 불가능한 환자나 절망하는 패배자가 자살을 피할 수 있는 탈출구라고 한다. 그러나 카뮈가 생각하는 행복의 미소만이 시시포스 상태의 설명은 아닐 것이다. 그가 웃는다면 그것은 실성한 사람의 히죽거리는 웃음일 수도 있고, 반대로는 그의 내적인 우주 속에 비참한 통곡이나 광적인 절규나 분노의 함성도 있을 것이다. 더 심각하게는 현 존재적 상황에 대한 시시포스의 태도가 인간존재의 병세에 대한 무증상의 양상일 수도 있다. 만일 그렇다면, 시시포스의 '반대 도펠갱어Gegen-Doppelgänger'가 있다. 시시포스가 외형적으로는 인간이지만 정신적으로는 의식이 없는 무증상의 식물인간이라면, 카프카의 『변신』Die Verwandlung, 1915의 주인공 그레고르 잠자Gregor Samsa는 외형적으로는 벌레지만 정신적으로는 감성과 이성의 의식이 있는 정상적인 증상의 동물 인간이라고 하겠다. 두 존재의 관계는 상반되는 존재 조건에 매여 있으면서 상대방을 서로 비참하게 생각하는 이웃사촌쯤 되겠다.

고전적인 무대에서 비극이 보여주는 것은 인간적 가치의 고귀함, 행위의 장엄함 등이라고 하겠는데, 현대에서는 로만 같은 세일즈맨의 반복적인 무료함, 고도Godot의 주인공 블라디미르와 에스트라곤의 무의미한 기대, 『마지막 한 수』의 다리가 절단되도록 추락한 후 쓰레기통에 갇혀있는 노부모들의 참혹함, 『의자』의 귀머거리-벙어리 연설자의 역설적인 상황, 『발코니』의 인간과 언어의 분해, 『생일 파티』의 반복적인 혼란 등의 내용뿐이다. 인간을 승화시켜주는 원동력은 전혀 없고, 그렇지 않아도 가련한 인간들을 상황 파악의 시각은 빈약하나 본능적으로는 온순한 초식 동물 코뿔소여기서는 취급하지 않았던 Ionesco의 Rhinoceros, 1959로 변질시키는 허무함 등의 사건뿐이다. 범인이 우러러볼 수 있는 영웅들은 그림자도 없고, 허망하게 반복되는 현실을 짊어진 채 피곤한 언덕을 오리 내리는 시시포스의 친인척들뿐이다. 초인적인 힘의 내재 및 초월의 가능성을 상실한 현대인들에게 주어진 조건이 있고, 조건의 이

행은 카뮈의 시시포스가 보여준다는 부조리의 미소-웃음을 초래한다. 그 무성의 웃음은 현대 인간이 거절할 수 없는 존재적 웃음이다.

그림 84) 리베라, <시시포스>의 모사본, 원본: 17세기 작, 캔버스에 유채, 189x227cm, 마드리드 프라도 미술관

그림 85) 웃고 있는 시시포스, 리베라, <시시포스>의 모사본, 부분

현대 문명의 인간 삶에서 시시포스의 모습을 찾아본다. 많은 사람이 사용하는 장소에 설치되어있는 에스컬레이터 이야기다. 내려오는 에스컬레이터를 타고 올라가려고 할 때 끝없이 걸어도 변함이 없다. 기차역에서 무거운 가방을 들거나 식품점에서 무거운 수박덩이 한두 개 들고 계속 걸어도 제자리걸음이다. 시시포스의 현대판 모습이다. 시시포스의 한국적 친인척을 시골 농가에서 찾아볼 수 있다. 거대한 연자 맷돌을 주어진 틀 안에서 반복적으로 돌리는 노새다. 인간존재의 역설처럼 생산-생식력이 전혀 없고, 평생을 살아온 내용이나 가치가 무엇인지도 모르며, 더구나 평생의 결실을 맛도 못 보는 노새다. 노새의 노동이 시시포스의 노동보다 상징적으로 더 효과적인 것은 시시포스가 직선적으로 움직이는 것과는 반대로 노새는 같은 원형을 이음새 없이 따라가는 상황이다. 유한한 존재가 시간이나 행동의 한 매듭이나 단락 없이, 있을지 없을지도 모르는 영원의 중심을 향하여 같은 행동을 반복하

는 모습이다. 두 존재 사이의 유일한 본질적 차이점은 시시포스의 웃음혹은 통곡이나 절규과 노새의 무표정이다. 이러한 무표정이 분석력이나 판단력이 없는 무의식의 표현인지, 혹은 모든 것, 눈물이나 웃음을 포함한 모든 것을 의식적으로 수용하고, 한 걸음 더 나가 초월하는 성자의 표현인지는 현자 노새에게 질문해야 할 것이다.

이러한 노새의 일상을 지난날 맥베스Macbeth가 이야기한다. 막강한 적군이 공격해 오고 있는데 그의 아내가 죽었다는 소식을 듣고 토하는 절망의 독백이다.

내일, 또 내일, 또 내일이
기록된 시간의 마지막 순간까지
이토록 하찮은 걸음으로 하루하루 기어간다.
우리의 모든 어제가 불을 밝혀
이 세상 바보들을 먼지 쌓인 죽음의 길로 안내하네.
꺼져라, 꺼져, 덧없는 촛불아!
인간은 걸어 다니는 그림자일 뿐,
무대 위에서 우쭐대다가 불안해하는 가련한 배우
막이 내리면 더 이상 들리지 않는다.
인생은 바보가 지껄이는 이야기,
소리와 분노로 차 있지만
아무런 의미가 없다. 5막 5장

또 다른 가능성을 무표정한 노새의 눈물 고인, 희멀건 눈이 보여준다. 시작도 끝도 없어 보이고, 있음도 없음도 구분이 되지 않는 삶을 이어가며 느끼는 정체성의 자아 망각적 상실이다. 시시포스보다 훨씬 더 실존주의적이라고 하겠다. 비극적이건 아니건 인간의 장엄함이 사라지고, 분명한 결론도 없는 평범하고 일상적인 사고의 반복을 릴케Rilke가 아주 고상하게 표현한다.

"Ich lebe mein Leben in wachsended Ringen"

나는 내 삶을
이것저것 위에 번지며 자라는 원圓 속에서 살고 있다.
내가 마지막 원에 도달할 수 있을지 모르나
노력할 것이다.
나는 하나님 주위, 태고의 탑 주위를 맴돌고 있다.
수 세기 동안 맴돌고 있다.
그러나 나는 내가 무엇인지 아직 모른다.
매인지, 폭풍인지, 혹은 위대한 찬가인지.

말 없는 노새가 주어진 원을 끝없이 돌며 유사한 생각을 한다면, 마지막 행은 달라질 것이다.

그러나 나는 내가 무엇인지 아직 모른다.
희비극의 노리개인지, 분노의 맷돌 소리인지, 아니면 위대한 소망인지.

그러나 말도 없고 시詩도 없이 언덕을 내려오는 시시포스로 돌아온다. 시시포스가 머금고 내려온다는 행복한 미소가 실질적으로는 눈물의 표현이다. "필멸의 대상을 보고 내가 웃는 것은 울지 않기 위해서이다If I laugh at any mortal thing, 'Tis that I may not weep." 바이런Lord Byron의 <돈 환>Don Juan에 나오는 구절이다. 비록 초인적인 힘이 개입하고 존재의 역설이 동반하지만, 동시에 고귀한 인간의 가치와 장절壯絶한 결말을 포함하는 비극이 멸절한 상태에서 현실이 보여주는 것은 희비극의 외형적 웃음이다. 그러나 그 가면 뒤에는 눈물이 고여 있다. 비극이 없는 현대사회 속에 조용히 흐르고 있는 비극의 눈물이다. 비극이라는 개념적 정체가 비극의 타락 형태인 희비극의 존재적 부조리까지 수용하고, 동시에 인간이 조작하는 광적 참혹함이나 비참함과 자연의 무분별한 폭력 등은 있으나 비극은 더 이상 존재하지 않는다는 상황을 인지하면서 치유가 없는 지구에 매인 고독한 인간이 흘리는 메마른 눈물이다.

희망의 기미

IX

그러나 장엄함이 사라진 존재 조건의 비극이 피할 수 없이 가지는 뒷면이 있다. 비극의 심각한 눈물 속에 내재해있는, 그 눈물이 마지막 눈물이 아니라는 인식이다. 비록 인간존재의 황무지에는 "빗방울 없이 메마른 불모의 천둥소리"만 들리고 엘리엇, 〈황무지〉The Waste Land V. 인간의 존재적 현실이 신음하며 보이는 것이 황폐한 눈물뿐이라고 하더라도, 희망의 불빛이 보이는 것 같다. 『대성당에서의 살인』 끝에 가난한 여인들로 구성된 코러스가 부르는 <사은 찬미가> Te Deum laudamus 에서 볼 수 있다.

> 어둠이 빛의 영광을 선포하고...
> 비록 영원히 거부당한다 해도
> 이와 같은 땅에서 세상을 영원히 소생시키는 힘이 솟으리.
> The darkness declares the glory of light...
> From such ground springs that which forever renews the earth
> Though it is forever denied.

존재에 대한 절망적인 시각을 거부하고, 자신이 아무것도 아니라는 생각을 부인하는 의지다. 비극의 위대함이 결여되어 있는 현대사회 속에서 위대함을 동경하는 가련한 인간이 허무하게 흘러내리는 비극의 눈물을 제치고, 눈물보다 더 심오한 힘을 갈망하는 소망이다.

> 혼자 피는 가장 미천한 꽃 한 송이도 나에게
> 눈물이 이해하기에는 너무 깊은 생각을 하게 한다.
> To me the meanest flower that blows can give
> Thoughts that do often lie too deep for tears.
>
> W. Wordsworth, Ode

비극의 눈물이 보여주는 현실보다 더 깊은, 끈질긴 잡초의 뿌리에서 존재의 원동력을 찾아가는 춘초春草 인간의 열정이며 의지라고 하겠다.

제4장

웃음의 삼단률三段律*

*(저자 주) 이 글은 후마나 강연이 아니라 1974년경에 쓴 논문이지만 주제가 후마나의 관심사이기도 하여 게재함.

비극에서 희극으로

I

그림 86) 연회 장면, 고대 그리스 패스툼(Paestum, 현재 이탈리아) '다이버의 무덤' 벽화 일부, 기원전 475년, via Wikipedia

『향연』饗宴; *Symposium*에서 연회가 끝날 무렵 소크라테스는 아리스토파네스, 그리고 아리스토데무스와 논쟁을 벌인다. 아가톤이 비극 부문에서 1등 상을 수상한 것을 축하하기 위해 모인 자리였다. 소크라테스는 희극의 천재성과 비극의 천재성이 다르지 않으며, 완벽히 숙련된 비극 작가는 동시에 희극작가가 될 수 있다고 주장한다. 그러나 술기운으로 모두 조금씩 졸린 상태에서 이들 희곡 작가들은 소크라테스의 주장을 따라가기 어려워 이를 쉽게

동의하고 인정하고 말았다. 희극이 정말로 비극만큼이나 숭고하고 고귀하다는 것이다.[13] 이로써 문학사에서 처음으로 희극이 비극과 같은 영웅적 지위에 오르게 된다. 또한 희극 정신을 귀로 들을 수 있는 표현이라고 할 수 있는 웃음 또한 그 위상이 카타르시스적 눈물이 가진 숭고한 높이에까지 오르게 된다. 그리하여 웃음은 비극과 눈물만큼이나 인간의 위엄에 합당한 것처럼 된다. 웃음은 이렇게 하여, 비록 잠깐이기는 하지만 철학의 축복 속에서 반성적이면서도 심오한 것이 된다. 또한 『테아이테토스』*Theaetetus* 에서도 플라톤은 여전히 술에서 덜 깬 상태일지 모르지만, 희극의 위엄을 시인하며 그의 철학자를 웃을 줄 알고 농담할 줄 아는 진지한 웃음꾼으로 규정한다.[14]

하지만 와인의 취기가 사라지고 철학자가 제정신으로 돌아오면, 웃음은 다시금 경멸적인 자리로 돌아오고 오로지 비극만이 원래부터 철학과 깊은 관계 속에서 존재하는 것임을 강조하게 된다. "철학과 피를 나눈 형제는 여전히 비극"[15]이라는 것이다. 플라톤은 이렇게 경고한다:

> 우리의 수호자들도 웃음을 참아야 한다. 과도하게 탐닉한 웃음은 언제나 폭력적인 반응을 일으킨다. 가치 있는 사람들, 적어도 인간이라면 웃음에 지배당하는 모습이 되어서는 안 된다.[16]

---

13 Plato. *The Dialogues* 『대화』, tr. B. Jowett (Chicago, 1952). 223.
14 Ibid., 144.
15 Horace M. Kallen, *Liberty, Laughter, and Tears* 『자유, 웃음, 그리고 눈물』 (De Kalb, 1968). p. 113.
16 *The Republic* 『국가』, Bk, III, 338.

그림 87) 카라치, <데모크리투스>, 1598년경, 캔버스에 유채, 88.5x66cm, 나폴리 Museo di Capodimonte

아리스토텔레스도 비슷한 견해를 가지고 있는 것으로 보인다. 그는 웃음이 사람을 동물과 구별하며, "어떤 농담들은 신사에게 어울리기도 한다"[17]고 인정하지만, 철학자가 아무 것에나 웃어서는 안 된다고 생각한다. 왜냐하면 "풍자작가나 희극작가들은 사실 악의적인 말을 하거나 남을 비방하는 사람들"[18]로 주로 이웃의 허물을 다루는데 정신을 쏟고 있기 때

17 *The Rhetoric*『수사학』, trans. W.R. Roberts (New York, 195-1). 1419 b. 웃음과 '신사도'의 관계에 관하여 체스터 필드 경은 아들에게 이렇게 편지한다: "웃음에 대해 언급한 적이 있지만, 특별히 이것을 조심하라고 경고한다. 네가 가끔은 미소를 짓기를 진심으로 바라지만, 살아가면서 웃는 소리는 결코 들리지 않도록 하기를 바란다. 너무 자주 큰 소리로 웃음을 터뜨리는 것은 어리석음과 예의 없음의 표시이다. 이는 패거리들이 어리석은 일에 대해 어리석게 기뻐하는 방식이며, 그들은 이것을 즐거움이라 부른다. 내 생각에 소리나는 웃음만큼 저속하고 무례한 것은 없다" See Chesterfield, Philip Dorner Stanhope, 4th Earl of, *Letters to His Son*. 2 vols. (London, 1901), I. p. 57을 보라. 편지 쓴 날짜는 1748년 3월 9일로 되어있다.

18 Ibid., 1381 b.

문이라는 것이다. 따라서 소포클레스와 아이스킬로스 같은 비극 작가들이 『구름』*The Clouds*의 저자보다 더 높은 지위를 얻은 것으로 여겨진다. 그 저자는 스스로를 도덕적으로 흐릿하고 사악하고 악의적인 말을 하는 사람이기 때문이다. 심지어 소크라테스 시대 이전에도 호모 라크리만스homo lacrimans, 우는 인간가 호모 리덴스homo ridens, 웃는 인간보다 우월하게 나타난다. 비극의 철학자 헤라클레이토스는 변형의 메시지를 불을 통해서 어떻게든 전달하려고 하지만, 희극 작가 데모크리투스는 자신의 추락을 떨어져 내리는 원자에 비유한다. 물론 이는 웃음 속에서 처리된다.

웃음은 고전 시대뿐만 아니라 히브리 전통에서도 조롱받았다: "마음을 다하며 지혜를 써서 하늘 아래서 행하는 모든 일을 살핀"[19] 『전도서』의 화자도 "슬픔이 웃음보다 나으니"[20] 혹은 "우매한 자들의 웃음소리는 솥 밑에서 가시나무가 타는 소리와 같으니"[21] 이것도 공허하다고 했다. 여기서 웃음을 웃는 자는 세익스피어의 연극에 등장하는 궁정 어릿광대도, 에라스무스 식의 바보도 아니다. 오히려 그는 윤리적이거나 종교적인 착오 속에서 허무하게 살아가는 헛된 자아이다. 그는 형이상학적 타락을 풍자하는 어리석은 자이며, 그의 목소리는 헛되고 헛된 헛소리일 뿐이다. 현명한 사람은 "침묵 속에서 미소"를 짓지만, 이 어리석은 자는 "웃음 속에서 목소리를 높인다."[22] 웃음은 어리석음 그 자체가 되어 형이상학적으로 방향을 잃었다는 말이다.

히브리와 헬라의 고전적 이상이라고 할 수 있는 존엄과 지혜는 어리석은 자의 소리로 여겨지는 웃음을 금지했다. 이러한 전통은 초기 기독교 수도원주의로 이어지고 나중에는 라틴의 중세시대에 이르기까지 계승되었다. 초기 교회는 바울이 쓴 『골로새서』에서 볼

---

19 전도서 1장 16절. 달리 표시가 없으면 모든 성경 구절은 개역 한글판(KRV)을 따른다.

20 Ibid., 7.3.

21 Ibid., 7.6.

22 *Sirach*『집회서』 21, 20-21. *Apocrypha and Pseudepigrapha of the Old Testament.*『외경(外經)과 구약위경(僞經)』 ed. R.H. Charles. 2 vols. (Oxford, 1913).

수 있듯이[23] 웃음을 적당하게 허용하기도 하지만, 웃음에 대한 일반적인 태도는 베네딕토의 규약[24]에서 볼 수가 있다. 이는 베네딕토 규약뿐만 아니라 수도원주의 자체에도 여전히 권위 있는 기준으로 남아있다. 윤리적 엄격성을 특징으로 하는 이 계율은 반개혁주의의 기반이 되었고, 아르망 드 랑스Armand de Rance의 "웃는 너희에게 불행이 있을지어다"Malheur á vous qui riez!라는 선언으로 정점에 이르게 된다.[25]

그러나 이는 웃음이 완전히 비난받거나 전혀 용납되지 않는다는 것을 의미하지는 않는다. 초기 혹은 중세 교회가 웃음에 대해 취하는 입장은 매우 복잡하다. 웃음을 금지하면서도 동시에 웃음이 매우 인간적이라고 인정하기 때문이다. 예를 들어 성 토마스 아퀴나스는 웃는 능력이 인간을 특징짓는다고 생각한다.[26] 웃음은 인간적이며 인간의 본질적인 구성 요소이다. 따라서 인간의 진실과 선은 웃음에도 담겨 있다. "웃음은 단지 공기의 배출처럼 보일지도 모르지만, 그 공기로부터 우리는 태어났다. 처음에 우리는 그것을 들이쉬었다. 이것은 허구가 아닌 진리이며, 희극이 단호하게 주장하는 선한 진리이다."[27] 이러한 웃음의 인간성에 대한 생각은 나중에 라블레지어Rabelaisian식 격언에서 찾을 수 있는 "웃는 것은 인간에게 어울리는 것이다"[28]라는 인문주의 신념의 기초가 된다. 결국, 그것은 멘안데르Menander의

23 골로새서 4장 6절은 부분적으로 다음과 같이 기록되어 있다: "너희 말을 항상 은혜 가운데서 소금으로 고루게 함(=맛을 냄)같이 하라 그리하면 각 사람에게 마땅히 대답할 것을 알리라"

24 성 베네딕트(480?-543)는 수도사들에게 헛된 말과 크고 지나친 웃음에 대해 경고한 바 있다: "verba vana aut risu apta non loqui risum multum aut excussum non amare" *Butler's Edition of Benedict's Rule*, and is quoted by E.R. Curtius, *European Literature and the Latin Middle Ages*. trans. W.R. Trask (New York, 1963), p. 421. (『버틀러 판 성 베네딕트 수도회 규칙』 제4장에서 나온 것으로, 커티우스의 『유럽 문학과 라틴 중세시대』에서 인용)

25 Curtius, p. 422.

26 *Summa Theologica* 『신학대전』. trans. Fathers of the English Dominican Province, rev. D.J. Sullivan (Chicago, 1953). Pt. I, Q, 3, Art, 4.

27 Christopher Fry. "Comedy 「희극」" *Theater in the Twentieth Century* 『20세기 연극』, ed. R.W. Corrigan (New York, 1963). p. 113.

28 "To the Readers"「독자들에게」 *Gargantua and Pantagruel* 『가간투아와 판타그루엘』. trans. Urquhart and Motteux (Chicago, 1952).

한 연극 작품의 다음과 같은 대목에서 기인한다. "우리는 휴머니스트 신앙의 주요 교리가 되는 '나는 인간이다. 나는 나에게 어떤 인간도 이질적이라고 여기지 않는다.' homo sum: a me nihil humanum alienum puto. 라는 구절을 계승한다"[29] 웃음은 인간에게 적당한 것일 뿐만 아니라 인간 자체를 지칭한다. 칼라일은 "웃음 속에 얼마나 많은 것이 담겨 있는지, 그것은 우리가 전체 인간을 해석할 수 있는 암호"라고 했다.[30]

이처럼 지속적인 조롱과 모욕이 따라옴에도 불구하고 웃음은 눈물 이상으로 많이 솟구친다. 플라톤과 아리스토텔레스 학파 뿐만 아니라 제노와 에피쿠로스 학파의 "인간의 눈물과 죽음에 대한 대답이 웃음이 될 수는 없다"[31]라는 주장에도 불구하고, 웃음은 눈물 못지 않은 원칙의 목소리이고 희극은 비극 못지않게 카타르시스적이라는 의심이 반복되는 것 같다.[32] 눈물은 고통과 죽음에서부터 흘러나오지만, 웃음은 더 깊은 근원, 더 높은 권위를 가지는 것으로 보인다. 웃음은 인간이 비극의 상태 이후에 자신을 표현하는 언어이다. 웃음은 눈물보다 먼저 나타나는 것이 아니라 그 뒤를 따른다. 많은 애가哀歌가 보여주듯, 웃음은 고통과 죽음의 뒤를 따르는 것이지 먼저 나타나는 것은 아니다.[33]

---

29 Kallen, p. 112. 라틴어 문장의 내용은 다음과 같다: 나는 인간에게 관련된 어떤 것도 나의 관심 밖이라고 생각지 않는다.

30 Thomas Carlyle, *The Works*, 30 vols. (New York, 1896). I: *Sartor Resartus*『의상(衣裳)철학』, p.26.

31 Kallen, p. 113.

32 Wylie Sypher. "The Meaning of Comedy"「희극의 의미」, *Comedy*『희극』. intro. W. Sypher (Garden City, 1956). p. 222.

33 예를 들어, 중세 시대에서 가장 아름다운 비가 가운데 하나인 Walther von der Vogelweide의 '비가(悲歌)'도 웃음이 불가피하게 눈물로 전환되는 것을 슬퍼한다.

uns ist erloubet trüren / und fröide gar benommen.
daz müet mich innerlichen (wir lebten ie vil wol),
daz ich nü für min lachen / weinen kiesen sol.
우리는 슬픔을 느끼고 기쁨을 통째로 빼앗기는 느낌을 갖게 된다.
(우리는 종종 아주 잘 살아왔기에) 이는 나에게 깊은 영향을 미친다.
이제 나는 웃음 대신에 울음을 택해야 한다.

Die Gedichte Walthers von der Vogelweide『발터 폰 포겔바이더의 시』, ed., Carl v. Kraus (Berlin, 1936). 124. 27-29를 보라.

"인간은 바빌론 유수幽囚 이후에야 비로소 웃음 짓기 시작했다. 죄와 고통을 알고 나서였다."[34] 웃음은 고통의 궁극적 결과물이며 지구상에서 가장 많이 고통받는 동물만이 그것을 창안해 낼 수 있다[35]는 것이다. 웃음이 가져오는 카타르시스는 비극의 카타르시스를 뛰어넘으며 "희극이 자아에 미치는 영향이 비극이 자아에 미치는 영향만큼이나 크다."[36] 희극 정신은 인간의 총체적인 정신을 교화시키는 데 있어서 비극보다 더 효과적이며, 삶의 조건을 이겨내는데 있어서도 인간의 의지를 비극보다 더 강하게 한다. 희극 정신은 고통과 죽음이라는 피할 수 없는 인간 조건 앞에서도 흔들리지 않는 인간의 정신이 파괴적인 조건 그 자체와 함께 웃음을 짓는 것이다. 그것은 인간이 자신에 대해 이중 시점을 적용할 때 견고해진다. 인간이 신성의 형상을 입었다는 사실과 자기 존재가 부조리함과 불합리한 요소로 좌지우지된다는 사실을 어쩔 수 없이 시인할 때 발견하게 된다. 그의 존재가 영원성으로부터의 반사를 통해 원동력을 얻지만, 동시에 "그의 존재가 본질적으로 비이성적이고, 설명할 수 없고, 말도 안 되는 것에 의해 지배된다는 사실을 변함없이 확신할 때, 그때서야 비로소 그는 희극의 영역으로 들어가게 되는 것이다."[37] 두 가지 모순적인 요소가 인간의 성질에 병치되었을 때, 그것은 흔들리지 않을 뿐 아니라, 무의미함을 이겨내고 웃음을 만들어내는 것이다. "희극적 인식은 오직 우리 자신에 대해 이중적인 관점, 즉 우리 자신에 대한 인간적인 관점, 혹은 부조화에 의해 갖게 되는 관점을 취할 때만 나타난다."[38] 그것은 고통과 죽음의 엄습뿐만 아니라 부조리의 암시까지도 견디어 낼 수 있는 것이다.

---

34 Sypher, p, 204.

35 Friedrich Nietzsche, *Werke* [작품], 3 vols. (München, 1966). II, p. 467: "Das leidendste Tier auf Erden erfand sich das Lachen" (땅 위에서 가장 고통받는 동물이 스스로 웃음을 창조했다.)

36 Sypher, p, 222.

37 R.W. Corrigan, "Introduction: The Theater in Search of a Fix" 「머리말: 해결책을 찾는 연극」 Corrigan, op.eit., p.13

38 Sypher, p, 255.

비극적 존재 개념의 산물인 눈물은 단일한 목적과 단일한 열정의 산물이기도 하다. 비극은 단일한 시각이 필요하지만, 희극 정신의 표현이라고 할 수 있는 웃음은 이중 목적과 이중 열정의 산물이다: 인간의 곤경이 도출해내는 비극적 시각과 자신의 허무함을 거부하려는 인간 의지의 산물인 것이다. 그러나 이러한 부조화의 인식은 근본적으로 그리고 궁극적으로 종교적 방향을 가지고 있다: 희극로서의 웃음은 신에게로 향하는 길이다. 이중 시각은 인간의 분열을 전제로 한다. 즉, 인간의 총체성을 신성과 야수성으로 나눈다. 그것은 불협화음을 전제로 한다. 왜냐하면 자기 자신과 완전한 통일과 조화를 이루는 실체는 그 실체에 대한 두 가지 불일치 비전을 낳는 이중적 관점의 대상이 되지 않을 것이기 때문이다. 이중 시각의 산물로서의 웃음은 종교성의 표현이 된다. 왜냐하면 "종교는 자기 자신 혹은 영원과의 조화가 아니기"[39] 때문이다. 여기에는 비극적 영웅들의 변형에서나 식별될 수 있는 인간의 위대함과 숭고함에 대한 지배적인 느낌이 끼어들 여지가 없다. "종교란 오직 부조화에 대해서만 말한다. … 인간의 삶이 자신의 지식과 일치하지 않는다는 사실에 대해서만 말한다."[40] 웃음도 마찬가지다. 그것은 존재성과 당위성 사이의 부조화에 대한 이중적 관점에 대해 말하고 있다. 웃음의 방식은 종교의 방식과 마찬가지로, 숙명과 같은 무거운 짐에서 결코 벗어날 수가 없다.[41] 만약 실제로 우리가 고전적인 견해를 진정으로 받아들인다면, 즉, "희극에 대한 감각을 인간의 본성을 구별하는 특징으로 강조하는 견해"가 사실이라면, 그런 상황에서 종교적 메시지는 이미 희극적 입장이 종교와 어떻게 관련되어 있는지에 대해 오래전부

39 Karl Barth. *Der Römerbrief*『로마서』(München, 1926), p. 235: "Religion ist alles andre als Harmonie mit sich selbst oder gar nicht mit dem Unendlichen" (종교는 자기 자신과 조화를 이루는 것이 아니고 또는 무한과 조화를 이루는 것은 전혀 아니다.)

40 Ibid., p. 245: "Sie (Religion) redet nur von der Zwiespältigkeit, nur davon, dass des Menschen Leben nicht im Einkang steht mit seinem Wissen" (종교란 오직 부조화에 대해서만, 인간의 삶이 자신의 지식과 일치하지 않는다는 사실에 대해서만 말한다.)

41 Ibid., p. 241: "Sie (Religion) will weder genossen noch gefeiert, sondern als hartes Joch, da es nicht abgeworfen werden kann, getragen sein" (종교는 즐기고 축하받으려고 하기보다 벗어던질 수 없기에 이를 멜 수밖에 없는 괴로운 멍에이려고 한다.)

터 주목했을 것이다. 왜냐하면 삶의 전체적인 관점의 변화에서 사람들의 마음을 그렇게 많이 차지하고, 끊임없이 반복되는 것은 … 종교인들이 함부로 무시할 수 없는 시간이기 때문이다."[42] 종교와 마찬가지로 "희극의 방법은 비극보다 더한 온전한 영혼의 상상력을 요하며, 신으로 향하는 더 많은 용기와 결단력을 필요로 한다. 거기에 들어가기 위해서는 더 큰 금욕을 필요로 하며, 유한한 것, 순수히 유한한 것에 더 많은 믿음을 필요로 한다. 이는 비극의 길보다 더 엄청난 고행을 요하는 믿음의 길이다."[43]

희극의 방법은 인간의 가장 높은 의식을 깨우며, 인간을 보편적이고 윤리적인 존재의 형태에서 벗어나서 마지막 "존재의 영역"인 종교적 영역으로 밀어 올린다. 종교적인 영역으로 들어가려면 웃음의 문을 지나야 한다. 키에르케고르에 따르면 "해학은 윤리적인 것과 종교적인 것을 분리하는 경계"[44]이기 때문이다. 인간의 해학 속에 존재하며 스스로 웃음으로 드러내는 희극 정신은 다양한 충동과 불협화음의 요소들을 조화롭게 하거나, 적어도 하나의 용납될 수 있는 단위로 변경시킬 수 있는 종교성의 수위표이다. 그런 뜻에서 웃음은 현상적 실제를 흡수하고 초월하는 종교적 열정의 표시이다.[45] 웃음은 종교적인 인식에 의해 유지되는, 인간이 가진 종교성에 대한 잠재적 힘이다.

따라서 웃음은 숭고한 비극의 카타르시스적 눈물을 넘어 종교의 주권적 높이에까지 이를 준비가 된 것으로 보인다. 그러나 웃음이 자기 변신을 통해 웃음의 본질을 드러내는 일은 단순하고 획일적인 과정이 아닌 것 같다. 웃음을 다른 사람에 대한 악의적인 비판으로서 "사악한 말과 비방"의 표현과 마찬가지라고 하는 아리스토텔레스의 웃음에 대한 관점에서

42 Soren Kierkegaard. *Concluding: Unscientific Postscript*『결론: 비학문적 후서』, trans. David Swenson and Walter Lowrie (Princeton, 1941) p. 458. 이하 키에르케고르 관련은 따로 표시 없이 이 작품을 따르는 것으로 한다.

43 William F. Lynch, *Christ and Apollo*『그리스도와 아폴로』(New York, 1960), p. 101.

44 Kierkegaard, p. 448.

45 Ibid., p. 452.

부터 웃음을 "절대적인 종교적 열정과 정신적 성숙함의 결합"[46]임을 말해주는 종교성의 잠재력으로 이해하는 키에르케고르에 이르기까지, 웃음의 기능뿐만 아니라 테마적 성격에도 분명한 차이가 있다. 웃음은 다른 사람에 대한 외적이고 파괴적 비판으로부터 자기 자신의 심오하고 종교적 반성으로 구조적인 변화를 겪은 것으로 보인다. 그러나 이 두 단계 사이에는 중간적이고 과도적인 단계가 존재해야 한다. 왜냐하면 공격적인 경향이 갑자기 초월적인 사색으로 바뀌지는 않기 때문이다. 이 과도기적 단계는 먼저 원래의 공격적 경향들이 내성적으로 변화되는 과정을 포함해야만, 그것들이 자아를 초월하는 가치에 대한 내부 감정으로 변환될 수 있다. 인간 존재의 영적 측면에서 웃음의 본질적 변화와 그 궁극적인 위상의 발현에 관여하는 세 단계는 '자아 주장', '자기 인식' 및 '자아 초월'로 지칭될 수 있으며,[47] 이들이 함께 웃음의 삼단률三段律을 구성하게 된다.

---

46 Ibid

47 Arthur Koestler, *Insight and Outlook*『통찰력과 전망』(New York, 1948), 57ff. 케슬러는 웃음의 감정적 역동이 자아 주장과 자기 초월성의 두 가지 표현 방식을 가지고 있다고 한다. 이 연구는, 나중에 좀 더 분명히 밝혀지겠지만, 그에게 많은 빚을 지고 있다. 여기서 사용된 용어들도 그의 저술에서 빌려왔다. 하지만 케슬러는 희극의 중요한 표현 중 하나인 자기 인식을 간과하고 있다. 이는 둘 사이의 관계를 설정하는 데만 중요한 것이 아니라 희극의 인간성을 명확히 하는 데에도 중요한 것이다. 왜냐하면 자기 인식이라는 중간 형태가 셋 중에서 가장 인간적이며 따라서 그것은 인간에게 매우 적합한 표현으로서 웃음의 연구에 있어서 가장 중요하다.

웃음의 첫 번째 단계: 심리적 자아 주장

II

웃음의 첫 번째이자 가장 원시적인 측면은 자아 주장적인 표현으로 겉으로 드러난다. 웃음을 자아내는 가장 원초적인 단계로서의 희극 정신은 주로 사회 속의 인간과 상호작용하는 데 초점을 둔다. 이는 인간을 우주 질서와의 관계 속에서 이해하려는 비극적인 관점과는 사뭇 대조적이다. 웃음은 자아 주장 또는 공격성의 요소가 생존에 중요한 요인이 되는 인간 간의 상호관계와 사회 속의 인간관계 속에서 이루어진다. 프로이트가 주장한 바와 같이, 희극은 우선 "인간의 사회적 관계에서 발생한 우연한 부산물"[48]로 나타난다. 이러한 사회적 맥락에서 웃음은 우선 인간이지만 아직 원시적 상태에 있는 사회적 존재의 표현으로 나타나며, 또한 자기의 본능적인 표면을 깨고 의식적인 존재로 떠오르려고 하는 생존의 발버둥을 드러낸다. 원시적 존재들에 대한 인간성의 수준은 그들 자신과 사회적인 존재로서의 다른 사람들이 함께 갖는 의식의 수준에 의해 결정되었을 것이다. 동일한 인간성의 수준은 우월함의 척도와 마찬가지로 간주되었을 것이며, 우월함은 떠오르는 의식의 강도에 따

48 Sigmund Freud, *Werke* (Studienausgabe)『전집』, 10 vols. (Frankfurt, 1969 ff.), IV: *Psychologische Schriften*. p.176: "Das Komische ergibt sich als ein unbeabsichtigter Fund aus den sozialen Beziehungen des Menschen" (희극적인 것은 사회적 인간관계에서 발생한 의도치 않은 부산물이다.)

라 측정되었을 것이다. 따라서 이러한 사회적 맥락에서 웃음은 자기 자신과 다른 사람 간의 의식의 우월성에 따른 "비교의 결과"[49]라고 할 수 있다. 웃음은 단순히 사람 간의 비교 결과를 기록하는 것이 아니라 둘 가운데 어느 한쪽이 다른 한쪽보다 더 의식적이라는 결과를 도출하게 되고, 우월한 쪽은 열등한 쪽을 인간성에 대한 의식이 부족하다며 비웃게 된다. 덜 의식적인 사람을 상대로 웃음을 연출하는 의식적인 사람은 "기본적으로 비평가로서 웃는다."[50] 보다 의식적인 인간은 사회적 질서에서 자신의 우월성을 판단할 수 있는 권위 있는 위치를 확립하려고 하면서 다른 사람들에 대해 비평가로서 웃는 것이다. 기본적으로 여기서 보여지는 웃음의 종류는 의식이 다소 부족한 상태의 사람을 향한 대립과 반대로서의 의식의 표시이다.

베르그송은 웃음을 일상에서 "기계적인" 것을 목격할 때 발생하는 것으로 정의한 바 있다. 이를 의식의 부족이나 의식에 반비례하는 우둔하고 서툴고 덜 의식적인 행동으로 본다면, 베르그송이 말하는 웃음은 의식에 의한 자아 주장으로서의 웃음이 해당될 것이다. '삶의 기계화'에 대한 베르그송의 개념은 웃음의 삼단율 가운데 첫 번째 단계에 포함시킬 수 있다. 그것은 "서열의 상호 간섭, 역전 또는 반복"[51]으로부터 파생했는지의 여부와 상관없이, 의식적이고 우월한 쪽이 덜 의식적인 쪽, 즉 기계화된 열등한 자에 대한 자기주장의 표현인 것이다. 베르그송의 희극 정신의 주요 특징은 완전히 의식적인 인간의 정신적 자유를 잠식하는 물리적 관성, 기계적 경직성 또는 반복성에서 찾을 수 있다. 그의 희극 정신의 원형은 박스 안에 있는 장난감 인형 또는 실에 매달린 인형의 자동화된 움직임이다. "이 모든 과정

---

49 Ibid., p. 181: "Ergebnis einer Vergleichung zwischen ihm und meinem Ich." "웃음은 자기 자신과 다른 사람 간의 비교의 결과"

50 David Grossvogel. "The Depth of Laughter: The Subsoil of a Culture" 「웃음의 깊이: 문화의 토양」 Yale French Studies XX1H. p. 63.

51 Henri Bergson, "Laughter" 「웃음」, Sypher, op, cit,. p, 126.

들을, 삶의 관점을 가역적인 작용과 대체 가능한 요소들을 가진 반복적인 메커니즘으로 이해하고 있는 것이다."[52]

한 사회에서 의식적인 사람은 의식이 적은 사람을 "기계적"이라고 비웃으며, 이 웃음은 우월한 위치에서 판단한다는 표시이다. 사람은 다른 사람을 비판하기 위해 이런 의미로 웃으며, 그 웃음은 우월함의 감각에서 비롯된 사회적 징계를 소리로 들리도록 하는 표시가 된다. 쉽게 식별할 수 있는 자아 주장의 발현은 사회적 규범을 가정하여 그 규범에서 벗어나는 모든 일탈을 판단하는 지적 또는 도덕적 우월성의 표시인 것이다. 여기서 웃음은 "교정적"이 된다. "굴욕감을 주기 위한 의도이기 때문에, 그것은 그 웃음의 대상에게 고통스러운 인상을 남겨야 한다. 웃음으로, 사회는 그것과 함께 빼앗긴 자유에 대해 스스로 복수를 하게 된다."[53] - 너무 멍청하거나 영리하거나, 너무 기계적이거나, 너무 의식적인 것에 대해 그러하다. 기존 사회 질서나 그 안에서의 개인적 관계에 대한 자유를 앗아간 행위에 대한 보복자로서의 웃음, 그리고 열등한 자에 대한 우월한 자의 판단의 표현으로서의 웃음은 호메로스의 작품에서도 찾아볼 수 있다.

『오디세이』 8권에서 아레스와 아프로디테 간의 부정한 관계와 대장장이 헤파이스토스가 기만당한 남편이 되어 복수를 꿈꾸는 장면이 그것이다. 제우스와 헤라의 아들인 헤파이스토스는 한때 그 둘이 갈등을 일으켰을 때 헤라의 편에 선 적이 있었다. 그래서 화가 난 아버지 제우스는 그를 올림포스에서 내던져 버렸다. 한참을 떨어진 끝에 그는 렘노스 섬에 떨어져 다리가 부러졌다. 절름발이가 된 헤파이스토스는 나중에 아프로디테와 결혼하지만, 그녀는 "매력적이고 발이 빠른"[54] 아레스와 바람을 피워 그를 속이게 된다. 화가 난 헤파이스토스는 기발한 장치를 만들어 그들을 자신의 침대로 잡아들인다. 그리고 신들을 초대하

52 Ibid.

53 Ibid., P.187

54 *The Odyssey*. trans. Albert Cook (New York, 1967). Bk. VIII, 1. 310.

여 발가벗은 연인들이 함정에 걸린 모습을 보도록 했다. 호메로스는 이 장면을 "끊임없는 웃음이 축복받은 신들 사이에서 일어났다"[55]고 썼다. 신들은 웃으며 서로에게, 절름발이가 신들 가운데 가장 발 빠른 이를 이겼고, 아레스는 "간통한 죗값을 치러야 한다"[56]고 말했다. 이는 그들이 비평가이자 심판관으로서 하는 말이다. 그들의 이러한 비판적 판결은 자신들이 지키고 있던 사회적 질서에서 일탈해 자유를 취한 동료 신을 향한 것이다. 여기서 웃음은 다른 사람의 아내와 잠자리를 한 동료 신에 대해 내린 심각한 교정적 선언으로 나타난다. 어쩌면 다른 신들이 아레스를 부러워하면서도 그들의 "교정"이 남의 아픔을 자신의 기쁨으로 느끼는 '샤덴프로이데Schadenfreude'의 경우일지도 모른다. 왜냐하면 그들은 욕망과 쾌락의 경험을 같이 나누자고 주장할 수는 없기 때문이다. 그러나 시간이 흐른다고 해서 아레스에 대한 엄중한 교정적 판단으로서 그들 웃음의 효력이 감소되지는 않는다. 홉스는 웃음을 "갑작스러운 영광"이 드러나는 것으로 정의했다. 이는 "자아의 영광이 자신의 고귀한 행동에서 비롯되었거나 혹은 타인의 불행한 상황이나 저열한 행동을 목격하고 난 후 자신의 우월성을 자각할 때 생기는 자기 칭찬"[57]이라고 했다. 이 정의 역시 자아 주장으로서의 웃음에 해당될 것이다. 왜냐하면 그들은 아레스가 행한 도덕적으로 "어긋난 짓"을 조롱하고 경멸하면서, 분명히 자신들은 "영광스러움"을 느꼈을 것이기 때문이다. 특히 그리스 사람들에게 있어

55 Ibid., 1. 325.

56 Ibid., 1. 332.

57 Thomas Hobbs. *Leviathan*, I, vi, as quoted by William K, Wimsatt, Jr. & Cleanth Brooks, *Literary Criticism: A Short History*『문학평론사』(New York, 1967). p. 571– 장 폴은 홉스에 대해 이의를 제기하며, 웃는 자는 가끔 자기 자신도 웃음의 대상에 포함시킨다고 했다. 가장 많이 웃는 아이들과 여성들을 그 예로 꼽는데, 그들은 다른 사람들에 대해서는 자랑스러움을 거의 느끼지 못한다고 했다. Jean Paul, *Werke*. 6 vols. (München, 1960–63). V: *Vorschule der Ästhetik*.『미학의 기초』p. 121: "Lachende sind gutmütig und stellen sich oft in Reihe und Glied der Belachten; Kinder und Weiber lachen am meisten; die stolzen Selbstvergleicher am wenigsten" (웃는 사람들은 성품이 좋아 종종 비웃음 받은 자의 대오에 서기도 한다. 아이들과 여성들은 가장 많이 웃는다; 교만한 자기 비교자들은 가장 적게 웃는다.)

서 "웃음은 냉혹하고, 잔인하고 징벌적인 … 표현"[58]으로 모욕적인 것으로 여겨진다. 프로이트가 정의한 대로 웃음은 "우월함을 기쁘게 경험한 표현"[59]이다. 웃음은 비유적으로 또는 문자 그대로 조롱의 열등한 대상을 파괴하는 공격적인 자아 주장이 된다. 프로이트가 많은 사례[60]를 통해 보여주는 공격적 우월함의 감정은 호메로스에서 다시 볼 수 있다. 여기서 웃음은 문자적인 살해를 더럽히며 프로이트 이론을 논리적 한계까지 밀어붙인다.

『일리아드』 제10권에서 오디세우스와 디오메데스는 사로잡힌 트로이의 스파이 돌론과 논쟁을 벌이는 장면이 있다. 디오메데스는 돌론을 심문한 뒤 참수를 하는데, 오디세우스가 이를 보며 웃고 있다.[61] 이러한 자아 주장적이고 공격적인 행위로서의 웃음의 특별한 발생은 베르그송의 "교정" 그 이상이며, 프로이트의 해석이 궁극적으로 나타내는 전면적 파괴의 심리적 힘을 그려내기도 한다. 웃음이 교정하는 단계를 지나면 파괴를 하게 된다. "누구든 완전 파멸을 원하는 자는 웃게 된다. '인간은 분노를 통해서가 아니라 웃음을 통해 살해한다.'"[62] 프로이트 이론은 공격적인 우월감이 방출되어 만들어지는 웃음의 틀 안에서, 그가 구분하는 웃음의 네 가지 범주에 대한 네 가지 다른 과정들을 허용한다: 악의 없는 농담, 추세적 농담, 희극성, 그리고 마지막으로 해학이 그것이다. "농담의 즐거움은 보류된 억압 소비에서 발생하고, 희극성의 즐거움은 보류된 표상 소비에서 발생하며, 해학의 즐거움은 보

---

58 Kallen, p. 72.

59 Freud, IV, p. 182: "Unser Lachen (ist), der Ausdruck der lustvoll empfundenen Überlegenheit" (우리의 웃음은 즐거움이 느껴지는 우월함의 표현이다.) Cf. Jean Paul's comment on Hobbs in Note (45).

60 프로이트는 자아 주장이 강하고 상대방에게 공격적인 우월감을 과시하는 사람들과 관련된 여러 가지 농담들을 늘어놓는다. 이런 사람들은 다른 사람을 형편없는 열등감으로 몰아넣고 웃음으로 공격하려고 한다. 예를 들면, 황제가 시장에서 자기와 똑같이 생긴 사람을 만나자 이렇게 물었다: 자네 어머니가 우리 아버지를 찾아온 적이 있는가? 그는 이렇게 대답했다: 아뇨. 아마도 우리 아버지가 그쪽 어머니를 찾아갔을 겁니다. See p. 67

61 *The Iliad*, trans. Richard Lattimore (Chicago, 1951). Bk. X, l. 400.

62 Nietzsche, II. p. 550 : "Wer am gründlichsten töten will, der lacht. 'Nicht durch Zorn, sondern durch Lachen tötet man,' so sprachst du einst" (사람을 철저하게 죽이고 싶어하는 사람은 웃는다. "분노가 아니라 웃음으로 사람을 죽이는 것"이라고 당신은 말했다.)

류된 감정 소비에서 나오는 것 같다. 우리의 정신적 기관의 세 가지 작업방식에서 즐거움은 모두 보류에서 나온다: 이 셋에 공통적인 것은 인간이 영혼의 활동으로부터 즐거움을 되찾기 위해 이 셋을 표현하지만 실제로 즐거움은 영혼의 활동이 전개되면서 상실되었다는 것이다."[63] 웃음에 다양한 형태의 희극적 자극을 주면, 구체적인 목적을 위해 방출될 수 있는 정신적 긴장의 분량을 증가시키거나 억제시킨다. 이렇게 얻은 사용되지 않은 에너지는 심리적 에너지의 과잉을 나타내며, 웃음으로 즐겁게 배출되는 것이 바로 이 에너지이다. 이 모든 종류의 웃음과 관련된 것 가운데서, 농담은 아마도 우월감에 대해 자신 있고 공격적인 태도에 대한 가장 강력한 지지자일 것이다. "농담은 … 오로지 즐거움을 얻는데만 기여하거나, 혹은 그렇게 얻은 즐거움을 공격의 수단으로 삼는다."[64]

그러나 베르그송이 말한 대로, 그것이 삶의 "기계화"에서 비롯되어 교정적으로 기능하든지, 아니면 프로이트가 말한 바와 같이 축적된 정신적 힘에 의거하여 타인의 지적인 혹은 정적인 고통에서 쾌락을 도모하든지 간에, 웃음은 기본적으로 자기 주도적인 힘으로 존재한다. 또 다른 중요한 요소는 웃음이 공격적 경향의 표현에 그치지 않는다는 것이다. 웃음에는 단순한 공격성만으로는 설명되지 않는, 더 내향적이고 숙고적인 특성이 있다는 말이다. 사실 여기에 베르송과 프로이트의 약점이 있다. 그들 둘 다 웃음의 정서적, 숙고적, 초월

---

63 Freud, IV, p. 219: "Die Lust des Witzes schien uns aus erspartem Hemmungsaufwand hervorzugehen, die der Komik aus erspartem Vorstellungs(Besetzungs)aufwand und die des Humors aus erspartem Gufühlsaufwand. In allen drei Arbeitsweisen unseres seelischen Aparats stammt die Lust von einer Ersparung: alle drei kommen darin überin, dass die Menschen darstellen, um aus der seelischen Tätigkeit eine Lust wiederzugewinnen, welche eigentlich erst durch die Entwicklung dieser Tätigkeit verlorengegangen ist" (농담의 즐거움은 보류된 억압 소비에서 발생하고, 희극성의 즐거움은 보류된 표상 소비에서 발생하며, 해학의 즐거움은 보류된 감정 소비에서 나오는 것 같다. 우리의 정신적 기관의 세 가지 작업방식에서 즐거움은 모두 보류에서 나온다: 이 셋에 공통적인 것은 인간이 영혼의 활동으로부터 즐거움을 되찾기 위해 이 셋을 표현하지만 실제로 즐거움은 영혼의 활동이 전개되면서 상실되었다는 것이다.)

64 Ibid., p.279: "Der Witz dient entweder nur dem Lustgewinn, oder er stellt den Lustgewinn in den Dienst der Aggression" (농담은 오로지 즐거움을 얻는데만 기여하거나, 혹은 그렇게 얻은 즐거움을 공격의 수단으로 삼는다.)

적인 역동성을 완전히 무시하고 있기 때문이다. 베르그송에게 있어서는 "우리가 보았듯이 웃음은 감정과 양립될 수 없다"[65]는 것이고, 프로이트에게 있어서는 웃음이 쾌락을 찾는 정신적 에너지의 발산이며, 주로 해방되지 않은 에너지인 리비도 에너지의 분출인 것이다. 비록 프로이트가 해학을 "수퍼에고의 중재를 통해 희극에 기여하는 것"[66]이라고 하고, 그와 반대로 농담은 무의식의 영역에서 나와 희극적인 것에 기여한다는 것을[67] 허락했다 할지라도, 그는 웃음이 갖는 궁극적이고 초월적인 기능을 무시했다고 밖에 할 수 없다. 그러나 해학론에 있어서 프로이트는 베르그송의 그것보다 한 걸음 더 나아가서 웃음의 감정적이고 사색적인 측면을 지적한다. 그의 주장에 따르면, "해학 속에는 농담과 희극성에서 발견할 수 있는 억제로부터의 해방뿐만 아니라 장엄함과 숭고함이 있는데, 이는 쾌락을 갈구하는 다른 지적 활동에서는 찾을 수 없는 것이다. 그 특질은 나르시시즘의 승리에 있다; 즉 의기양양하게 주장된 자아의 불가침성 속에 있다."[68]

관찰의 초점이 심리적인 영역에서 종교적인 영역으로 옮겨가면, 자아의 불가침성은 신의 절대성 또는 그 신이 자기의 예언자에게 부여하는 무과실성으로 변화하게 된다. 예를 들어 구약성서에서 웃음은 궁극적인 자아 의지의 표현, 즉 하나님의 표현으로 나타난다. 우월성에 뿌리를 둔 심리적 자아 주장과 신적인 자아 주장 사이에는 신의 절대성이라는 거대

---

65 Bergson. p. 180.

66 Freud, IV, p. 281: "Der Humor (ist) der Beitrag zur Komik durch die Vermittlung des Unbewussten" (해학은 무의식의 매개를 통해 희극성에 기여한다.)

67 Ibid. p. 289: Witze ist sozusagen der Beitrag zur Komik aus dem Bereich des Unbewussten. (농담은 소위 무의식의 영역에서 파생된 희극성에 대한 기여이다.)

68 Ibid. p. 278: "Der Humor hat nicht nur etwas Befreiendes wie der Witz und die Komik, sondern auch etwas Grossartiges und Erhebendes, welche Züge an den beiden anderen Arten des Lustgewinns aus intellektueller Tätigkeit nicht gefunden werden. Das Grossartige liegt offenbar im Triumph det Narzissmus, in der siegreich behaupteten Unverletzlichkeit des Ichs" (해학은 농담이나 희극성처럼 인간을 자유롭게 해주는 것일 뿐만 아니라 지성적 활동성에서 나오는 농담과 희극성의 즐거움에서 찾을 수 없는 웅대함와 숭고함을 가지고 있다. 웅대함은 확실히 나르시시즘의 승리와 의기양양하게 주장된 자아의 불가침성에 있다.)

한 차이점이 있다. 따라서 두 당사자 간의 비교에서 오는 우월성이 논쟁의 대상이 될 수는 없으므로, 여기에는 오로지 무소부재의 절대적인 재판관이 있을 뿐이다. 그의 웃음은 실제든 추정이든 세상이 존재하는 방식의 표현이다. 구약성서에는 웃음이 신에게 직접적으로 연결되는 세 가지 예가 있는데, 그것은 세상을 심판하는 절대 재판관의 선언으로 나타난다. 이 세 가지 경우 모두 시편에 나타나며, 모두 인류에 대한 하나님의 심판을 기반으로 하고 있다. "하늘에 계신 자가 웃으심이여 주께서 저희를 비웃으시리로다."[69] 또는 주께서 "저희를 웃으시리니 모든 열방을 비웃으시리이다"[70]라고 하고, 절대적인 심판자로서의 주께서 "저를 웃으시리니 그 날의 이름을 보심이로다"[71]라고 하기도 한다. 이러한 경우에, 신의 웃음은 우월한 재판관의 웃음이 아니라 절대적인 심판자로서의 웃음이다.

그림 88) 작자 미상,
<다니엘, 벨과 바빌로니아의 신성한 용>,
15세기 필사본(Ars moriendi, Marseille - BM 0089)의 삽화, via Wikipedia

69 시편 2:4
70 시편 58:9
71 시편 37:13

그의 예언자들이 웃을 때는 절대적인 자아 주장 속에 담긴 절대적인 권력과 지혜의 해석자로서 웃는다. 예를 들어, 『외경外經』에 나오는 '벨과 용'의 이야기에 따르면, 벨의 제사장들은 다니엘의 명예를 훼손하고 다니엘을 파괴하고 싶어한다. 그리고 바빌론의 신인 벨이 매일 그의 앞에 놓인 "12그릇의 고운 밀가루, 40마리의 양, 6부대의 포도주"를 먹어치운다고 한다. 반면 다니엘은 벨이 결코 아무것도 먹지 않았다고 주장한다. 다니엘은 하나님만이 주님이라는 자신의 주장을 증명하기 위해 성전에 재를 뿌린다. 제사장들은 벨을 위해 차려진 음식을 비우고 그의 포도주를 마시기 위해 건물에 들어갈 때 자신도 모르게 그 위에 발자국을 남긴다. 왕은 모든 음식이 다 없어진 것을 보고 기뻐하며, 벨은 정말 살아있는 신이라고 말했다. 그러자 "다니엘은 진심으로 웃으며 왕에게 와서 제사장들의 속임수를 보라고 말했다. … 왕이시여, 이게 누구의 발자국입니까?"[72] 여기서 예언자 다니엘은 신의 절대성을 전달하는 사자로서 웃는다. 그러나 예언자가 웃을 때, 그는 절대성과 신성을 담는 인간적인 그릇이므로 그의 웃음은 신의 웃음과 같은 것일 수가 없다. 예언자의 웃음 속에는 심리적인 공격성과 우월성의 느낌이 드러나는 인간성의 색조가 드리워져 있다. 그는 절대적인 심판관으로서 웃는 것이 아니라 오히려 다른 사람들의 약함이나 무지에서 쾌락을 느끼는 인간으로서 웃는 것이다. 그의 웃음은 경멸과 조롱의 표현이다.

---

72 Bel and the Dragon 『벨과 용』, 1.19, Charles, op. cit.

그림 89) 리비에르, <왕에 대한 다니엘의 응답>, 1890, 캔버스에 유채, 120.5x187.9cm, 맨체스터 아트 갤러리

시편의 저자는 "나의 하나님이 그 인자하심으로 나를 영접하시며 내 원수의 보응받는 것을 나로 목도케 하시리이다"[73]라고 쓴다. 주님의 사람은 그의 공격성과 우월한 위치를 드러내며 원수를 "경멸하고" 그가 하나님 앞에서 도덕적이거나 종교적으로 패배한 것을 "웃음"[74]으로 비난한다. 악인은 열등한 존재로 "비웃음과 조롱을 당할 것"[75]이라고 하며, "의인은 … 그의 처지를 보고 웃을 것"[76]이라고 한다. — 다시 프로이트의 샤덴프로이데Schadenfreude와 같은 경우라고 할 수 있다.

73 시편 59:10.
74 이사야 37:22
75 에스겔 23:32
76 시편 52:6

웃음의 두 번째 단계: 지적 자기 인식

III

프로이트는 해학을 단순히 자아 주장적이고 공격적인 농담과 달리 숭고하고 해방적인 것으로 간주한다. 이때 프로이트는 자신도 모르게 웃음의 두 번째 단계, 즉 자기 인식적인 측면을 가리키고 있는 것으로 보인다. 그는 의기양양하게 주장된 자아의 불가침성이라는 맥락에서 "나르시시즘의 승리"를 말한다. 나르시시즘적인 감정이 처음에는 농담과 웃음을 동반하는 공격적인 자아 주장에서 비롯될지도 모르지만, 초기의 나르시시즘적 자기도취의 희열감에서 깨어난 다음에는 결국 자아 자체에 대한 시선, 즉 자기반성의 단계로 이어지게 된다. 이는 우선 영광스러운 자아의 우월성에 대한 감상적 점검으로 이어질 수도 있다. 하지만, 중요한 것은 이제 웃음이 자아와 다른 당사자 간의 비교의 표현에서부터 그 대상이 자아의 우월성과 자아 자체로 이어진다는 것이다. 이 과정은 상대방이 완전히 패배하고 무한히 보잘것없는 것으로 될 때 마침내 자아에 대한 고찰로 이어지는 것이다. 그러나 이번에는 영광스럽게 주장된 자아의 우월성에 비중을 두지 않은 채 진행될 것이다. 왜냐하면 패배한 당사자는 더 이상 걸림돌이 되지 않고 승리의 축하는 끝났기 때문이다. 자아에 대한 이러한 내적 탐구는 나르시시즘의 승리에서 획득한 최후의 열매임이 틀림없다. 그러나 이 나르시시즘적 자아의 내적 탐구에 바로 웃음에 변형을 일으키는 두 번째 단계의 열쇠가 있는 것으로 보인다. 이 과정에서 웃음은 자기 인식적 요소로 작용하게 된다.

웃음에 내재된 나르시시즘의 승리에 의해 제공되는 내성적 탐구는 해학이 자기에 대한 관점을 얻을 수 있도록 도와준다. "해학은 자아가 자기 자신을 바라볼 수 있는 전망을 가질 수 있는 능력의 증거가 된다."[77] 해학 속에서 웃음은 더 이상 공격성을 추구하는 단순한 자기 주장과 쾌락의 도구가 아니라, 자신을 관찰하는 도구가 된다. 그것은 "해학에 있어서 자신의 소재에 들어가는 것은 예술가 자신"[78]이며 웃음의 예술작품을 만들기 때문에 그렇게 할 수 있다. 여기서 웃음은 첫 번째 단계와 같이 우월성의 표시가 아닌 자아의 내성적 관찰의 지표로 작용한다. "해학에서는 작가 자신이 자신만의 독특하고 깊이 있는 특성을 가진 인물로 창작하므로 본질적으로 인격의 내성적 이중성이 문제가 된다."[79] 웃음의 예술가는 그렇게 얽힌 이분법을 제거하고, 자신을 웃음의 승리자이자 동시에 희생자로 제시하기 때문에 웃는 당사자가 가진 우월성이나 열등한 자에 대한 비웃음은 여기서 문제가 될 수 없다. 그러나 그는 피해자를 폄훼하거나 승자를 미화하려는 의도 없이 자신의 내면적인 인간 본성에 눈을 돌린다. 그는 자신의 해학을 자신의 부족함에 대한 은폐나 능력을 과시하기 위해 사용하지 않고, 오히려 자신의 인간성에 수반되는 부조리한 태도를 반성할 수 있는 시금석으로 사용한다.[80]

자아 주장적인 웃음은 바깥 세계의 약함과 열등함에 관한 진리에 기초하며, 자신보다 약하고 열등한 쪽과 비교할 때 자신의 뛰어난 점을 즐기는 웃음이다. 그리나 웃음은 인간의 자기 인식적 정신의 표현으로서, "행동은 다른 영역으로 옮겨갔다. 웃음의 순간은 진리의 순

77 Reinhold Niebuhr. "*Humor and Faith*" 「해학과 믿음」 Holy Laughter 『거룩한 웃음』 ed. M. Conrad Hyers (New York, 1969). p. 140.

78 G.W.F. Hegel. *Ästhetik*. 2 vol. (Frankfurt, 1955). 1. p. 575. "(Im Humor) ist es der Künstler selber, der in den Stoff hereintritt" (해학에서 소재로 등장하는 것은 예술가 자신이다.)

79 Ibid. p. 574 : "Im Humor ist es die Person des Künstlers, die sich selbst ihren partikulären wie ihren tieferen Seiten nach produziert, so dass es sich dabei wesentlich um den geistigen Wert dieser Persönlichkeit handelt" (해학에는 예술가의 특수한 면과 심오한 면을 따라 산출되는 그의 인격이 있다. 따라서 본질적으로 중요한 것은 이 인격성의 정신적 가치이다.)

80 Nelvin Vos, *For God's Sake Laugh* 『제발 좀 웃어라』 (Richmond, 1967), p. 39.

간"[81]이다. - 자기 자신에 대한 진리의 순간은 다른 사람들에 의해 터무니없이 멍청하게 잡혀 있거나 웃음을 통해 훼손되거나 소멸될 가능성 앞에 서 있는 순간을 말한다. 웃음은 보이예트Boyet가 『사랑의 헛수고』*Love's Labour's Lost*에서 "오, 나는 웃음으로 찔렸다"[82]라고 한 것처럼 실제로 웃음의 예술가가 고백해야 할 진리의 순간이다. 웃음은 부인할 수 없는 어리석은 인간성을 가진 자신을 찌르는 진리의 순간이다. 웃음은 웃음의 예술가로하여금 자기 자신에게 내재해 있는 우스꽝스러운 것을 받아들일 수 있도록 해준다. 웃음은 인간의 터무니없고 불완전한 면을 관용하며, 아름답지 않거나 선하지 못한 특성을 받아들일 수 있게 한다. 따라서 웃음 안에는 모든 인간적인 것, 너무나 인간적인 것을 기꺼이 받아들이는 인간의 정신이 내재되어 있다. 한편 농담은 개별적인 우월성을 나타내는 개별적 농담으로 남아있는 반면, 해학은 인간의 영혼, 그의 인생 철학에서 비롯된다.[83] 희극 정신을 가진 해학자에게는 고립된 어리석음도 개별적으로 멍청한 사람들도 없다. 오직 어리석음 그 자체와 미친 세상만이 존재할 뿐이다.[84]

웃음이 그 변화의 두 번째 리듬 단계에서 발견하는 것은 내부의 분열이다. 인간의 세계관을 표현하는 웃음은 그의 내부에서 많은 모순적인 힘들이 작용하고 있고, 그 힘은 "자기일관성이 있고 구조적으로 동질적"이며,[85] 그들이 어떤 식으로든 상호 연결되어 있다는 것을 인지한다. 희극의 세계는 근본적인 내부 분열을 품고 있는 세계이며, 그를 이끄는 원칙은 모순에 의해 스스로를 지탱하는 불가피한 부조화의 감각이다. "희극적인 것에서 가장 두드

---

81 Kallen, p. 53.

82 *Love's Labour's Lost*. 『사랑의 헛수고』 V. 2.

83 F.T. Vischer. *Kritische Gänge*. 4 vols. (München. 1922). IV. p. 148 : "Der Witz macht immer nur einzelne Witze: der Humor ist eine Weltanschauung, ein Geist" (농담은 항상 개별적 농담만을 만든다. [이에 반해] 해학은 세계관이자 정신이다.)

84 Jean Paul, V, p. 125: "Es gibt für ihn keine einzelne Torheit, keine Toren, sondern nur Torheit und eine tolle Welt" (그에게는 개별적인 어리석음도 바보도 없다. 오직 어리석음과 미친 세상만 존재할 뿐이다.)

85 Koestler, p. 39.

러진 부분은 부조리"[86]이며 "희극적인 것은 항상 모순 속에 있다."[87] 가장 기본적인 부조리, 웃음을 생성하는 삶의 본질적 모순은 인간이 숭고함과 천박함, 무한함과 유한함의 교차점으로 존재한다는 사실이다. 인간은 유한한 것과 무한한 것의 교차점에 서서, 물리적 자아와 현존하는 자아 너머의 무한한 가능성의 한계를 안고 있다. 유한하고 사소한 저항은 무한한 숭고함과 관련되어 있는데, 그 자리가 바로 희극의 핵심이 있는 곳이다. "숭고한 것과 한없이 자질구레한 것들이 상호작용을 하는데, 이 상호작용이 바로 비극적인 것"[88]이고, 그것이 용어상의 충돌을 포용한다.

부조화가 활개를 치는 것은 인간에게서뿐만 아니라 우주에서도 마찬가지다. 그것은 해학이 그 목적으로 삼는 우주적 대조이다. 이는 우주 자체의 내부 구조에서의 파열이며, 인간의 그것에 대한 인식이 해학을 발생시킨다. 즉, 매우 불쾌하고 대부분 구역질이 나는 유한자 속에서만 현상학적으로 존재할 수 있는 무한자의 영원한 대조이다.[89] 웃음은 이 내부의 분열이 인지될 때 발생하는 폭발이다. 이것은 이 분열된 인격의 집안에서 나오는 소음이다. 혹은 장 폴Jean Paul이 "정신병원"[90]이라고 부르는 곳에서 나오는 소음이다. 그것은 인간이 무엇인지, 어떤 모습으로 보여야 하는지, 인간의 본질적 존재와 그 지속적인 모습에 대한 지식

86 Vischer, IV. p. 135: "im Komischen überhaupt (ist) das punktum sailens eine Ungereimtheit" (희극적인 것 일반에서 가장 중요한 것은 부조리이다.)

87 Kierkegaard. p. 413

88 Visher, IV, p. 123 : "Das Erhabene und das unendlich Kleine spielen ineinander, und dieses Spiel ist das Komische (...) dieser Widerspruch ist eben das Komische" (숭고한 것과 한없이 자질구레한 것들이 서로 어우러지는데, 이 상호작용이 바로 희극적인 것이다. (...) 이 모순이 바로 희극적인 것이다.)

89 Ibid., P. 143: "Es ist ein Weltkontrast, den der Humor zum Gegenstand hat, es ist ein Riss im Inneren des Weltganzen selbst, dessen Bewusstsein ihn erzeugt, namlich der ewige Kontrast des Unendlichen, das doch nur im Endlichen, in dem, was an sich so klein und winzig ist, zur Erscheinung kommen kann" (이것은 해학이 대상으로 삼는 세계 대조이며, 세계전체 자체의 내면을 의식할 때 산출되는 균열이다. 말하자면 그 자체로 작고 미세한 유한자에서만 현상할 수 있는 무한자의 영원한 대조이다.)

90 Jean Paul. V. P. 129 : "hiesige Irrenanstalt der Erde" (지구상에 있는 현실 정신병원)

으로 자기 스스로를 지탱한다. "따라서 인간이 보다 철저하고 실질적으로 존재할수록, 그는 더 많은 희극적인 것을 발견할 것이라는 점은 예외 없는 사실이다."[91]

인간이 너무나 보편적으로 널리 존재함으로 인해 희극적인 것을 발견하는 사례는 『햄릿』*Hamlet*에서 찾아볼 수 있다. 왕의 양심을 밝히기 위한 계획을 세우기 직전, 햄릿은 자기 자신을 드러내는 순간에 다음과 같이 외친다: "오, 내가 바로 불량한 소작 농노로구나!"[92] 이것은 햄릿에게 진리의 순간이다. 그는 자신의 비극적인 결함을 특징 지어주는 내적 분열을 발견한 것이다. 내적 분열은 분열된 것이 화해할 수 없는 요소를 형성하며, 이는 순환적인 모순을 이루게 된다는 사실을 분명하게 해준다. 햄릿은 왕자이자 농노이며, 비극적 영웅이자 불량한 망아지 새끼이기도 하다. 그는 이 역설을 다음과 같이 묘사한다: "나는 호두껍질 속에 틀어박혀서도 무한 우주의 주인일 수 있지."[93] 진리의 순간에 일어나는 일은 역설의 요소들을 병렬시키는 과정이다. 이처럼 상호 호환되지 않는 자아의 두 측면이 갖는 동시성이 웃음을 터뜨리고 때로는 눈물을 터뜨리기도 한다. 여기서 "한 가지 사실이 두 가지 다른 관점에서 인식된다"[94]고 할 수 있으며, 결과적으로 더 진실하지만 덜 유리한 자아의 이미지가 드러나게 된다. 셰익스피어의 다른 예로, 『헛소동』*Much Ado About Nothing*이라는 작품에서 베네딕은 가면을 쓴 축제 참가자로 등장하며 자신에 관해 베아트리체와 다음과 같은 대화를 나눈다:

91 Kierkegaard, p. 413.

92 Hamlet 『햄릿』. II, 2.

93 Ibid.

94 Koestler, p. 36. Koestler calls the concept of "any mental occurrence simultaneously associated with two habitually incompatible contexts" "the concept of bisociation" (쾨슬러는 이 개념을 "습관적으로 양립할 수 없는 두 가지 맥락 속에서 동시에 발생하는 이중연상(二重聯想)"이라고 부른다.) See p. 37.

베네딕: 부디 말해봐, 그는 누구야?

베아트리체: 왜, 그는 베네딕 왕자의 어릿광대야, 매우 멍청한 바보지; 오직 그의 재능은 말도 안 되는 비방을 만들어내는 데 있어; 아무도 그를 기뻐하지 않아. 그리고 칭찬은 그의 영리함이 아니라 그의 악행에 있지; 그는 사람들을 즐겁게 하기도 하고 화나게 하기도 하며, 사람들은 그를 비웃고 때리기도 해.[95]

베네딕이 여기서 직면하는 것은 다시 한번 중요한 진리의 순간이다. 그는 자신이 다른 사람들을 붙잡는 것처럼, 자신을 매우 낮게 평가하는 고통스러운 상황에 처해 있음을 발견하게 된다. 그는 여기서 자신의 자화상을 그다지 이상적이지 않은 자리에 배치하는 자신에 대한 진실을 접함으로써 자기 인식의 중요한 순간을 경험한다. 희극의 결정적 순간은 언제나 이상에 반하는 모습을 보여주며, 흔해 빠진 일상 현실의 물질성 가운데 머물고 있다.[96] 베네딕의 자아 발견이든 햄릿의 자아의 본질에 대한 통찰이든 간에, 여기서 새로운 요소가 등장한다. 그것은 진정하고 이상적인 자아로 자리매김하고자 하는 자아의 이미지를 거스르는 것이다. 웃음은 인간의 이상화된 자아 이미지를 파괴한다. 웃음은 상호 연관된 일련의 아이디어에, 그 상호 연관성을 모순되게 하는 하나를 갑자기 도입하며 전체의 총체성을 중단시키고, 마침내 뒤섞인 기대를 환상적인 것으로 녹여내는 일을 한다.[97] 공격적인 지기 주장을 하고 나서 의기양양한 기분은 내면적 태도에서 변화를 겪게 된다. "이렇게 하여 희극적 정

95 *Much Ado About Nothing*. II. 1.

96 Vischer, IV, P. 117 : "Es ist dieses Hauptmoment im Komischen immer eine, dem Idealen abgewendete, mitten in der Realität der gemeinen Wirklichkeit wohnende Erscheinung" (희극적인 것에서 중요한 순간은 항상 이상에서 벗어나 평범한 현실의 한가운데에 존재하는 현상이다.)

97 Ibid., p. 137 : "(Lachen) nimmt in eine Reihe zusammengehöriger Vorstellungen plötzlich eine solche auf, welche diesem Zusammenhang widerspricht, die ganze vorhergehende Reihe aufhebt und so die erregete Erwartung plötzlich in eine Täuschung auflöst" ([웃음은] 밀접하게 연관된 표상들의 계열 가운데로 갑자기 이 연관과 모순되는 표상을 가져와서 이전의 계열을 모두 무효화시키며, 그 결과 흥분된 기대를 갑자기 착각으로 해체한다.)

화, 인간 운명에 대한 희극적 체념, 자만심에 대한 희극적 겸손, 맹목적 행동 이후의 희극적 고상함이 일어나게 되는 것이다."[98]

인간의 곤경을 인식하고 그로 인한 인간 운명에 대한 체념을 표현할 뿐만 아니라 또한 체념한 자아가 더 깊은 자아 인식을 얻는 고귀한 과정을 나타내는 웃음이 있다. 그 가운데 가장 감동적인 사례 중 하나는 구약성서에서 이삭의 탄생에 관한 이야기에서 볼 수 있다. 아브람이 99세가 되었을 때, 하나님이 그에게 나타나 아브람과의 언약을 세워 그를 여러 민족의 조상으로 세우고 이름을 아브라함으로 바꾸었다. 하나님은 또한 사라를 통해 아들을 주겠노라고 약속하셨다. 사라가 아들을 낳을 것이며, 많은 민족의 왕들이 그의 후손이 될 것이라는 소식을 듣고 "아브라함이 엎드려 웃으며 마음속으로 이르되 백 세 된 사람이 어찌 자식을 낳을까. 사라는 구셉 세니 어찌 출산하리오."[99] 한다. 하나님이 다시 나타나 동일한 언약을 되풀이하였을 때, 사라도 들었고 그녀 또한 "스스로 웃었다." 그리고 이미 아이를 낳을 나이가 지났다고 말해 하나님으로부터 꾸짖음을 들었다.[100] 여기서 아브라함과 사라의 웃음은 해독하기 쉬워 보인다. 그들은 아들을 가질 수 있다는 것을 믿기 어려워 웃는다. 그들은 너무나 나이가 들고 임신할 수 없는 "불가능한 일 – 늙은 나이와 임신 불가능한 현실에

98 Sypber, p. 254.

99 창세기 17. 17.

100 창세기 18. 12–15. *The Interpreter's Bible*, eds, G. A. Buttrick, et al., 12 vols. (New York, 1952). I, p. 615, notes that Sarah's laughter was rebuked because the manuscript involved here it that of the dramatic narrative of J, whereas Abraham's laughter escapes unrebuked because of the stately and formal Priestly narrative. (『해석자의 성경』은 사라의 웃음은 여기에 포함된 J문서의 극적인 서사가 포함되어 있기 때문에 질책을 받은 반면, 아브라함의 웃음은 P문서의 위엄 있고 형식적인 서사 때문에 비난을 받지 않는다는 점에 주목한다.)

아들을 주겠다는 약속이 얼마나 실현 불가능한 것인지"[101]를 알기에 웃음을 짓는다. 그들의 웃음은 "의심의 웃음"[102]으로, 그들의 뿌리 깊은 불신을 나타낸다.

그림 90) 작자 미상, <아브라함, 사라와 하갈>, 1897년 필라델피아에서 출간된 찰스 포스터의 종교서적 삽화

그림 91) 티소, <사라에게 권고하는 아브라함>, 1836-1902, 보드에 구아슈, 15.2×20.7cm, 뉴욕 유대인 박물관

그러나 누구보다도 독실하고 충실한 하나님이 사람이 하나님 앞에서 웃음으로써 자신의 '불신'을 표시한다는 것은 받아들이기 어렵다. 키에르케고르가 이름한 바와 같이 "신앙의 기사"[103]인 아브라함은 방금 하나님의 부르심을 받았고, 하나님의 형상과 말씀을 전할 수 있는 모범적인 그릇이 되어 모든 신앙의 사람들과 모든 민족의 조상이 되는 의무가 주어졌다. 더 나아가 하나님께서는 아브람의 이름을 아브라함으로 변경하여 "위대한 아버지"에서

101 Vos, p.18

102 Buttrick, I, p. 619. This idea in Buttrick's op. cit. seem to represent the currently predominant view on the nature of Abraham's and Sarah's laughter. (버트릭의 이런 생각은 아브라함과 사라가 웃는 웃음의 본질에 대한 오늘날의 지배적인 견해를 나타내는 것으로 보인다.)

103 See *Fear and Trembling*『두려움과 떨림』, tr. Walter Lowrie (New York, 1954).

"열국의 아버지"[104]로 의미를 바꾸었으며, 또한 아브라함과 언약을 세웠다. 아브라함의 웃음은 오늘날 많은 성서학자들이 주장하는 것처럼 불신의 웃음으로 해석될 수 없다. 아브라함이라는 존재가 갖는 경건한 본질에 있어서 불신의 흔적은 찾아 볼 수 없기 때문이다. 하나님께서 일찍이 그에게 자기 땅과 아버지의 집을 떠나라고 아무런 이유도 없이 명령하셨을 때에도 아브라함은 기꺼이 그 명령을 따랐다. 하나님께서 이삭을 제물로 바치라고 명령하셨을 때에도 그는 일체의 반대나 의심, 절망의 표시 없이 그 명령을 받아들였다. 그가 하란을 떠나 조상의 집을 버린 첫 번째 경우처럼 과거를 무효화하라는 말을 들었을 때도 그러했고, 두 번째 경우처럼 이삭을 산 제물로 바쳐 자신의 신앙을 합법적인 아들을 통해 전파할 수 있는 유일한 가능성을 파괴하라는 말을 들었을 때도, 아브라함은 맹목적이고 충실하게 그렇게 했다. 그 과정에서 웃음이나 눈물은 없었다. 그러므로 아브라함의 웃음을 첫 번째 해석이 나타내는 것처럼 불신의 표시로 받아들이는 것은 설득력이 없다. 하나님 앞에서 그의 웃음이 드러낸 배경에는 분명히 불신 이상의 무언가가 있다.

문제의 핵심은 아브라함이 바로 하나님 면전에 있다는 사실이 그로 하여금 웃게 만들고 있다는 것이다. 하나님의 존재는 인간과 하나님의 관계를 가장 직접적이고 효과적인 방식으로 상기시키는 역할을 한다. 그의 존재는 인간에게 자신이 무한하고 영원한 형상 앞에 서 있음을 상기시킨다. 따라서 그는 자신의 비참한 유한성뿐만 아니라 무한과의 관계도 상기하게 된다. 아브라함은 나이 들어 존경받으며 "소떼와 은과 금으로 가득할 정도로 부유"[105]하다. 그러나 모든 소유와 모든 족장의 지위에도 불구하고 그는 하나님 앞에서는 비참하고 비극적으로 서 있다. 무엇보다도 원하는 일 – 사라를 통해 아들을 얻는 일은 이룰 수 없는 형편이다. 그는 육체에 사로잡힌 자신의 고통스러운 유한함으로 전지전능한 형상 앞에 서서 그 유한한 존재가 자신에게 주는 무력한 곤경을 인식한다. 이러한 인식이 웃음을 자

104 『창세기』
105 『창세기』

아내는 것이다. 왜냐하면 "하나님과 그들 자신 사이의 관계를 분명히 상기시킬 수 있는 그 상황이 재미있기"[106] 때문이다. 이 유한성과 자신이 전혀 쓸모없는 인간이라는 인식이 웃음을 유발시킨다. 이 웃음에는 그저 유한하고 자신의 쓸모없음에 대한 비참함뿐만 아니라 자아를 인식하고 수용하는 위대함이 함축되어 있기도 하다. "옛날 고전 신학이 그랬던 것처럼, 만약 인간이 영원의 시점에서 이 덧없는 세상을 내려다보게 되면, 덧없는 세상은 그저 작고 소소하게 생겨났다가 사라지는 허무일 뿐이다. 그러나 해학이 그러하듯이 사람이 사소한 것을 통해 무한한 세계를 측정하려고 할 때 웃음이 일어나는 법이고, 그 웃음 안에는 인간의 고뇌와 위대함이 함께 숨어 있는 것이다."[107] 이것이 아브라함의 웃음이다. 유한성에서 무한성과 관계를 맺고 서 있다. 이 접합점에서부터 그의 웃음의 색조는 그의 위대함과 한탄을 동시에 드러낸다. 아브라함은 자신의 유한한 육체적 존재에서 오는 고통을 덜어내기 위해 웃음을 지어낸다. 그는 그저 웃는다. 왜냐하면 그에게 가장 필요한 한 가지를 가지지 못해서 웃지 않을 수 없고, 웃지 않기에는 너무나 고통스럽기 때문이다. 그의 웃음은 "육체의 고통을 없애고"[108] 그의 유한하고 완전히 쓸모없는 존재를 더 견딜 수 있게 만든다. 아들을 얻을 수 없다는 것은 자신의 존재를 파괴하는 것과 같으며, 이는 그가 자신의 부와 자신의 이름과 자신의 신앙을 전파할 방법이 없다는 것을 의미하기 때문이다. 아브라함은 웃지 않을 수가 없는데, 웃음을 통해 이런 파괴적인 유한성의 침입에 저항해야 하기 때문이다. 그는 자신의 존재가 암시와 현실 모두에서 무효화될 가능성이 있는 상황에서 생존하고 살아남기

106 Lynch, p. 115.

107 Jean Paul, V, p. 129: "Wenn der Mensch, wie die alte Theologie tat, aus der überirdischen Welt auf die irdische herunterschaut: so zieht diese klein und eitel dahin; wenn er mit der kleinen, wie der Humor tut, die unendliche ausmisst und verknüpt: so entsteht jenes Lachen, worin noch ein Schmerz und eine Grösse ist" (만약 인간이 옛 신학이 했던 것처럼 초월적 세계에서 지상 세계를 바라본다면, 이는 작고 헛된 것으로 보일 것이다. 만약 인간이 해학이 한 것처럼 작은 세계를 가지고 무한한 세계를 측정하고 이 둘을 결합한다면 그 안에 여전히 아픔과 위대함이 들어있는 그런 웃음이 생긴다.)

108 Grossvogel, p. 67.

위해 웃음을 지어낸다. 아브라함은 웃음을 짓는다. 그러나 그의 위대한 웃음 뒤에는 비극적인 애도 소리가 들릴 수밖에 없다. 그는 "두 개의 얼굴을 한 야누스이다. 한쪽으로는 웃음 지으며 다른 한쪽으로는 울음을 운다."[109] 그는 절망의 소용돌이에 빠지지 않도록 웃음 지어야 한다. 이를 바이런이 『돈 주앙』*Don Juan*에서 이렇게 썼다. "내가 필멸의 대상을 보고 웃는 것은 내가 통곡하지 않기 위해서이다."[110]

아브라함은 절망을 견디기 위해 웃어야만 한다. "희극만이 우리에게 존재의 비극을 견딜 힘을 줄 수 있다."[111] 해학만이 유한함을 따르는 무의미함을 파괴할 수 있기 때문이다.[112] 그런 뜻에서 해학이 창조하는 웃음은 쾌락의 표시가 아니라 "자연 그 자체로 극단의 언어가 되며, 눈물도 마찬가지이다."[113] 웃음은 인간 정신이 자신의 비극적인 유한성에 직면하면서 인간적인 고통으로부터 해방을 시도하는 공통적인 방법이다. 웃음은 "마음이 깨지는 동안 웃는"[114] 인간 광대의 목소리이다, 또는 잠언에 나와 있는 것처럼 "웃을 때에도 마음에 슬픔이 있고 즐거움의 끝에도 근심이 있느니라."[115] 이러한 인간 본성의 이중성, 혹은 웃음 자체의 이중성은 토마스 만의 『파우스트』의 주인공 레버퀸의 성격에서 잘 묘사된다. 나레이터는 레버퀸을 묘사하며 그는 "웃음을 좋아하는 경향이 있는데, 더 구체적으로 말하자면, 눈

---

109 Cf. the entry on July 9, 1837. in *The Journals of Kierkegaard*, trans. Alexander Dru (New York, 1959).

110 Don Juan, Canto IV. St. 4.

111 Eugene Ionesco. *Notes and Counter-Notes: Writings on the Theater* 『노트와 반노트: 연극에 관한 글』. trans. Donald Watson (New York, 1964). p. 144.

112 Jean Paul. V p. 125: "Der Humor vernichtet nicht das Einzelne, sondern das Endliche durch den Kontrast mit der Idee" (해학은 개인을 파괴하는 것이 아니라 이념과의 대조를 통해 유한자를 파괴한다.) Also cf. Wolfgang Kayser, *The Grotesque in Art and Literature* 『예술과 문학에 있어서의 그로테스크』. trans. Ulrich Weisstein (New York, 1966). p. 54: "Reality, the terrestial. finite world as a whole, is destroyed by humor" (현실, 지상의 유한한 세계 전체가 해학에 의해 파괴된다.)

113 S.T. Coleridge. *Writings on Shakespeare* 『셰익스피어에 관한 글』. ed. Terence Hawkes (New York, 1959). P. 158

114 Kallen, p. 104.

115 잠언 14:13.

물 어린 웃음을 좋아하는 경향이라고 할 수 있다. 그가 웃음에서 얻는 즐거움은 비범한 재능의 산물인 삶의 엄격함으로부터의 도피이고 취중 해결인 것처럼 보였다. 이는 나에게는 기괴하고 별로 기분 좋지 않은 즐거움이었다"고 회상한다.[116] 아브라함에게도 그렇다. 그의 웃음은 그의 믿음과 비전을 영속시킬 자손을 부인하는 그 자신의 "엄격한 삶"으로부터의 피난처이다. 자신의 믿음과 유한한 인간성의 존재 조건을 유지하기 위해 아브라함은 모든 것이 있음에도 불구하고 생육의 감정을 억누르고 합목적성의 가능성을 인정하면서 웃어야 한다. 아브라함의 웃음은 자신의 안식처이다. 이 안전한 곳에서 그는 무한함에 대한 믿음을 지킬 수 있을 뿐만 아니라, 유한함의 모순들과 함께 찾아오는 고통을 무효화할 수 있기 때문이다. 물질 속에는 이해할 수 없는 것이 섞여 있기 마련이라는 인식이 있는 곳이라면, "삶이 있는 곳에도 모순이 있고, 모순이 있는 곳에는 희극이 존재한다"는 것이다.[117]

따라서 아브라함의 웃음이 보여주는 것처럼, 두 번째 단계에서 나타나는 웃음은 본성적으로 자기 인식적이며 그 기능도 그러하다. 아브라함은 내면에서 생기는 절대적 허무와 무의미함의 공격을 견디고, 외부에서 내려오는 무한과 불멸의 암시를 붙잡기 위해 웃는다. 그가 웃는 것은 인간 자체의 내부 모순들에 의해 유지되는 자신의 인간 조건을 인식하기 때문이다. 아브라함 자신의 역설적인 인간적 곤경은 나중에 그가 이삭을 제물로 바치라는 명령을 받았을 때 더욱 분명하고 극적으로 된다. 그것은 자신의 필수적인 창조물로, 육체적인 존재에 의미를 부여하는 유일한 것을 파괴해야 할 때이다. 믿음의 기사는 웃음을 짓는다. 그는 먼저 자신의 유한한 인간성이 얼마나 비극적이고 종말적인지를 깨닫기 때문이다. 그는

116 Thomas Mann, *Doktor Faustus* (Frankfurt/M., 1956). p. 115: "Seine Neigung zum Lachen, ja zum Tränen-Lachen. Seine Lachlust schien vielmehr eine Art von Zuflucht und eine leicht orgiastische, mir niemals ganz liebe und geheuere Auflösung der Lebensstrenge, die das Erzeugnis ausserordentlicher Gaben ist" (웃음을 향한 그의 경향은 슬픈-웃음이다. 그가 웃음에서 얻는 즐거움은 오히려 일종의 도피로 보였으며, 비범한 재능의 산물인 삶의 엄격함에 대한 약간의 무절제한 해결이자 나에게는 결코 기꺼운 것이 아닌 기괴한 해결로 보였다.)

117 Kierkegaard, p. 459.

사라가 낳은 후계자 없이 죽을 것이며, 그리고 그 또한 인간의 유한성이 갖는 비극적인 최종성이 무한의 언약에 의해 받아들여질 수 있다는 것을 깨닫기 때문이다. 이 웃음은 오로지 순수하게 자기 인식적이다. 아브라함은 자신이 무엇이고 무엇이 될 수 있는지 알고 있으며, 이러한 자기 지식은 웃음 속에 드러나게 되고, 전체 존재에 대한 총체적인 측정을 담고 있다. 그의 웃음은 불신의 표현이 아니라 하나님의 무한한 가능성에 의해 만나게 되는 유한한 자아에 대해 알고 있다는 표현이다.

그러나 유한한 존재에 대해 은총에 의한 참여의 암시가 없고, 유한한 자아의 소멸만 있을 때는 동일한 자기 인식이 치명적인 절망을 초래할 수도 있다. 웃음의 자기 인식적 정신은 더욱 비극적일 수 있다. 왜냐하면 거기에는 인간의 처지에서 벗어날 수 있는 탈출구가 없을 수 있기 때문이다. 이오네스코는 "희극이 부조리한 것에 대한 직관이기 때문에 비극보다 더욱 희망 없는 것처럼 보인다. 희극은 탈출구를 제공하지 않는다. 희망이 없다는 말이다."[118] 그러나 실제로는, 극작가가 덧붙이기를, 절망의 어느 한쪽으로 떨어지거나, 절망을 초월하는 믿음의 도움으로 그것을 뛰어넘는다고 말한다. 해학과 믿음 사이의 거리는 그리 크지 않다. 왜냐하면 후자는 전자의 더 높은 측면일 뿐이기 때문이다: "해학과 믿음의 밀접한 관계는 둘 다 우리 존재의 불일치와 관련이 있기 때문이다. 해학은 삶의 즉각적인 불일치와 관련이 있으며, 믿음은 궁극적인 불일치와 관련이 있다."[119] 웃음은 "한정된 현실의 소멸"로 끝나는 것이 아니라 "무한의 관념"으로 이어지고[120] 믿음을 통해 절대적인 것을 목표로 한다. 그것이 가능한 이유는 웃음이 "미움과 사랑의 아이이기 때문이다. 세상을 경멸하면서 세상을 포용하는 열렬한 인간성의 아이이기도 하다. 오직 그것 때문에 절대자가 자신을 해학에 맡기는 것이다."[121] 그 결과 웃음은 "믿음의 현관"이 된다. "믿음과 절망 사

118 Ionesco, p. 27.
119 Niebuhr. p. 135.
120 Kayser. P. 55.
121 Vischer. IV p. 145.

이의 ‘주인 없는 땅’이 된다.”[122] 웃음을 생산해내는 희극은 그 현관을 통해 믿음으로 이어진다. 그것은 진리에서 탈출하는 것이 아니라 절망에서 탈출하는 것이다. “믿음으로의 좁은 탈출구”인 셈이다.[123]

122 Niebuhr, p. 137.
123 Fry, p. 111.

웃음의 세 번째 단계: 영적 자아 초월

IV

"믿음으로의 좁은 탈출구"를 통해, 두 번째 단계의 자기 인식 정신에서 웃음의 마지막 세 번째 단계인 자기초월적인 본성에 이르게 된다. 웃음의 자기초월적인 특성은 어느 정도로든 자아 주장적인 특성의 논리적 발전에 불과하다. 왜냐하면 틸리히가 지적한 바와 같이 "자기 자신을 *인식하는 것은* 자기 자신을 *넘어서는* 존재의 방법"[124]이기 때문이다. 웃음이 자기초월적인 상태가 되는 것은 웃음의 궁극적인 조건이다. 이는 웃음의 자아 주장적 정신이 자기 인식의 단계를 통해 추구하는 것이다. 존재의 마지막 영역에서 웃음은 초월적이다. 희극에 내포된 웃음의 구조에서 이 초월적인 본성은 이미 1795년에 실러가 그의 『소박문학과 감상문학』*Über naive und sentimentalische Dichtung*에서 언급한 바와 같다: "비극이 어떤 중요한 지점에서 발생된다고 한다면, 희극은 어떤 중요한 목표를 향해 진행된다고 보아야 한다. 이 목표에 도달하게 되면, 모든 비극은 무용지물이 될 것이고 구성조차 불가능하게 될 것이다. 희극의 목표는 인간이 고군분투해서 향하고자 하는 가장 높은 이상이다. 그것은 열정으로부터 자유로워지는 것을 전제로, 자신의 내적 세계와 외적 환경을 관찰할 수 있는 능력을 뜻

124 Paul Tillich, *Systematic Theology*『조직신학』, 3 vols. (Chicago, 1951-53), III. p. 91. 이탤릭은 필자의 표시다.

하고, 어떤 일에든 운명보다는 우연을 발견할 수 있는 의지를 말하며, 삶의 부조리함에 화를 내거나 그 죄악에 애통해하기보다는 오히려 웃어넘길 수 있는 여유를 뜻한다."[125] 희극 정신은 인간을 그 자체의 인간성으로부터 해방시키려고 노력한다. 그 인간성은 모든 내재된 모순으로 그를 가두고 있다. 그 최종적인 기능은 그를 자신의 타협할 수 없는 조건과 극복할 수 없는 역설을 초월하게 만드는 것이다.

비극적인 인식이 열정과 죽음의 길에서 벗어나 삶과 절망의 모순을 보는 것이라면, "희극적인 인식"은 그 모순을 고통 없이 만들면서, "모순을 불러일으키거나 탈출구를 염두에 두면서 드러나게 하는 것이다."[126] 웃음의 희극적 정신은 불가피한 모순과 극복할 수 없는 삶의 결함과 현실로부터 마음을 자유롭게 해준다. "우리 안에 있는 이 심정의 자유를 불러일으키고 그것을 가꾸는 것이 희극"과 웃음의 "아름다운 과제이다."[127] 웃음의 예술가는 완벽하지 못한 존재의 피할 수 없는 곤경을 비웃는다. 웃음의 예술가는 피할 수 없는 "우리 주변 세계의 불완전함에 대해 웃는다. 희극의 예술가는 있는 그대로의 사물이 갖는 한계로부터 우리를 해방시킨다."[128] 웃음을 통해 존재의 유한한 조건에서 해방시키는 것은 "우리

---

125 Friedrich Schiller. *Werke*, 3 vols. (Wiesbaden, 1955). II. p. 322 : "Wenn also die Tragödie von einem wichtigern Punkt ausgeht, so muss man auf der andern Seite gestehen, dass die Komödie einem wichtigern Ziel entgegengeht, und sie würde, wenn sie es erreichte alle Tragödie überflüssig und unmöglich machen. Ihr Ziel ist einerlei mit dem Höchsten, wornach der Mensch zu ringen hat, frei von Leidenschaft zu sein, immer klar, immer ruhig um sich und in sich zu schauen, überall mehr Zufall als Schiksal zu finden und mehr über Ungereimtheit zu lachen als über Bosheit zu zörnen oder zu weinen" (비극이 어떤 중요한 지점에서 출발한다면, 희극은 다른 측면에서 어떤 중요한 목표를 향해 간다는 것을 인정해야 한다. 이 목표에 도달하게 되면, 모든 비극은 무용지물이 될 것이고 불가능하게 될 것이다. 희극의 목표는 인간이 고투하는 대상인 최고의 것과 동일하다. 이것은 열정에서 자유로워지며, 늘 조용하게 자신의 주변과 내면을 관찰하고, 어떤 일에든 운명보다는 우연을 발견하고, 악의에 대해 화를 내거나 애통해하기보다 오히려 부조리함에 대해 웃어넘기는 것이다.)

126 Kierkegard, p. 462.

127 Schiller, II. p. 321: "Diese Freiheit des Gemüts in uns hervorzubringen und zu nähern, ist die schöne Aufgabe der Komödie" (우리 안에 있는 이러한 심정의 자유를 드러내고 이것에 접근하는 것은 희극의 아름다운 과제이다.)

128 Sypber, p. 246

의 희비극적인 인간 조건이나 삶의 병에서 벗어나는 유일한 기회이다."[129] 이러한 웃음은 인간의 전체적인 면을 다루며, 그의 관용과 희비극적인 그리고 병약한 존재마저 받아들이므로 존재론적 경향이 있다. 이것은 존재 자체의 문제이기도 하다. 웃음의 자기 인식적 상태는 웃는 사람에게 모든 역설적이고 모순적인 다양한 인간 조건들을 받아들이거나 거부할 것인지를 선택하라고 요구하며, 이를 바탕으로 명확한 입장을 취하도록 한다. 웃음 또는 해학은 "인간의 존재와 비존재를 다루며, 그 진정한 본질은 반성이다. 그로부터 비가悲歌와 다른 초월적인 표현과의 관계가 나오는 것이다."[130]

최종적인 자기초월적 본성 단계에서의 웃음의 예술가는 삶의 비극적 조건뿐만 아니라 불완전한 성품을 극복하려고 노력하는 인간 자신에 대해서도 웃는다. 웃음을 주는 사람은 보편적 존재 조건뿐만 아니라 인간이 어찌할 수 없는, 세계의 불변하는 본성에 맞서 이길 수도 없는 전쟁을 벌이는 인간의 자만심에 대해서도 웃는다. "웃는 사람은 억압과 상처의 고통에서 자유로워지며, 그는 다시 웃음을 터뜨린다. 그는 해방과 자유를 동시에 웃는 것이다. 이러한 웃음 또한 초월적이다."[131] 자기초월적인 웃음의 형태는 해학과 희극의 가장 높은 측면을 나타낸다. 그러므로 각기 다른 실존론적 인식 수준을 가진 다양한 종류의 사람들에게 다 가능한 게 아니다. 이것은 자아 주장보다 훨씬 더 높은 수준이며, 자아의 공격본능과 승리 또는 자아의 영광을 크게 능가한다. 그리고 자기 인식보다 훨씬 깊이가 있기 때문에 자기 반성적 정신과 자기 성찰, 그리고 자아 인식을 "뛰어넘음"으로써 초월하게 된다. 그것은 삶의 모순을 받아들일 수 있고, 유한성의 완전한 처리 가능성과 무한성의 제안을 수용

129 Ionesco, p. 143.

130 Friedrich Schlegel, *Schriften und Fragmente*, ed. Ernst Behler (Stuttgart, 1956), *Athenäum*-Fragment 305: "Humor hat es mit Sein und Nichtsein zu tun, und sein eigentliches Wesen ist Reflexion. Daher seine Verwandtschaft mit der Elegie und allem, was transzendental ist" (해학은 존재와 비존재를 다루며, 그 진정한 본질은 반성이다. 그로부터 비가(悲歌) 및 초월적인 모든 것과의 관계가 나온다.)

131 Kallen, p. 65.

할 수 있는 사람들에게만 접근 가능하다. 자기초월적 웃음은 종교적인 사람들에게, 즉 깊이 있는 종교적인 사람들에게만 접근 가능하다. 웃음의 예술가는 "종교와 가장 가까운 근사한 형태를 제시한다."[132] 따라서 최고의 표현 형태인 해학 또는 웃음은 "오로지 성자, 은총을 입은 사람에게만 가능하다."[133]

특별한 축복을 받은 선택된 인간에게만 가능한 초월적 웃음의 위상을 말해주는 사건은 아브라함의 삶에서 다시 찾아볼 수 있다. 하나님이 사라에게 아들을 주시겠다고 약속하셨고, "사라가 그에게 낳아 준 아들을 아브라함은 이삭이라 이름 지었다."[134] 창세기 E 문서의 기자는 이삭의 이름을 사라를 통해 설명하며 "하나님이 나로 하여금 웃게 하셨다. 이 소식을 듣는 사람마다 나와 함께 웃으리라."[135]라고 기록한다. 이것이 아브라함의 마지막 웃음이다. 아들의 이름을 "이삭"이라고 했는데, 이는 "하나님께서 웃었다"는 뜻이다. 아브라함은 드디어 자신이 이전에 웃었던 웃음에 대해 웃게 된다. 그 이전의 웃음은 유한성에 사로잡힌 자신의 인간성이 제한되어 있다는 고백이었다. 그것은 하나님의 전지전능함에 직면했을 때 날카롭고 비극적인 묘사밖에 할 수 없었던 자신의 무력함에 대한 자기 인식적인 진술이었다.

반면 아브라함의 현재의 웃음, 즉 이삭을 통해 웃는 웃음은 자신의 이전 웃음에 대해 비웃는 더욱 확실한 웃음이다. 이 최종 웃음은 아브라함이 가야 할 삶의 궁극적 목표를 기록한다. 그것은 존재의 궁극적인 모순과 존재의 병약함에 대한 최종적 승리를 기록한다. "이 웃음은 인간과 우주의 비전, 즉 우주를 상대로 싸우는 인간, 그리고 그의 승리가 갖춘 조건

---

132 Kierkegaard, p. 400.1

133 Josef Höfer and Karl Rahner, eds. *Lexikon für Theologie und Kirche* 『신학과 교회 대사전』 (Freiburg, 1957ff). on "Humor": "Humor in seiner höchsten Form ist nur dem Heiligen, dem Menschen in der Gnade möglich" (해학에 관하여: 최고의 표현 형태인 해학은 오로지 성자, 은총을 입은 사람에게만 가능하다.)

134 『창세기』

135 『창세기』

과 질의 비전을 완성적으로 부호화한 것이다. … 그 웃음 속에서"[136] 이 웃음은 자아의 한계를 초월하고 넘어서는 자아의 승리를 나타낸다. 이 자아 초월적인 웃음을 통해 아브라함은 유한한 것의 본성에 대한 깊은 이해를 표현한다. 니체의 자라투스트라는 이러한 웃음을 "거룩"하다고 하며,[137] 그 심오한 웃음소리를 들은 자신의 잊을 수 없는 경험을 이렇게 기록한다: "그는 더 이상 양치기도 아니며, 더구나 인간 존재 그 이상의 무엇인 듯 했다. 그는 변모된 자, 그는 웃음을 웃는 변화된 자였다. 지구상에서 어느 누구도 이런 식으로 웃은 자는 없었다! 오, 나의 형제들이여 … 이 웃음에 대한 동경이 나를 삼키고 있도다: 그 웃음을 들은 이상 이제 어떻게 현재의 삶을 지속할 수 있을까? 이제 어떻게 죽음을 감당할 수 있을까?"[138] 이 웃음은 철학자를 딜레마에 빠지게 한다: 이 웃음은 웃어야 할 일이지 소유할 수가 없다. 아브라함의 그것과 같은 웃음이었을 것이다. 가장 어렵고, 따라서 가장 매력적이며 필수불가결한 웃음이다. "웃음의 웃음, *risus purus*, 웃음 스스로에 대해 웃는 웃음, 최고의 농담에 존경과 경의를 표하는 웃음" 베케트가 말한 대로,[139] 이 웃음은 자기 주장의 사회적 웃음과 자아 인식의 지적 웃음을 마스터한 후에야 나타나는 것이기 때문에, 그것을 끄집어내기가 어렵다.

초월적 웃음은 처음에 간단하고 순박함으로 가득한 것처럼 보인다. "그러나 그것은 단순한 아이의 순수함이 아니라 내면의 고통을 경험 뒤에 갖게 되는 순수함이 분열, 투쟁, 그리고 죄의식을 지나 다시 자신의 신과 화해한 순박함이다. 그러나 해학은 무엇보다도 이러한 모든 투쟁을 넘어, 무한으로부터의 추락과 악에 대한 지식의 경험, 그리고 젊음에 대한

136 Kallen, pp. 65-66.

137 Nietzsche III, p. 531: "So lernt doch über euch hinweg lachen! Das Lachen sprach ich heilig" (스스로를 향해 웃음짓는 법을 배우라! 나는 웃음을 거룩한 것이라 하였다.)

138 Ibid., p. 410 : "Nicht mehr Hirt, nicht mehr Mensch, ein Verwandeter, ein Umleuchteter, welcher lachte! O meine Brüder. (...) Meine Sehnsucht nach disem Lachen frisst an mir: O wie ertrage ich's noch zu leben! Und wie ertrüge ich's jetzt zu sterben!"

139 Samuel Beckett. *Watt* (New York, 1959). p. 48.

아름다운 환상을 파괴해 본 경험을 전제로 한다."[140] 자기 초월적인 웃음은 존재의 모든 방식과 경험을 초월하기 때문에 가장 아이 같고 순수하며, 가장 복잡하고 죄책감을 느끼는 웃음이다. 이 웃음은 유한한 자아가 비극적 종말과 함께 짊어지고 가야 할 웃음이 아무리 거창하고 얼마나 죄의식이 있거나 간에 자아의 유한함을 알고 있다. 그러나 동시에, 그것은 또한 자신의 유한성을 기꺼이 수용함으로써 최종성을 초월할 수 있는 가능성을 알고 있으며, 또한 인간 체질에 유한성이 수반된다는 죄책감도 알고 있다. 웃음은 아브라함의 마지막 자기 초월적 웃음이 나타내는 것과 마찬가지로 죄의식을 갖는 순박한 순수함으로 가득 차 있다. 그 웃음은 유한하고 무력한 육체의 죄책감을 알려줄 뿐만 아니라 유한한 자아를 무한한 가능성에 무조건 굴복시키려는 순수함을 알리기도 한다.

"전체 진실의 유리한 관점에서 웃으려면 웃어야 하듯이" 자신에 대해 웃으려면 니체가 말하는 "즐거운 학문fröhliche Wissenschaft"이 필요하다.[141] 아브라함의 경우, 그는 무한의 영역으로 진입함으로써 자신만의 "행복한 학문"을 창조한다. 아브라함의 초월적인 웃음은 그가 만들어내는 "무한의 움직임"의 결과이다; 그는 자신의 한계성을 인식하고 "무한히 모든 것

---

140 Vischer. IV. p.l47: "Der Humor ist voll Unschuld. Aber es ist nicht die einfache Unschuld eines Kindes, sondern eine solche, die durch innere Wehen, durch Zerissenheit, Kampf, Schuldbewusstsein hindurchgegangen, sich wieder mit ihrem Gott versöhnt hat. Diesen Kampf, die Erfahrung des Abfalls vom Unendlichen, die Kenntnis des Bösen, die Zerstörug der jugendlich schönen Illusionen setzt der Humor allerdings voraus" (해학은 완전한 순수함이다. 그러나 단순히 어린아이의 순수함이 아니라 내적 고통, 분열, 투쟁, 죄의식을 통과한 후에 다시금 신과의 화해를 통해 얻은 순수함이다. 해학은 물론 이러한 투쟁, 무한으로부터의 추락 경험, 죄에 대한 깨달음, 젊고 아름다운 환상의 파괴를 전제로 한다.)

141 Nietzsche. II. p. 34 : "Über sich selber lachen, wie man lachen müsste, um aus der ganzen Wahrheit herauszulachen, dazu hatten bisher die Besten nicht genug Wahrheitssinn und die Bergabtesten viel zu wenig Genie! Es gibt vielleicht auch für das Lachen noch eine Zukunft! Vielleicht wird sich denn das Lachen mit der Weisheit verbindet haben, vielleicht gibt es dann nur noch 'fröhliche Wissenschaft'" (전체 진리에서 빠져나오는 웃음을 웃기 위하여 마땅히 웃어야 할 만큼 자기 자신에 대해 웃는 것. 그것에 대해 지금까지 최상의 인간들도 진리감각을 충분히 지니지 못했고 가장 재능있는 인간들도 지극히 미약한 천재성밖에 지니지 못했다. 아마도 웃음을 위해 미래가 있을 것이다! 지혜와 결합된 웃음이 있을텐데 그러면 '즐거운 학문'만 남을 것이다.)

을 포기하고, 그런 다음에 부조리한 것을 통해 모든 것을 다시 잡는다."[142]는 사실을 깨닫는다. 이 모순적인 "무한의 움직임"이 초월적인 웃음을 심오하고 성스럽게 만든다. 도스토예프스키, 조이스, 카프카와 같은 근대 작가들은 "인간은 화해할 수 없는 많은 세력들 사이에서 살아가는데, 그 세력들에 형태를 부여할 수 있는 유일한 방법은 종교적 신앙 또는 희극뿐이다."[143]라고 한다. 아브라함은 이 화해할 수 없는 세력에 종교와 희극으로 형태를 부여한다. 그의 웃음은 종교와 결합되어 있으며, 그의 믿음은 희극과 결합되어 있다. 믿음과 희극 둘 다 한계성과 모순을 초월하기 때문에 초월적인 웃음은 웃음을 한계성의 사슬에서 해방시킨다. 초월적인 웃음은 자아를 유한성의 조건에서 해방시키는 과정에서 마지막 단계가 된다. 그것은 삶을 그 자체로부터 자유롭게 만든다.

웃음의 삼단 리듬의 단계는 종교적 의미에서 삶을 자기 자신으로부터 해방시키려는 움직임과 동일시될 수 있다. 즉 자아 주장의 단계를 자아 중심적인 원형 운동으로, 자아 인식의 단계를 발전의 수평적 방향으로, 그리고 최종적인 자아 초월적 단계를 무한한 수직적 상승으로 이해한다면, 이를 틸리히의 힘을 빌어 체계적으로 결론지을 수 있다: "삶은 차례로 그 자체로부터, 자신의 유한성에 대한 완전한 속박으로부터 해방되는 것이다. 삶은 궁극적이고 무한한 존재를 향해 수직적으로 노력하고 있다. 수직적인 차원은 중심성의 원형 선과 성장의 수평적인 선을 모두 초월한다."[144] 번역: 김중순

142 Kierkegard, *Fear and Trembling*『두려움과 떨림』, p. 51.

143 Corrigan, p. 13

144 Tillich, III, p.86.

Tabula Rasa

제2부

비평과 수상

제5장

어니스트 헤밍웨이의 『노인과 바다』 읽기

- 예수님의 삶을 지향하며

정순모 아카데미아 후마나 고문 목사님 米壽 기념 특강

그림 92) 1935년 바하마의 비미니로 떠난 낚시 여행에서의 헤밍웨이 가족(헤밍웨이와 두 번째 아내 폴린과 세 아들), via Wikipedia

그림 93) 쿠바 해안 근처 자신의 보트 '필라(Pilar)' 선실에 있는 헤밍웨이, 1950년경, © Ernest Hemingway Photograph Collection, John F. Kennedy Presidential Library and Museum, Boston, via Wikipedia

미수米壽, 바다, 헤밍웨이

I

헤밍웨이Ernest Hemingway, 1899-1961의 『노인과 바다*The Old Man and the Sea*』1952는 정순모 이사장님의 米壽를 축하하고 기념한다는 맥락에서 선택이 불가피한 작품이다. 『노인과 바다』는 바다에서 불가피한 힘과 대결하는 한 노인의 생에 대한 헤밍웨이의 통찰이 빛나는 작품이기 때문이다.

헤밍웨이는 참혹한 시대였던 20세기 초반, 1차 세계대전과 스페인 전쟁, 2차 세계대전에 직접 참가했을 뿐만 아니라, 1차 세계대전에서는 이탈리아 전방 구급차 운전병으로 활약하던 중 박격포 공격을 받아 심하게 부상당했음에도 불구하고 동료 이탈리아 병사들의 안전을 위해 헌신한 공로로 은성무공훈장the Croce al Merito di Guerra을 받았다. 2차 세계대전 때 노르망디 상륙 작전에도 가담한 헤밍웨이는 세 번의 전쟁을 직접 겪으면서 한편으로 메달을 받기도 하고 특별한 업적을 남기기도 한 군인으로서, 기자, 작가로서 다양하고도 독특하며 특별한 경력을 쌓았지만, 다른 한편으로 그의 육체는 다치고 상했고, 정신은 피폐해졌으며, 마음의 상처 또한 깊고 컸다.

이렇게 특별한 이력과 경력을 가진 헤밍웨이의 작품 『노인과 바다』는 한 노인이 깊은 바다로 나아가 고기를 잡는다는 매우 단순한 기본적인 구조에서 출발하며, 헤밍웨이 자신도 노인은 노인이고, 소년은 소년이고, 바다는 바다일 따름인 단순한 이야기라고 피력한 바도 있다. 그러나 1952년 단행본으로 출간된 이 작품은 여섯 달에 걸쳐 베스트 셀러 리스트에 오를 정도로 비평가들과 독자들의 즉각적인 찬사를 받았으며 매우 다층적인 의미를 가진 작품으로 평가를 받게 된다.

이러한 현상을 논하기 위해 우리의 전통적인 먹거리 시루떡의 층위를 살펴볼 필요가 있다. 개인적으로 시루떡을 좋아한다. 한 겹, 두 겹, 세 겹 시루떡을 다 좋아하고 한 겹 시루떡 고물도 겹겹이 쌓이는 각양각색의 고물도 아주 좋아한다. 시루떡을 만들 때 보통 떡의 주재료는 멥쌀이다. 그리고 거기에 팥고물이나 콩고물을 묻힌다. 그런데 주재료에 변화를 주면 시루떡의 겹겹과 그 맛은 다양해지고 다 다르며 보기에도 그냥 시루떡과는 다르다. 멥쌀과 찹쌀, 콩을 섞은 찹쌀이 떡의 재료가 될 수 있고, 각각의 떡에 팥고물과 콩고물을 묻혀 쌓으면 맨 위층에는 멥쌀 시루떡이, 중간층에는 찹쌀 시루떡이, 그리고 맨 아래층에는 콩 찹쌀 시루떡이 만들어진다. 이제 각각의 시루떡 층위를 사실적이고 현실적인 1차원으로, 상징적이고 은유적인 2차원으로, 그리고 궁극적이고 종교적인 3차원으로 수평 이동을 해서 문학에 적용해 볼 수 있다.

우선 한 단어를 예로 들어 설명해 보면 예루살렘이라는 단어도 세 가지 차원으로 접근할 수 있다. 사실적이고 현실적인 차원에서 예루살렘의 위치와 인구, 거주자 유형, 경제적인 문제, 정치적인 상황 등을 이야기할 수 있다. 그다음에는 예루살렘이 가지고 있는 상징성이다. 과거 예수님을 십자가에 못 박혀 죽게 한 로마 제국의 물리적인 권력에 대항해서 끝까지 싸우고 버틴 정신적인 보루로서 예루살렘이 있다. 마지막으로는 복된 진리로서 예루살렘의 궁극적이고 종교적인 차원이 열린다. 이 세 가지 차원에서 예루살렘은 모두 예루살렘이면서 동시에 다 다른 예루살렘이다. 예루살렘의 다층적이고 중의적인 의미를 되새기면서 겹겹이 쌓인 시루떡의 맛을 보면 그 맛과 의미가 한데 어우러져 훌륭한 모습의 예루살렘을 그릴 수 있으리라 믿는다.

표면表面층 바라보기

II

헤밍웨이는 의도적으로 상징을 이야기 속에 심어서는 안 된다고 생각한 작가였고, 구체적인 인물과 사물들을 진정으로 진실되게 그려 내면 그들은 여러 가지 의미를 내포할 수 있다고 생각했다. 이런 차원에서 헤밍웨이의 『노인과 바다』를 세 가지 차원에서 들여다볼 수 있다. 우선 1차원적인 작품의 내용이다. 작품이 시작되면서 산티아고Santiago의 외형적인 이미지는 실패한 인간의 전형으로 보인다. 늙은 어부의 앙상하고 주름진 얼굴과 열대의 바다에서 햇빛의 반사로 생긴 갈색 반점, 그리고 손에는 밧줄을 다루면서 생긴 상처 등 보잘것없는 외모는 그가 더이상 과거와 같은 챔피언이 아니라는 현실을 보여준다. 게다가 그가 가진 작은 배의 돛은 밀가루 포대를 기워서 만든 것으로, 말아 올리면 "영원한 패배permanent defeat"[145]를 상징하는 깃발처럼 보인다. 그는 84일 동안 고기를 잡으러 나가지만 아무런 소득 없이 빈손으로 되돌아온다. 처음 40여일 동안은 소년 마놀린Manolin과 함께 바다로 나아갔지만, 소년의 부모가 산티아고를 "불행의 최악의 형태"salao, the worst form of unlucky (9)라고 말하며 소년을 다른 배로 보내 버린다.

145 어니스트 헤밍웨이, 『노인과 바다』, 김욱동 옮김, 민음사, 2012, 10. (이하 작품 인용은 인용 말미에 쪽수만 표시하는 것으로 대신함)

그러나 개인의 운명에 무관심하고 적대적이기까지 한 우주 속에서도 산티아고는 어부로서의 일상적인 삶에서 숭고함이 깃들어 있다는 사실을 증명한다. 그는 이전에도 87일 동안이나 빈손으로 돌아왔던 기억을 떠올리며, 현재 고기를 잡지 못하는 것도 관대한 우주적 질서의 일부라고 인식하여 자기연민에 빠지거나 불평하지 않는다. 오히려 그는 "이러한 조류라면 내일은 좋은 날이 될거야"Tomorrow is going to be a good day with this current(14). "하루하루는 새로운 날이야"Every day is a new day(34)라고 스스로 되 뇌이면서 희망과 자신감을 잃지 않는다. 내적인 신념과 의지가 강한 인물인 그의 두 눈은 바다와 같은 푸른 빛이며, 활기가 있고 패배를 모르는 것처럼 묘사되며(10), 자신이 태어난 이유와 무엇을 해야 하고 어떻게 해야 할지를 알고 있다. 마놀린이 음식을 구해 주지 않으면 식사조차 할 수 없는 가난한 상황에서도 산티아고는 물고기를 잡는 기술을 잘 알고 있는 경험 많은 어부로서의 자부심과 강한 의지를 소유하고 있는 것이다(33).

그는 군함조man of war bird와 돌고래를 보며 고기의 위치를 예상하며, 수확의 시기인 9월에 큰 고기를 잡을 수 있다는 것도 알고 있다. 낚싯줄을 오른손 손가락 사이로 부드럽게 잡고만 있어도 깊은 바닷물 속에서 일어나는 일을 알 수 있고, 어떤 어부들보다도 미끼를 정확하게 던질 수 있는 기술을 지니고 있다. 그는 손에 쥐가 나면 마사지를 해 주고 태양에 노출시키며, 기운을 내기 위해 날참치를 먹는 등 극한적인 상황에 대처하는 지혜로운 해결 방안도 알고 있다.

85일째 되는 날 소년도 없이 혼자 출항한 산티아고가 던진 미끼를 청새치가 물게 되고, 큰 물고기임을 직감한 그는 그 고기가 힘이 빠질 때까지 기다리며 그를 따라 먼바다까지 나가게 된다. 낚싯바늘에 걸린 채 물밑에서 움직이는 청새치의 움직임을 세밀히 관찰하면서 그는 "고기야, 나는 너를 끔찍이도 좋아하고 존경한단다. 하지만 오늘이 가기 전에 나는 너를 죽이고 말 테다."Fish, I love you and respect you very much. But I will kill you dead before this day ends.(54)라고 단호하게 말하기도 한다. 경련이 오는 손과 저려오는 등과 다리를 달래가며 노인은 계속해서 낚싯줄을 당기고 있다.

청새치를 따라다닌 지 사흘째 되는 날 드디어 그 물고기의 모습을 보게 되는데, "그 물고기는 그가 이제껏 보아온 물고기 중에 가장 큰 물고기였고, 그가 들어 온 어떤 물고기보다도 큰 물고기였다." Now alone, and out of sight of land, he was fast to the biggest fish that he had ever seen and bigger than he had ever heard of.(65) 이제 그는 그 물고기가 작정만 한다면 그의 기술을 능가할 것이라는 사실을 인식하고, 본인이 종교적인 사람은 아니지만, 이 고기만 잡을 수 있다면 주기도문을 열 번 외고 성모송을 열 번 외고 성지 순례까지 가겠다고 약속할 정도로 필사적인 심정이 된다. 그리고 고기와의 싸움에 사활을 건 듯 그는 "네가 나를 죽이고 있구나. 그래, 너도 나를 죽일 권리가 있지. 너보다 더 크고, 더 아름답고, 더 침착하고, 더 고귀한 형제brother를 본 적이 없다. 어서 와서 나를 죽여라. 그러나 나는 너를 죽여야 한다." You are killing me, fish, the old man thought. But you have a right too. Never have I seen a greater, or more beautiful, or a calmer or more noble thing than you, brother. Come on and kill me.(94)고 외치면서 작살을 꼽아 결국 청새치를 죽인다.

믿기 어려울 정도로 어마어마한 청새치를 죽을힘을 다해 자신의 배 옆에 가까스로 매달고 이제 노인은 집으로 향하는데, 한 시간도 채 지나기 전에 작살에 맞은 청새치의 피 냄새를 맡고 상어 떼가 몰려온다. 처음에 달려든 상어는 즉시 작살로 죽이지만 그다음 상어 떼가 몰려왔을 때는 상대가 안 된다. 힘겹게 잡아서 자기 배에 매두었던 그 거대한 고기는 상어 떼에게 다 물어뜯기고 뼈밖에 남지 않게 된다. 상어의 강한 턱으로 청새치의 살점이 뜯겨 나갈 때마다 노인은 자신의 살점이 뜯겨 나가는 아픔을 느끼면서 "이 모든 것이 꿈이었다면 얼마나 좋을까, 내가 이 청새치를 미끼로 낚지 말았어야 했는데. 고기야 내가 너를 낚아서 미안해. 나 때문에 모든 것이 엉망이 되어버린 거야." I wish it were a dream and that I had never hooked him. I'm sorry about it, fish. It makes everything wrong.(111)라고 자책하며 더 이상 청새치를 쳐다볼 수도 없다. 청새치와 완전한 형제애를 느끼는 노인은 "고기야, 난 이렇게 멀리 나오지 말았어야 했는데, 너를 위해서나 나를 위해서나 말이다. 고기야 미안하다. I shouldn't have gone out so far, fish, he said. Neither for you nor for me. I'm sorry fish"(110)라고 청새치에게 사과의 말을 남긴다.

88일째 집으로 돌아오는 그날, 노인은 돛대를 어깨에 걸머메고 언덕길을 오르다가 다시 뒤를 돌아 "허옇게 드러난 등뼈의 선과 뾰족한 주둥이가 달린 시커먼 머리통, 그리고 그 사이가 모조리 앙상하게 텅 비어 있는" 앙상한 뼈만 붙어있는 고기를 쳐다본다.Then he shouldered the mast and started to climb. It was then he knew the depth of his tiredness. He stopped for a moment and looked back and saw in the reflection from the street light the great tail of the fish standing up well behind the skiff's stern. He saw the white naked line of his backbone and the dark mass of the head with the projecting bill and all the nakedness between.(122) 다섯 번이나 쉬고 겨우 자신의 판잣집에 도착해서 침대에 드러누워 손바닥을 위로한 채 두 팔을 쭉 뻗어 신문지에 얼굴을 파묻고 깊이 잠이 드는데, 잠을 자면서 노인은 사자 꿈을 꾼다. 아침에 소년 마놀린이 뼈만 남은 청새치를 발견하고 같이 또 바다로 나가자고 하자, 산티아고는 자신의 운이 다했다고 하면서 더 이상 자신을 따라다니지 말고 혼자 고기를 잡든지 다른 사람들과 같이 바다에 나가라고 한다. 그러자 소년은 "그런 말씀하지 마세요. 운은 제가 있으면 되니까요."The hell with luck, I'll bring the luck with me.(115)라고 하면서 "전 아직 배울 것이 많으니까, 이제부터는 할아버지와 함께 나갈래요."You must get well fast for there is much that I can learn and you can teach me everything.(126)라고 대답한다.

이것이 『노인과 바다』에 관한 사실적이고 현실적인 작품 줄거리이다. 헤밍웨이도 말했듯이 물론 이 내용도 아주 훌륭하고 그 자체로도 매우 좋다. 노인 혼자서, 그것도 망망대해에서 거대한 자연을 상대로 싸우고 결국에는 가진 것을 다 빼앗기고 주어진 생명이 다하더라도 끝까지 굴복하지 않는 그 강인한 의지! 그것 때문에 빼앗긴 것은 자발적으로 돌려준 것이 되고 노인의 주어진 생명은 또 다른 생명 탄생으로 이어져 최후의 승리자로 남을 자! 어깨에 무거운 돛대를 짊어지고 기진맥진한 몸을 이끌고 집으로 돌아와 누워 평화를 꿈꾸는 왕 중의 왕! "저녁 무렵이면 해안을 따라 어슬렁거리는"He only dreamed of places now and of the lions on the beach(23) 평화의 왕 사자를 꿈꾸고는 다음 날 다시 바다를 향해 집을 떠나는 자! 이 모든 것을 종합해 보면 제일 위층의 시루떡은 노인의 꺾일 줄 모르는 정신이 고물이 되어 내는 맛이다.

그림 94) 1941년 56게임 연속 안타를 쳤던 배트에 키스하는 디마지오, © The Sporting News Pub. Co., via Wikipedia

특히 이 차원에서 재미있는 것은 산티아고가 야구를 좋아한다는 사실이다. 특히 뉴욕 양키즈 팀의 디마지오Joe DiMaggio를 좋아하는데, 소문에 의하면 디마지오의 아버지가 어부였고, 실제로 발꿈치에 난 상처로 평생 통증을 달고 다니면서 삼백 개가 훨씬 넘는 홈런을 쳤다고 한다. 게다가 육십 개가 넘는 연속 안타 기록도 있다. 산티아고가 디마지오를 특별히 좋아하는 이유는 디마지오 역시 "인간은 파멸될 수 있을지 몰라도 패배할 수는 없다."A man can be destroyed but not defeated.(103)는 산티아고의 생각을 증명하는 인간이기 때문이다. 산티아고가 디마지오의 존재 조건과 업적 간 불일치를 이해할 수 없기 때문에 동경의 대상이 되고 또 희망의 원천이 된 것이다. 디마지오처럼 녹록하지 않은 존재 조건 가운데 자신에게 주어진 일을 감당해나가는 산티아고의 모습에서 작품의 일차원적인 의미를 확보할 수 있다. 84일 간의 항해에서 빈손이었고, 3일 동안 바닷고기들과 투쟁을 한 후 산티아고는 88일째가 되던 날 이른 아침, 충만한 빈손으로 침대와 탁자, 의자 한 개가 덩그러니 놓인 판잣집으로 돌아와 그대로 깊은 잠에 빠져 사자 꿈을 꾸는 산티아고의 모습이 이 작품의 마지막 문장을 장식한다.

> 길 위쪽 판잣집에서 노인은 다시 잠이 들어 있었다. 얼굴을 파묻고 엎드려 여전히 잠을 자고 있었고, 소년이 곁에 앉아서 그를 지켜보고 있었다. 노인은 사자 꿈을 꾸고 있었다. Up the road, in his shack, the old man was sleeping again. He was still sleeping on his face and the boy was sitting by him watching him. the old man was dreaming about the lions.(128)

이면裏面 층 바라보기

III

두 번째는 『노인과 바다』가 가지고 있는 이념적인 면, 즉 사실적이고 현실적인 차원 이면에 들어있는 상징적이고 은유적인 면을 살펴보기로 하자. 삼 겹 시루떡의 두 번째 층에 관한 것이다. 130여 페이지에 달하는 중편소설 『노인과 바다』에 노인과 소년의 실명, 즉 산티아고와 마놀린이라는 이름이 거론되는 것은 대여섯 번에 불과하다. 작품의 첫 문장은 이렇게 시작한다:

> 그는 멕시코 만류에서 조각배를 타고 홀로 고기잡이를 하는 노인이었다. 여든 날하고도 나흘이 지나도록 고기 한 마리 낚지 못했다. 처음 사십 일 동안은 소년이 함께 있었다. He was an old man who fished alone in a skiff in the Gulf Stream and he had gone eighty four days now without taking a fish. In the first forty days a boy had been with him. (9)

『노인과 바다』에는 고유명사 대신 바다, 노인, 소년, 배, 고기 등, 보통명사가 주로 나온다. 말하자면 구체적인 이름은 최소화되거나 사라지고 보편화된 이름만이 살아있다고 할 수 있다. 이렇게 등장인물의 개성이 함몰되고 원형만 남아있는 것을 문학에서는 '원형archetype'이라고 한다. 이런 맥락에서 이 작품에서는 개인의 정체성이 철저하게 상징화되어 있다고 볼 수 있다. 개별화된 '산티아고'가 아니라 보편적인 '노인'이 더 중요하게 되는 것이다. 그래서 이 작품의 제목인 '노인과 바다'가 산티아고와 카리브해에 국한되지 않는다. 산티아고라는 이름을 가진 노老어부의 일생보다 비록 육체적으로는 쇠약하지만, 손자뻘 되는 후세대가 보고 배울 것이 많은 풍부한 경험과 삶의 지혜를 가진 노인의 힘이 이 작품에서는 은유적·상징적으로 발산되고 있다. 소년 마놀린도 마찬가지다. 단순한 마놀린 개인의 정체성이 아니라 성장 가능성과 발전의 기회가 충분히 있기 때문에 스승에게 잘 배우면 족히 스승을 능가할 수 있는 소년, 그리고 자신의 미래를 스스로 개척하면서도 노인에게 자신이 만든 운을 기꺼이 나누어주겠다는 소년의 정체성이 마놀린이라는 개인에게 일종의 원형으로 상징화되어 있다.

바다도 구체적으로는 카리브해이지만 이 작품에서는 카리브해라고 하지 않고 그저 바다라고 지칭된다. 보편성을 담보하는 바다가 응징의 원천이기도 하고, 생의 고비이기도 하며, 삶의 원천이자 동시의 생의 종착지이다. 말하자면 여성을 상징하는 것으로서 바다는 생명의 근원이고, 바다에서 노인의 쇠퇴가 소년의 미래로 교체되며, 항해를 떠난 모든 사람들이 결국 돌아오는 원래의 고향이다. 카리브해만 그런 바다가 아니기 때문에 굳이 고유명사를 쓸 필요가 없는 것이다. 노인에게 달려든 마코라는 상어 한 마리 역시, 바다에서 비롯되는 하나밖에 없는 자아를 상징한다. 따라서 상어의 숙음을 유일한 자이의 소멸로 볼 수 있고, 바다에서 마코가 죽는 것을 생명의 원천인 바다로부터 새로운 생명이 탄생하는 것과 연결할 수 있으며, 특히 마코라는 상어가 보통 명사화됨으로써 마코의 죽음이 긍정성을 확보하는 아키타입이 되는 것이다.

쪽배의 경우도 마찬가지다. 물론 그 쪽배에도 이름은 있다. 하지만 작품에서 쪽배의 이름이 두드러지지는 않는다. 왜냐면 쪽배가 산티아고의 자아를 상징하기 때문이다. 쪽배는 낡고 허름할 뿐만 아니라 아주 작다. 망망대해에 비하면 아주 보잘것없고, 하잘것없는 배다. 그 쪽배를 타고 아무 소득 없이 84일을 헤매고 3일을 투쟁하며 지내야 하는 것이 산티아고의 존재 조건이다. 노인이 처한 상황이 아무리 안타깝고 답답해도 그 상황을 바꿀 수 있는 사람은 아무도 없고 어디에도 없다. 쪽배를 타고 바다에 나가 고기를 잡다가 저녁이 되면 집으로 돌아오기를 반복하는 삶, 이것 역시 원형의 한 모습이기도 하다. 노인이 아침에 쪽배를 몰고 나가서 고기잡이하고 저녁에 노인은 쪽배와 함께 집으로 돌아온다. 끊임없이 반복되는 이러한 일상 역시 원형의 한 모습이다.

쪽배에 매달려 있는 고기도 산티아고의 또 다른 자아라고 할 수 있다. 산티아고에게 청새치는 반드시 잡아야 하는 대상이다. 그러나 노인은 청새치를 그저 '고기'라고 부르면서 스스로에게 하고 싶은 말을 고기에게 말한다. 고기와 형제애도 느끼고, 같은 운명임을 확인하며, 미안한 마음도 가지게 된다. 결국 노인의 자화상에 대해 노인이 가지는 느낌이고 마음이다. 노인에게는 부인도 없다. 부인과는 사별했다. 가지고 있던 모든 것을 잃어버리고 지금 노인에게 남아있는 것은 영육 간 상처밖에 없다. 그럼에도 불구하고 노인은 "쓸데없는 생각을 해서는 안 돼. 행운이란 여러 모습을 하고 있는 것이니 누가 알겠어? 일이 모두 잘 풀리게 될지도 모르잖아."I must not think nonsense, he thought. Luck is a thing that comes in many forms and who can recognize her?(118)라고 하면서 고기를 공격해서 살점을 뜯어가는 상어에 용감하게 맞서고 상어의 두 차례 공격 후 밀려드는 극도의 외로움과 피곤함과 배고픔을 극복한다.

두 번째 차원에서 총체적으로 보면 노인의 삶은 끝도 없는 실패의 연속이다. 84일 동안 노인은 집에서도, 바다에서도 끝없이 고독을 느낀다. 혼자이기 때문에 느끼는 고독감도 문제이지만 84일 동안 망망대해에서 쪽배를 타고 매 순간 느낀 고통스러운 고독은 좀처럼 해소되지 않는다. 소년과 함께 있었던 초반 40일 동안에도 노인은 고독했을 것이다. 고독감에 공포가 더해지면 고통은 극에 달하게 된다. 더구나 바다에는 노인을 단숨에 집어삼킬 만한 것들이 너무 많기 때문에 노인은 언제나 생명의 위협을 느낀다. 노인보다, 노인이 타고 있는 쪽배보다 더 큰 고기가 공격하면 속수무책일 것이다. 이런 상황에서 노인은 고기의 공격을 받는다. 처음에는 맞서 싸우기 위해, 죽음에 대항하기 위해 필사적으로 저항하고, 공격하며, 그러한 자신의 행동을 정당화한다. 그리고 그 과정에서 고기와 유대관계를 맺고 연대감을 느끼기 시작한다. 대상화된 자신과 만나기 위해 노인은 고기에게 형제애를 느끼면서 얘기를 나눈다. 이제 노인과 고기 사이에 경계가 무너진다. 노인이 고기가 되고 고기가 노인이 되어 결국 노인은 대상화된 자신, 즉 고기와 일체가 되는 것이다. 그래서 고기의 통증을, 상어가 고기를 뜯어 먹을 때 그 통증을 노인이 느끼는 것이다. 자기가 통증을 느끼기 때문에 그 절박한 상황을 더 견딜 수밖에 없다. 동질성과 동격임을 확인함으로써 노인과 고기가 하나 되는 소중한 체험을 하게 된다. 이 체험은 우리에게도 너무나 중요한 체험이 된다.

심층深層 바라보기

IV

세 번째 차원으로 옮겨가 보자. 사실적이고 현실적인 줄거리를 바탕으로 '원형'들의 상징적인 의미를 맛보았고 이제 궁극적이고 종교적인 의미를 찾아 떠나보자. 『노인과 바다』 곳곳에 우리를 그 차원으로 이끄는 포석이 놓여있다. 그러므로 그것을 따라가다 보면 콩 찹쌀에 콩고물, 팥고물이 묻은 시루떡의 깊은 맛을 만끽할 수 있을 것이다. 그 전에 우리가 기억해야 할 것은 헤밍웨이 자신이 독실한 개신교 신자라는 사실이다. 또 헤밍웨이가 가톨릭으로 개종했다는 것도 중요하다. 헤밍웨이에게는 보편적인 종교 자체가 중요하기 때문에 개신교와 가톨릭을 엄격하게 구분하는 것은 크게 의미가 없다. 헤밍웨이가 쓴 여러 작품, 예를 들면 『태양은 다시 떠오른다』*The sun also rises*, 1926와 『누구를 위하여 종은 울리나』*For whom the bell tolls*, 1940 같은 제목도 성서적이고 기독교적이라는 것을 알 수 있다.

우선 두 주인공의 이름을 한번 보자. 산티아고의 어원적인 출발점은 히브리어 '야곱'Ya'akov이다. 야곱이 스페인어 '야고'Iago를 거쳐 '성 야고'Sant Iago가 되었고, 그것이 우리의 주인공 노인의 이름 '산티아고'Santiago가 되었다. 스페인 북서부 갈라시아 지방에 있는 종교 도시 콤포스텔라Compostella 지역에서 성 야곱의 유물이 발견된 후 마을 이름을 산티아고로 부르기 시작했다. 그리고 9세기부터 유럽 여러 지역에서 순례의 길을 걷기 시작했는데, 그 종착지점이 산티아고였다. 그리고 콤포스텔라 산티아고 대성당은 성 야곱의 안식처이다.

노인과 40일 동안 동고동락을 한 '마놀린' Manolin 은 '마뉴엘' Manuel 의 애칭이고 마뉴엘은 '임마뉴엘' Immanuel 의 약칭이다. 히브리어로 임마뉴엘은 '우리와 함께 계시는 하나님'이다. 구약성서에서는 아하스 Ahaz 와 그 왕실을 구원하기 위해 태어날 아이에게 이사야가 상징적으로 붙인 이름이 임마뉴엘이고 신약성서에서는, 이견이 있을 수도 있지만, 신성과 인성을 동시에 부여 받은 구세주 예수 그리스도를 가리키는 말로 사용한다.

그림 95) 산티아고 데 콤포스텔라 대성당, 1075-1211, 로마네스크, 고딕, 바로크 양식, CC BY-SA 4.0, © Fernando Pascullo, via Wikipedia

그림 96) 대성당 파사드에 순례자의 모습으로 표현된 야곱, CC BY-SA 4.0, © Bjørn Christian Tørrissen, via Wikipedia

이제 작품 속에 나오는 성서적인 심상과 비유를 하나하나 살펴보자. 야곱도, 산티아고도 어부다. 야곱은 사람을 낚는 어부이고, 같은 맥락에서 산티아고는 마놀린을 '낚아' 키우는 어부이다. 산티아고의 집은 그야말로 헛간이다. 가구라고는 침대와 책상과 의자 한 개씩밖에 없는 방 한 칸 판잣집인데, 그 방에 예수의 성심聖心, Sacred Heart 그림이 있다:

> 이 판잣집은 '구아노'라는 대왕 야자수의 거친 껍질로 지었는데 방 안에는 침대, 식탁, 의자가 하나씩 있었고, 흙바닥에는 숯불을 피워 음식을 만드는 자리가 있었다. 섬유질이 질긴 구아노를 납작하게 여러 겹 포개어 만든 갈색 벽에는 컬러 물감으로 그린 예

> 수 그리스도의 성심상과 코브레의 성모마리아 그림이 걸려 있었다.The shack was made of the tough budshields of the royal palm which are called guano and in it there was a bed, a table, one chair, and a place on the dirt floor to cook with charcoal. On the brown wall of the flattened, overlapping leaves of the sturdy fibered guano there was a picture in color of the Sacred Heart of Jesus and another of the Virgin of Cobre.(16)

성심은 십자가에 못 박히신 예수님의 심장으로 인간을 사랑하는 예수님의 마음이다. 결국 산티아고의 판잣집은 교회가 되기도 하고 성당이 되기도 한다. 그리고 그 집의 주인은 예수 그리스도이다. 이런 맥락에서 산티아고는 그 방에 기거하면서 성심을 지키는 청지기인 것이다. 이 지점에서 노인과 소년의 종교적인 의미가 획득되고 산티아고와 마놀린의 궁극적인 관계가 형성된다.

산티아고와 마놀린은 40일간 함께 고기를 잡는다. 그런데 40이라는 숫자 역시 종교적인 숫자이다. 예수님의 40일 광야 기도를 연상시킨다. 또한 마놀린이 산티아고에게 "고기를 잘 잡는 어부는 많이 있고, 또 아주 뛰어난 어부도 몇몇 있죠. 하지만 할아버지에 비길 만한 사람은 없어요.There are many good fishermen and some great ones. But there is only you"(25)라고 할 때, 어부 중의 어부이신 예수님을 연상하게 된다. 그리고 산티아고가 잡은 고기의 피 냄새를 맡고 상어들이 접근하는데, 두 번째 나타난 두 마리 상어 중에 첫 번째 상어를 보고 산티아고가 내뱉는 외침, "아이Ay"를 헤밍웨이는 "손바닥을 뚫고 널빤지에 못이 박히는 것을 느낄 때 무의식적으로 지르는 그런 소리"'Ay', he said aloud. there is no translation for this word and perhaps it is just a noise such as a man might make, involuntarily, feeling the nail go through his hands and in the wood.(108)라고 묘사하고 있다. 이 장면은 자연스럽게 십자가에 못 박히신 예수님의 손바닥을 연상시킨다. 낚싯바늘에 걸린 고기의 움직임에 따라 낚싯줄을 당겨야 하는데, 왼손의 통증이 심하고 쥐가 자주 나자 산티아고는 "만약 또 쥐가 난다면 낚싯줄에 손이 잘리도록 그냥 내버려 둘 테야."He did not do so badly in the night, though, and he has only cramped once. If he cramps again let the line cut him off.(86)라고 하는 장면이 있다. 이 말은 "또한 만일 네 오른손이 너로 실족케하거든 찍어 내 버리라" 마 5:30 고 하는 예수님의 말씀을 상기시킨다.

산티아고가 청새치와 사투를 벌일 때 자기가 가지고 있었던 용기, 인내, 신념을 순간적으로 잊어버리고 외로움을 느끼면서 자신을 의심하기 시작한다. 산티아고 입에서는 더 이상 견딜 수도 버틸 수도 없을 것 같다는 고백이 흘러나오게 된다. 그때마다 노인은 소년이 곁에 있으면 좋겠다는 말을 되풀이한다. 기독교인으로서 구세주이신 예수 그리스도를 닮기 위해 애쓰고 평생 변함없는 신념으로 노력하며 살았는데, 예수님의 삶 속에서도 단 한 번 불확실하고 불안한 순간이 있었기 때문에 이 작품에서 산티아고도 마찬가지로 자기 삶에 대한 불확실함과 불안감, 그리고 고독을 피해갈 수 없다. "엘리 엘리 라마 사박다니! 하나님이여 ,어찌하여 나를 버리시나이까!"라고 외치신 예수 그리스도의 고독을 상기시키는 산티아고의 상황이다.

산티아고가 바다에서 빈손으로 지낸 85일째 되는 날부터 사흘에 걸쳐 사투를 벌이고 있는 고기를 보면서 "저놈을 잡으면 얼마나 많은 사람의 배를 채울 수 있겠는가? [···] 하지만 그들에게 저 고기를 먹을 만한 자격이 있을까? 아니 그럴 자격이 없어. 저렇게도 당당한 거동, 저런 위엄을 보면 저놈을 먹을 자격이 있는 인간이란 단 한 사람도 없어." How many people will he feed, he thought. But are they worthy to eat him? No, of course not. There is no one worthy of eating him from the manner of his behaviour and his great dignity.(77)라고 생각하는데, 이 장면은 바로 최후의 만찬, 즉 성찬식을 떠올린다, 예수님의 십자가를 생각하면 도저히 먹을 자격이 없는 인간들에게 예수님의 몸과 피를 나누어주는 의식이 바로 산티아고가 잡은 고기를 '먹을 자격이 없는 인간'과 나눠 먹는 행위와 일맥상통한다고 할 수 있다. 이제 산티아고가 88일째 되는 날 목숨을 걸고 잡은 고기 살점을 상어에게 다 뜯기고 앙상한 뼈만 남은 청새치를 짊어지고 새벽에 집으로 돌아온다.

노인은 다시 언덕길을 오르기 시작했고, 언덕 꼭대기에 이르렀을 때 그만 넘어져 돛대를 어깨에 멘 채 한참 동안 누워있었다. 일어나려고 애를 썼지만 너무 힘이 들었다. [···] 마침내 노인은 돛대를 집어 어깨에 메고 길 위쪽으로 올라가기 시작했다. 판잣집에 도착할 때까지 노인은 다섯 번이나 쉬어야 했다.He started to climb again and at the top he fell and lay for some time with the mast across his shoulder. He tried to get up. But it was too difficult ... Finally he put the mast up and put it on his shoulder and started up the road. He had to sit down five times before he reached his shack. (122-123)

이 장면 역시 예수님의 수난의 길, '십자가의 길'via crucis, via dolorosa을 연상시킨다. 그 길에서 채찍질 당하시고 골고다 언덕으로 올라가시다가 세 번 넘어지고 일어서는 예수님의 모습이 떠오르는 장면이다. 십자가의 길이 슬픔의 길이 되는 것 역시 노인이 바다에서의 삶을 마감하고 걸어가는 산티아고의 마지막 길이다. 이런 맥락에서 산티아고는 "차라리 어부가 되지 말걸 그랬나 보다."Perhaps I should not have been a fisherman, he thought.(51)라고 후회한다. 그러다가 다시 "그렇지만 어부가 되는 게 내 타고난 운명이 아닌가?"But that was the thing that I was born for.(52)라고 스스로에게 반문하게 된다. 말하자면 '어부'라는 존재 조건이 산티아고 삶의 시작이면서 동시에 마지막이다. 어부로서의 삶이 구세주 임마누엘을 길을 예비하는 것이고 노인 어부의 죽음이 구세주 예수님의 탄생을 전제하는 것이다. 어부의 투쟁적인 삶과 헌신적인 봉사, 희생적인 죽음이 없으면 구세주 또한 탄생할 수 없는 것이다.

『노인과 바다』를 궁극적, 종교적으로 읽으면 자연적 생명체 바다와 동물적 생명체 사자, 문화적 생명체 바닷사람이 함께 빚어내는 콩 찹쌀 시루떡 맛을 볼 수 있다. 자연과 동물, 문화, 그리고 그것을 대변하는 바다와 사자, 어부가 일차적으로는 제각각이기 때문에 자칫 폭력적일 수 있다. 하지만 판잣집 침대에서 잠들 때마다 바닷가에서 평화롭게 어슬렁거리는 사자들과 한데 어울려 지내면서 같이 호흡하는 산티아고의 삶 속에 이 세 가지 요소가 조화롭게 다 들어 있다고 볼 수 있다. 산티아고의 판잣집은 세 생명체가 공존하는 평화의 처소이고 처소의 주인은 벽에 걸려 있는 예수의 성심을 지키는 노인 산티아고이다. 이곳에서 사람 낚는 어부 야곱처럼 평화의 사도 산티아고는 매일 아침 일찍 고기를 잡으러 바다로 간다. 하지만 84일 동안 제대로 된 고기 한 마리, 즉 평화의 처소로 인도할 수 있는 생명체를 하나도 찾지 못한다. 그런데 85일째 되던 날, 이 세상 그 누구도 혼자 차지할 수 없는 거대한 고기,

말하자면 어느 한 사람, 한 집단, 한 국가의 소유물 내지 전유물이 될 수 없는 전 세계를 상징하는 청새치와 마주하게 되고 그 고기를 잡아 자신의 쪽배에 메달아 놓게 된다. 그런데 바로 그것 때문에 노인은 상어들의 공격을 받고 목숨의 위협을 느끼게 되는 것이다. 결국 상어들이 산티아고가 잡은 고기의 살점을 다 물어뜯고 산티아고는 앙상한 뼈만 남은 고기를 가지고 돌아오게 된다. 특이한 점은 이렇게 속이 텅 빈 청새치 속에 자연과 동물과 문화가 다 모여 있어 충만하게 빈 공간이 된다는 사실이다. 노인 역시 가난한 부자가 된다는 역설적인 사실이다.

총체적으로 볼 때 어부 야곱과 사도 산티아고, 고기 청새치는 제각각이면서 상징적·종교적으로 일체가 된다. 노인이 사력을 다해 얻은 생명체인 청새치의 투지력과 인내심은 다름 아닌 노인의 투지력과 인내심이다. 노인이 고기에게 동질감과 동격성, 사랑과 존경심, 연민과 동정을 느끼기 때문에 그를 '형제'라고 부르고, 고기가 상어에게 물어뜯길 때 청새치의 고통을 자신의 고통으로 느꼈기에 신음소리를 냈던 것이다. 결국 자기의 형제, 자기의 또 다른 존재인 청새치를 상어 떼=속세의 인간들에게 희생제물, 즉 예수님의 몸과 피로 형성된 성찬으로 다 바치고, 탈脫육신 상태의 앙상한 뼈만 남은 청새치를 끌고 바닷가로 나오게 되는 것이다. 돛=십자가을 혼자 힘겹게 어깨에 짊어지고 몇 차례 넘어지고 일어서기를 반복한 후 언덕=골고다을 올라오게 된다. 예수님의 손에 못이 박힐 때 내는 통증의 신음소리 '아이 Ay'가 부지중에 흘러나온다. 십자가의 고통과 죽음을 거쳐 영원한 본향으로 돌아온 노인 어부=청새치는 평화스러운 해변에서 거니는 사자의 꿈을 꾸면서 사자=왕 중의 왕 = 평화의 왕와 일심동체가 되는 것이다.

다층多層 바라보기

V

시루떡을 시루에 준비할 때 한 겹, 두 겹, 세 겹을 쌓으면서 맨 아래층에 콩 찹쌀을, 그리고 그 위에 찹쌀을, 맨 위에 멥쌀을 얹는다. 그리고 멥쌀 맛 시루떡부터 시작해서 찹쌀 맛과 콩 찹쌀 맛 시루떡을 차례로 살펴보았다. 『노인과 바다』의 사실적이고 현실적인 줄거리를 읽고, 그다음 원형에 해당하는 요소들을 찾아 그것을 상징적으로 읽어 보았다. 그리고 마지막으로 궁극적이고 종교적인 의미를 찾아 순례의 길을 떠나왔다. 이제 시루떡 시루에 김이 모락모락 올라온다. 시루떡이 맛있게 잘 만들어진 것 같다. 이제 시루를 엎어서 떡을 끄집어낼 때, 시루에 들어갈 때의 차원과 시루에서 나올 때의 차원이 역전된다. 그래도 아무런 상관이 없다. 세 가지 차원은 제각각인 것 같지만 결국은 세 가지 전부 시루떡이고 시루떡 맛을 낸다.

멕시코 만류가 흐르는 해안의 판잣집에서 평화로운 사자 꿈으로 시작한 생명이 노인이 되었다. 노인이 바다에서 사투를 걸고 잡은 고기는 스스로 몸과 피를 상어 떼에게 희생제물로 바치고 노인은 뼈만 남은 청새치를 돛에 달아 집으로 향한다. 무거운 돛을 짊어지고 언덕길을 오르면서 넘어지고 일어서기를 반복하다가 언덕을 지나 판잣집에 도착하여 깊은 잠에 빠지고 다시 사자 꿈을 꾸게 된다. 이 이야기에서 사자, 노인, 바다, 고기 등은 일종의 원형으로서 상징화되어 있다. 그리고 이 이야기를 세 번째 차원으로 옮길 수 있다. 갈릴리

베들레헴 어느 말구유에서 평강의 왕, 왕 중 왕 예수 그리스도가 탄생한다. 성부-성자-성신의 삼위일체에서 예수는 성聖육신incarnation하고 어부로 성육신화成肉身化 한다. 자신의 몸과 피를 최후의 만찬에서 성찬에 사용할 희생 제물로 바친 후 십자가를 지고 수난의 언덕길을 오르게 된다. 넘어지기를 수차례 반복하고, 죽음의 길이자 탈脫육신excarnation의 공간인 골고다를 지나 십자가의 길 끝에 있는 천국에 이른다. 성육신이 된 왕 중 왕=사자이 몸과 피를 속세의 인간들에게 희생하고 탈육신=뼈만 남은 청새치화 되어 영혼의 본향으로 돌아오는 구조인 것이다. 노인은 꿈속에서 만나는 평화의 사자로부터 시작하여 성찬의 청새치가 되고 마침내 영원한 평화의 집으로 돌아간다. 이제 산티아고의 시대가 끝나고 젊은 마뉴엘, '하나님이 함께 계신다'는 뜻의 이름 마뉴엘이 산티아고가 걸었던 순례의 길 위에 다시 들어서서 어부 산티아고의 길을 다시 걷게 될 것이다.

결론적으로 『노인과 바다』를 '예수와 세상', 혹은 '사자와 청새치'라는 제목으로도 생각할 수도 있을 것이다. 헤밍웨이보다 5년 전, 그러니까 1949년에 노벨 문학상을 수상한 포크너William Faulkner, 1897-1962가 『노인과 바다』를 헤밍웨이 최고의 작품으로 꼽으면서 동시대의 가장 중요한 작품이 될 것이라고 예언했다. 그리고 헤밍웨이가 『노인과 바다』에서 하나님을 찾았다고 단언할 수 없다고도 했다. 가톨릭으로 개종한 헤밍웨이가 독일 신비주의 사상가 켐피스Thomas a Kempis, 1380-1471의 『그리스도를 본받아』 *De Imitatione Christi* ca. 1418-1427를 접했는지는 모르겠지만 헤밍웨이가 의도를 가지고 의식적으로 예수님의 생애를 본받아 그 내용을 작품화했다고 생각하기는 어려울 것이다. 하지만 이 작품 속에서 우리는 예수 그리스도의 존재적 흔적을 경시할 수 없을 정도로 많이 찾을 수 있다. 이렇게 볼 때, 헤밍웨이나 산티아고가 사람을 낚는 어부인 예수님의 삶을 모방했다고 단적으로 말할 수도 없겠지만, 예수님의 생애를 전혀 고려하지 않았다는 결론을 내릴 수는 없다. 최소한 예수님의 모습을 닮기 위해 애를 쓰고 예수님 삶에 근접하기 위해 노력한 것 같아 보인다. 지향성은 모방성보다는 정도가 약하지만 무지보다는 훨씬 강하고 모방을 향해 열려 있다.

헤밍웨이의 삶 속에서 예수님을 찾았을 가능성 또한 배제할 수 없다. 헤밍웨이는 성격이 외향적이고 결심한 바를 행동으로 옮기는 사람이었다. 그래서 세 차례나 참전했다. 혈색소침착증이라는 유전질환, 당뇨, 간 이상 증세, 편두통 등 육체적인 고통에 시달렸고, 두 차례나 비행기에서 추락하여 심하게 골절이 되었으며, 아프리카 풍토병에도 걸린 때도 있고 1도 화상을 입은 적도 있다. 더구나 1940년을 전후해서 예이츠William Butler Yeats, 1865-1939, 조이스James Joyce, 1882-1941, 스타인Gertrude Stein, 1874-1946과 같은 친한 친구들이 사망했기 때문에 정신적인 충격이 컸을 것이다. FBI의 감시를 받기도 하고 문학평론가들의 가혹한 비판을 견뎌야 했기 때문에 스트레스와 불안에 시달려 전기충격요법을 한 달에 15번이나 받아야 했다고 한다.

인간이 이렇게 지독한 육체적·정신적 고통을 지속적으로 당하게 되면 누군가에게 매달리게 된다. 안식과 평화를 찾아 자신보다 더 큰 고통을 받은 자, 예수 그리스도를 찾을 수도 있을 것이다. 이런 맥락에서 우리는 헤밍웨이 자신도 그렇게 평가했고 노벨문학상 수상자의 대표작품으로 인정받은 『노인과 바다』를 '예수 지향성'을 가지고 있는 헤밍웨이의 의식적인 창작행위로 볼 수 있을 것이다. 한 걸음 더 나아가 『노인과 바다』, 혹은 『사자와 청새치』를 헤밍웨이의 '예수 지향적인 독백'으로 보고 우리도 산티아고처럼 두 팔을 벌리고 십자가 모양으로 누워 먼 나라 해변을 거니는 사자들의 평화를 꿈꿀 수 있기를 소망해 본다.

제6장

빌헬름 뮐러Wilhelm Müller와 함께 떠나는 『겨울여행』*Die Winterreise*

여행 시작하기 전 다녀와야 할 짧은 문화사 여행

I

우리에게 겨울여행을 안내할 뮐러Wilhelm Müller, 1794-1827는 낭만주의 시인이다. 그러므로 그를 따라나설 여행객들에게 요구되는 여행 준비 필수 품목은 낭만주의이다. 낭만주의의 근원을 찾아 올라간다면, 현대 문명의 아버지父라고 할 수 있는 17세기 이성의 시대로 거슬러 올라갈 수 있겠다. 천재의 세기라고 할 수 있는 이 시대를 "가라사대 '빛이 있으라' 하시니 뉴턴이 있더라"라고 표현할 수 있을 만큼, 이 시대에 탄생한 뉴턴Isaac Newton, 1642-1726, 갈릴레오Galileo Galilei, 1564-1642, 데카르트René Descartes, 1596-1650 등은 자연과학적 논리와 실험으로 측정과 예측 가능한 자연 및 우주를 정리하였고 이들이 밝혀낸 우주적인 빛의 특성은 이성, 질서, 법칙, 투명성이었다.

17세기가 중반에 들어서면 이성의 시대의 장남이라 할 수 있는 고전주의가 배태된다. "또 가라사대 '작은 빛이 있어라' 하시니 태양왕 루이가 있더라"라고 할 만큼 프랑스의 태양왕 루이 14세Louis XIV, Le Roi Soleil가 친정했던 1660년 이후 인류사적인 빛이라 할 수 있는 그리스 고전주의의 재발견이 시작된다. 꼬르네이유Pierre Corneille, 1606-1684, 몰리에르Molière, 1622-1673, 라신느Jean Baptiste Racine, 1639-1699등의 고전주의 작가들은 인간성, 합리성, 균형, 절제, 안정, 교양 등을 중시했던 그리스 고전주의의 가치를 재발견했고, 앙드레 지드Andre Paul Guillaume Gide, 1869-1951는 "고전주의는 프랑스의 창조물이다"라고 선언하기도 한다. 독일에서도 새로운 인본주의의 싹이 1770년대에 트기 시작했고, 괴테Johann Wolfgang von Goethe, 1749-1832와 쉴러Johann Christoph Friedrich von Schiller, 1759-1805는 그리스 고전주의에 심취하여 창의적인 변화와 건전한 성장을 중시했고, 1755년 미술사가 빙켈만Johann Joachim Winckelmann, 1717-1768도 "고귀한 단순함과 안정된 위대함"이라는 고전 예술관을 피력했다. 이 시대의 사회적인 빛의 특성은 이성적 규칙과 방법에 의한 진실 규명, 교양, 인내, 조화, 성장이다.

17세기 말에서 18세기 말-19세기 초인 1685년부터 1815년 사이에 이성의 시대의 차남이라 할 수 있는 계몽주의가 탄생한다. "또다시 가라사대 '더 큰 빛이 있으라' 하시니 자유가 있더라"라고 표현할 수 있는 이 시대는 정신사적 빛이 찬란히 빛나는 빛의 세기Aufklärung, Enlightenment, Siècle des Lumières이다. 베이컨Francis Bacon, 1561-1626의 경험론, 버클리George Berkeley, 1685-1753의 주관적 이상주의, 로크John Locke, 1632-1704의 개인과 국가, 볼테르Voltaire, 1694-1778의 『캉디드』*Candide, ou l'Optimisme*, 루소Jean-Jacques Rousseau, 1712-1778의 자연, 사회 계약론, 헤르더Johann Gottlieb von Herder, 1744-1803의 민주와 자율, 패인Thomas Paine, 1737-1809의 일반상식, 디드로Denis Diderot, 1713-1784의 『백과사전』, 몽테스키외Montesquieu, 1689-1755의 『법의 정신』*De l'esprit des lois* 등 과학 및 사회정치철학적 합리주의가 주요 물줄기를 이루는 시대이다. 이 시대를 지배한 정신사적 빛의 특성은 자연과학적 이성을 인간 사회적 준칙으로 개발했다는 것이다. 이 시대에 자유, 평등, 행복 추구 등의 개념이 등장하며, 이러한 개념은 미국 독립 전쟁1775-1783과 프랑스혁명1789으로 현실화되고 구체화된다.

18세기 말에서 19세기 첫 4반세기인 1790년대부터 1830년 사이에 이성의 시대의 3남이자 서자庶子인 낭만주의가 탄생한다. "또 가라사대 '빛이 있으라' 하시니 동경憧憬이 있더라"로 대변될 수 있는 이 시대는 정서적인 빛과 자유의 결실이 이루어지는 시대이다. 니체Friedrich Wilhelm Nietzsche, 1844-1900의 '반反계몽주의Gegenaufklärung' 정신에서 드러나듯, 이 시대는 반이성, 반계몽주의, 반고전주의 시대라 할 수 있겠다. 29세에 사망한 노발리스Novalis, Georg Philipp Friedrich Freiherr von Hardenberg 1772-1801는 고독과 감수성을 노래했고, 34세에 사망한 클라이스트Bernd Heinrich Wilhelm von Kleist, 1777-1811는 형식 탈피를 외쳤고, 36세에 요절한 바이런George Gordon

Byron, 1788-1824은 보편적인 미가 아니라 개인적인 미를 강조했고, 30세에 사망한 셸리Percy Bysshe Shelley, 1792-1822는 서정성을 노래했고, 26세에 사망한 키츠John Keats, 1795-1821는 <Ode on a Grecian Urn>에서 "Beauty is truth, truth beauty, — That is all/ Ye know on earth, and all you need to know"라고 하면서 이상적인 미와 진리의 동질성을 노래했다. 32세에 사망한 뮐러1794-1827는 1824년 『겨울여행』을 출간했다.

정서적인 빛의 특성은 곧 독일 낭만주의의 특성이라고 할 수 있는데, 계몽주의의 기준보다는 새로운 개인 정서적 열정을, 기준적인 전형典型보다는 자유, 개개인의 꿈과 감수성을, 이성의 수위성보다는 이상에 대한 동경, 감성의 미학, 자연 생태적 정열을, 빛보다는 밤, 어둠, 얼음, 어름, 눈, 겨울의 상태, 동경을 중시했다. 노발리스의 <밤의 찬미>Hymnen an die Nacht, 1800가 전형적인 예라고 할 수 있겠다. 이 시대는 또한 규격화와 정확성을 배제하고 무한 및 미지와 불확실성에 대한 동경, 불가능한 사랑 갈망, 존재하지 않는 '푸른 꽃'이상, 행복 등을 추구했으며, 삶과 성장과 조화보다는 이방인의 고독 및 고통과 죽음의 동경에 매료되었고, 현상적 질서보다는 괴테와 실러가 주도한 '질풍과 노도' 세대 때 태동한 반항 의식으로 무장되었으며, 자유에 대한 동경은 실러Johann Christoph Friedrich von Schiller, 1759-1805의 『돈 칼로스』*Don Carlos*, 1787에서 "폐하, 사고의 자유를 주십시오"라는 구절에서 잘 나타나 있다.

그림 97) <빌헬름 뮐러>, 요한 프리드리히 슈뢰터의 판화, 1830년경, via Wikipedia

겨울여행 떠나기

Ⅱ

그림 98) 카스파 다비드 프리드리히, <안개 바다 위의 방랑자>, 1817년경, 캔버스에 유채, 98x74cm, 함부르크 쿤스트할레

『겨울여행』 24편의 연작시집 에서 여행은 독일 낭만주의적 특성의 중요한 표현이다. 『겨울여행』의 표면적인 주제는 어느 실연한 청년의 겨울여행이다. 더 정확히는 어느 불쌍한 젊은 떠돌이의 겨울 방황 기록이다. 통용되고 있는 번역 시집명은 『겨울 나그네』이지만 24편의 연작시들의 구체적인 구절들을 보면 떠돌이 방랑아의 낭만성보다는 떠돌이의 방황과 비창함이 그 속에 더 고통스럽게 내장되어 있다.

전체적인 시적 모티브는 정신적으로 실향失鄕한 부평초의 구향求鄕이다. 고향에서 고향으로의 길을 찾아 방랑에서 방황을 거듭하는 떠돌이의 소망이다. 그러나 고향으로 가는 길을 찾아 헤매는 낭만주의적 서자庶子 인간의 여정은 전반적으로 얼어붙은 겨울밤 속에서 고통스럽게 진행된다. 24편의 시에 등장하는 상징적 단어 가운데는 '밤', '방랑', '눈물', '고통', '죽음' 같은 단어들이 36회 가량, '어름', '눈', '겨울', '얼음氷' 등의 단어들이 33회 가량 나타난다. 그러나 불안하고 으스스한 상징적 단어들의 행진에도 불구하고 낭만적으로 묘사된 겨울여행은 너무나 달콤하게 고독하고 눈물겹게 아름다우며, 뼈저리게 비참하고 넋이 빠지도록 우아한 고향 지향적 여행이다. 이것은 겨울을 방황하는 떠돌이의 정서적이며 동시에 정신적인 풍경이다.

『겨울여행』의 고향 지향적 단계를 입향入鄕, 출향·실향出鄕, 失鄕, 망향望鄕, 귀향還鄕의 네 단계로 나누어 본다. 그러나 그 정서-정신적 풍경이 단계적으로 묘사되기는 하지만 고향에서 고향으로 가는 그 길의 단계가 24개 시의 목차 순으로 진행되는 것은 아니다. 『겨울여행』이라는 시군詩群이 24개의 독립된 시들의 논리적 연결체가 아니며 그 4단계가 첫 시에서 끝 시까지 순차적으로 질서정연하게 진행되는 것은 아니라는 뜻이다. 오히려 24개의 연작시가 한 편의 긴 서정시적 독백이라고 하겠다. 동시에 고려해야 할 것은 서정적인 독백 역시 보편타당한 논리에 근거해서 원인과 결과에 따라 단계적으로 진행하지 않는다는 점이다. 한 가지 놀라운 것은 100여 년 후에야 제임스 조이스James Joyce의 『율리시스』*Ulysses*, 1922에서 발견할 수 있는 소위 '의식의 흐름'이 24편의 서정시에서 융합적 표현 도구로 쓰이고 있다는 점이다.

이러한 의식의 흐름 속에는 4개의 고향 지향적인 단계만 있을 뿐만 아니라 4개의 단계를 종횡하면서 나타나는 상징들이 있다. 잃어버린 고향과 연결되는 보리수, 냇물, 꽃, 푸른 들판, 연인, 꿈; 방랑과 연결되는 이방인, 추방, 피난민, 눈물, 고통; 겨울과 연결되는 눈, 얼음, 밤, 폭풍, 고독; 죽음과 연결되는 까마귀, 안식, 수면, 여인숙, 맨발의 악사 등이 멋대로 나타난다. 의식의 흐름 속에서는 관련된 단계와 상징들이 '언제, 누가, 어디서, 어떻게, 왜'라는 사안 논리가 적용되지 않기 때문이다. 오히려 시·공간적으로 서로 얽혀있는 시적 비빔밥을 조리해 낸다고 할 수 있기 때문에 그 통합적인 의미를 이해하기 위해서는 전체적인 비빔밥 여러 그릇의 내용물을 분해한 후에, 비빔밥을 만드는 순리적 단계와 시적 상징들을 새롭게 재조합해야 비빔밥 조리의 정량적인 구조와 정성적인 의미가 나타난다. 이것은 마치 몇 겹의 거미줄이 다차원적으로 연결되어 있으면서 다양한 먹거리 곤충, 즉 표상적 내용이 서로 무작위로 얽혀있는 것과 유사하다. 여기에서 이번에 체험할 『겨울여행』은 하나의 독백시 속 이곳저곳에 그냥 상황적으로나 암시적으로 특별한 질서 없이, 또 의식의 흐름처럼 나타나는 단계, 즉 4개의 고향 지향적 단계를 중심으로 생각한다. 그 단계가 위에서 언급한 대로 연작시의 목차 순으로 진행되지 않는다고 해도 첫 단계인 입향은 첫째 시에, 마지막 단계인 최후의 환향은 제일 마지막 시에 묘사되어있다는 사실은 우연이 아닌 것 같다.

1.

입향入鄕

입향은 시집의 첫째 시 <잘 자Gute Nacht>에서 이루어진다. 첫째 시 첫 문장이 "나는 이방인으로 왔다가...Fremd bin ich eingezogen,/ Fremd zieh' ich wieder aus."이다. 표현 자체가 인간이 이방인의 신분으로 처음 온 곳, 처음으로 태어난 곳이 고향이 되고 그 과정이 입향이다.[146] 이방인이 낯선 곳에 입향한 것이다. 인간이 "이 땅에 객"으로 왔다는 생각은 『시편 119, 19』 이전부터 있었으리라 추측한다. 입향의 첫인상은 아주 밝고 아름답다. "오월은 수많은

146 이후에는 (시 번호. 〈제목〉)의 양식으로 표기하고, 이미 언급된 시는 괄호 안에 시 번호만 표기한다.

꽃다발로/ 나를 맞아 주었지/ 처녀는 사랑을 이야기했고/ 어머니는 결혼까지도 이야기했지.Der Mai war mir gewogen/ Mit manchem Blumenstrauß./ Das Mädchen sprach von Liebe,/ Die Mutter gar von Eh'."(1) "나는 꿈을 꾸었다/...오월에 화사하게 핀 꽃들을...아름다운 새들의 지저귐을.Ich träumte von bunten Blumen, /So wie sie wohl blühen im Mai; /Ich träumte von grünen Wiesen, /Von lustigem Vogelgeschrei."(11. <봄 꿈>) 아름답고 화려한 꽃을 피우는 보리수 아래 편안하게 쉬면서 "수없이 많고 달콤한 꿈도 꾸고/ 그 나무에 사랑의 말을/ 많이 새겨놓기도 했다.Ich träumt in seinem Schatten/ So manchen süssen Traum./ Ich schnitt in seine Rinde/ So manches liebe Wort;"(5. <보리수>)

입향한 주인공이 처음에는 이 땅에서 좋은 고향을 얻었고 서로 사랑하는 사람을 찾아 과거의 방황을 다 정리하고 이제까지 얽매여 있던 고독과 고통의 멍에에서 벗어나서 삶의 행복을 추구할 수 있다고 믿는다. 그러나 가난한 주인공은 "부잣집 딸"(2. <풍향기>)인 그 처녀의 신랑감이 되지 못한다. 비낭만적인 현실 문제를 좀 더 일찍 알았더라면 "그런 집에서 참된 사랑을 찾을 생각도 하지 않았겠다.So hätt' er nimmer suchen wollen/ Im Haus ein treues Frauenbild."(2) 그러나 이제 되돌아보니 "바람이 사랑하는 이의 집 위에서/ 흔들리는 풍향기와 즐기고 있다./ 마치 가련한 이방인-난민을 희롱하며 쫓아내듯.Der Wind spielt mit der Wetterfahne/ Auf meines schönen Liebchens Haus./ Da dacht ich schon in meinem Wahne,/ Sie pfiff den armen Flüchtling aus."(2) 그 처녀의 사랑이 자기에게 항구적인 존재 가치를 부여해 준다고 생각했으나 그 사랑 자체가 바람에 날리는 갈대와 같이 무상하게 나타난다. 짝사랑하는 처녀를 떠나야 할 형편이다.

부잣집에서 쫓겨났으니 이제 "마을 사람들이 나를 내쫓을 때까지/ 머물러있을 필요가 있을까?Was soll ich länger weilen,/ Daß man mich trieb hinaus?"(1)라고 생각하면서 "나는 무거운 발걸음을 옮겨/ 나의 길을 가련다/ 즐거운 삶을 지나 외롭고 쓸쓸하게.So zieh ich meine Straße/ Dahin mit trägem Fuß,/ Durch helles, frohes Leben,/ Einsam und ohne Gruß."(12. <외로움>) "개들아, 짖어라. 짖어 나를 쫓아 버려라/ 나는 이제 모든 꿈을 버렸다.Bellt mich nur fort, ihr wachen/Hunde,/ Laßt mich nicht ruh'n in der/ Schlummerstunde!/ Ich bin zu Ende mit allen/ Träumen."(17. <마을에서>) 사랑도 잃고 마을에서 버림받은 내 모습,/ "얼어붙은 것과 같은 내 가슴속에/ 그녀의 모습이 차갑게 응시하고 있다. Mein Herz ist wie erstorben,/ Kalt starrt ihr Bild darin."(4. <동결>) 이제는 떠나는 것만 남았으니 처음 올 때 이방인으로 왔다가 이제 "다시 이방인으로 떠난다"(1) '이방인으로 왔다가 다시 이방인으로 떠난다'는 방랑아의 자화상에는 일차원적으로 나타나는 현재의 모습이 있다. 고향 안에 있거나 고향 밖에 있거나 관계없이 항상 고독하고 고립된 자아의 모습이다. 그러나 또 하나의 완전히 다른 방랑아의 모습이 『겨울여행』의 후반부(20. <이정표>, 22. <용기>)에 나타나는데 그것은 다시 언급하기로 한다.

그림 99) 잉고 퀼: <동결>, 1996, 슈베르트 '겨울나그네'의 24편 연작 중 4번 <동결>의 이미지, 캔버스에 유채, 120x300cm(두폭), CC BY-SA 4.0, © Sylt-Tinto, via Wikipedia

2.

출향出鄕 · 실향失鄕

출향은 이렇게 시작한다. 가련한 '마다리 청년'이 외로운 이방인으로 와서 힘겹게 얻은 고향, 사랑까지 찾았다고 착각하며 미래에 대한 꿈까지 꾸던 젊은이가 다시 외로운 이방인의 신분으로 고향을 떠나야 하는 출향이지만 이것은 고향을 단순히 떠난다는 것이 아니라 다시 돌아올 수 없는 출향이기 때문에 영원한 실향이 된다. 또한 실향민의 조건은 쫓겨나는 이방인의 고독한 방랑과 쓰라린 고통을 동반한다. 방랑이 가져오는 "현실의 세상은 음울하고/ 길은 눈으로 덮혀 있고.Nun ist die Welt so trübe,/ Der Weg gehüllt in Schnee." (1) "한없이 흐르는 내 눈물이/ 눈 위에 떨어진다.Manche Trän' aus meinen Augen /Ist gefallen in den Schnee."(6. <홍수>) 가는 길이 너무 피곤해서 어디 쉬려고 해도 눈 덮인 들판에는 앉을 곳도 없다. 그러나 잠시라도 쉬려니 "그냥 서 있기에는 너무 추워서/ 동사될 것 같은 내 발은 그냥 서 있는 것을 원하지 않는다.Die Füße frugen nicht nach Rast,/ Es war zu kalt zum Stehen."(10. <휴식>) 아래로 보니 끝없이 펼쳐진 동사의 들판, 고개 들어 위로 보니 거기에는 내 모습: "내 마음은 하늘에 그려진/ 내 자신의 모습을 본다/ 그것은 다름 아닌 겨울, 춥고 거친 겨울이다!Mein Herz sieht an dem Himmel/ Gemalt sein eig'nes Bild -/ Es ist nichts als der Winter,/ Der Winter, kalt und wild!"(18. <폭풍우 치는 아침>)

이러한 상황에도 불구하고 마다리 청년은 스스로에게 용기를 불어넣어 주려고 한다. "내 가슴의 소리를 듣지 마라/ 가슴이 불평하는 것에 귀 막으라/ 불평은 바보들의 짓...세상의 풍파 속으로 기꺼이 들어가자.Höre nicht, was es mir sagt,/ Habe keine Ohren;/ Fühle nicht, was es mir klagt, /Klagen ist für Toren. /Lustig in die Welt hinein/ Gegen Wind und Wetter!"(22) 그러나 다시 풍파 속으로 들어간다고 한들 실익이 있거나 조건이 향상되는 것도 아니고 오히려 자신을 더 잃게 된다. "오늘도 깊은 밤에 나는 나의 방랑의 길을 가는

데...겨울 찬바람이 내 얼굴을 치고/ 내 모자가 날아간다.Die kalten Winde bliesen /Mir grad ins Angesicht;/ Der Hut flog mir vom Kopfe, /Ich wendete mich nicht."(5) 여기서 독자가 다시 읽어야 할 부분은 속세의 바람이 방랑아의 얼굴을 친다는 것과 모자를 잃는다는 것이다. 한 인간이 당할 수 있는 가장 치욕적인 상징행위 중의 하나가 얼굴을, 뺨을 맞는다는 것이다. 또 '모자'라는 것은 한 인간의 상징적 위상이다. 학사모에서 유학자의 두건까지, 장군의 투구에서 황제의 왕관까지, 숙녀의 패션 모자에서 명예교수의 빵모자까지 모자는 한 인간의 신분이고 위상이다. 속세의 풍파가 우리의 가련한 방랑자의 자존인 얼굴을 치고 그의 신분인 모자를 날린다는 것은 방랑자의 존재가 파손당한다는 뜻이다. 출향 자체가 존재의 운명을 가름하고 결말을 제시한다고 할 수 있겠다.

그림 100) 1917년 엽서로 발행된 한스 발루쉑의 <성문 앞 우물 곁에> 1822,
엽서 크기 9.1x13.9cm, 베를린 독일 역사박물관, via Wikipedia

고향에서 쫓겨나듯 떠날 때 부잣집 딸을 사랑했다는 죄 외에는 내가 "사람들에게 부끄러워해야 할/ 그 어떤 잘못도 저지르지 않았는데.../ 나는 지금도 끝없는 방황 속에서/ 휴식 없이 휴식을 찾아 헤맨다.Habe ja doch nichts begangen,/ Daß ich Menschen sollte scheu'n, /Und ich wand're sonder Maßen/ Ohne Ruh' und suche Ruh'."(20) 출향과 출향을 동반하는 실향은 이방인이 피할 수 없는 삶의 여정이고 그 동반 조건은 존재에서 버림받은 절대적 외로움과 깨어진 사랑이 남겨놓은 아물지 않는 상처이다. 출향의 비극적 상황 속에서 한번은 다행하게도 어느 마을 "숯쟁이의 비좁은 움막에서/ 휴식처를 얻었다./ 하지만 여기저기 상처가 화끈거려서/ 몸이 편치 않았다./아, 이 사회에서의 투쟁과 격정 속에 거칠게 맞섰던 내 마음아,/ 너 역시도 적막함 속에서야 비로소/ 찌르는 듯이 아픈/ 상처를 느끼는구나! In eines Köhlers engem Haus /Hab' Obdach ich gefunden; /Doch meine Glieder ruh'n nicht aus: /So brennen ihre Wunden. / Auch du, mein Herz, in Kampf und Sturm/ So wild und so verwegen,/ Fühlst in der Still' erst deinen Wurm/ Mit heißem Stich sich regen!"(10) 여기에도 독자가 다시 읽어야 할 부분이 있다. '숯쟁이의 비좁은 움막'은 고향길이나 방황과 아무런 연관이 없어 보인다. 그러나 '이 땅에 객'이 되는 표류목이 썩어 없어지지 않고 본질을 보존하기 위해서는 숯가마의 질식할 것 같은 좁은 공간 속에서 불의 시련이 주는 찌르는 듯이 아픈 고통을 인내하고 오랜 시간의 정화과정을 거쳐야 썩지 않는 '숯덩이'가 된다. 그러나 숯이 되기 위한 길은 아직도 멀고 험난하다.

이방인이 아니었더라면 외로움과 아픔의 길을 피할 수 있었겠으나 뿌리 없는 떠돌이는 방황을 이어갈 수밖에 없다. "다른 사람들이 가는 쉬운 길을/ 나는 왜 피해가는 것일까?/ 숨은 길을 찾기 위해/ 왜 눈 덮인 높은 절벽을 지나는 것일까? Was vermeid' ich denn die Wege,/ Wo die ander'n Wand'rer gehn,/ Suche mir versteckte Stege/ Durch verschneite Felsenhöh'n?"(20) 그것은 일차적으로 실향한 인간이 어제의 아름다움, 잃어버린 고향을 꿈꾸기 때문일 것이다. 지난날을 그리워하는, 사라진 내면의 공간을 동경하는 망향望鄕이다. 출향을 거쳐 고향의 복원 불가능한 실향을 체험한 떠돌이가 이제 와서 옛날을 그리워하며 꿈속에서까지 방랑한다. 어릴 때 내가 사랑의 그림을 그렸던 "보리수는 꽃 피어 만발하고/ 맑은 시냇물은 졸졸 흘렀다/ 그리고 그녀의 두 눈은 뜨겁게 불타올랐고/ 그때 그것으로 너는 구제 불능이 되었다/ 그 시절 생각하면/ 다시 한번 보고 싶고/ 비틀거리며 돌아가/ 아무 말 없이 그녀 집 앞에 그냥 서 있고 싶다. Die runden Lindenbäume blühten,/ Die klaren Rinnen rauschten hell,/ und ach, zwei

Mädchenaugen glühten./ Da war's gescheh'n um dich, Gesell!/ Kommt mir der Tag in die Gedanken,/ Möcht' ich noch einmal rückwârts seh'n,/ Möcht' ich zurücke wieder wanken,/ Vor ihrem Hause stille steh'n."(8) 그러나 다시 생각해보면 "그녀를 만난 날/ 그녀를 떠나 온 날/ 그 이름과 날자 주위에는/ 조각난 반지만이 맴돌고 있었다.In deine Decke grab' ich/ Mit einem spitzen Stein / Den Namen meiner Liebsten/ Und Stund' und Tag hinein."(7. <냇물>) 그를 더 비참하게 만드는 것은 한없이 기다리지만 오지 않는 소식: "우편 마차의 나팔 소리가 들린다/ 아 내 가슴아/ 왜 이렇게 떨리지?... 그러나 우편 배달부가 너에게는 오지 않는구나.Von der Straße her ein/ Posthorn klingt./ Was hat es, daß es so hoch aufspringt, Mein Herz?// Die Post bringt keinen Brief für dich."(13. <우편 마차>) 지금은 그냥 외롭게 "홀로 앉아/ 기쁨과 행복의 꿈을 되새겨 볼 뿐Nun sitz ich hier alleine/ Und denke dem Traume nach."(11)이다. 가련한 마다리 청년이 불가피하게 인지하는 허탈감이 망향에 대한 해답같이 나타난다.

방랑아의 탐구가 "무덤 앞에 눈물Wein' auf meiner Hoffnung Grab."(16. <마지막 희망>)로 이어지기 때문에 이 방황의 길에서 벗어나고 싶어 한다. 벗어날 수 있는 길은 하루빨리 노인이 되어 생을 미감하는 자연사의 길이다. 빨리 늙고 싶어 한다. "서리가 머리에 내려/ 하얗게 덮어버렸다/ 이제 늙었구나 하고/ 한없이 기뻐했지만/ 서리는 곧 녹아버리고/ 머리는 다시 검게 되었다.Der Reif hatt' einen weißen Schein/ Mir übers Haar gestreuet,/ Da glaubt' ich schon ein Greis zu sein/ Und hab' mich sehr gefreuet. /Doch bald ist er hinweggetaut, /Hab' wieder schwarze Haare."(14. <백발>) 방랑아는 계속 한탄한다. "저녁노을에서 새벽 사이에/ 백발이 된 사람도 많건만/ 기나긴 여정 속에서도 내 머리칼은 변치 않았으니/...나의 젊음이 진절머리 날 정도다/ 나를 화장해 줄 장작더미는 어디 있나!Wie weit noch bis zur Bahre!// Vom Abendrot zum Morgenlicht/ Ward mancher Kopf zum Greise./ Wer glaubt's? und meiner ward es nicht /Auf dieser ganzen Reise!"(14) 머리칼은 계속 검게 남아있고 머리칼 검을 때 시작한 방황의 길 또한 계속된다. 고뇌와 실망의 연속이다.

3.

망향望鄕

방랑아는 출향과 출향을 동반하는 실향의 실체를 뼈저리게 체험하면서도 숙명적으로 계속되는 방황의 길에서 벗어나지 못한다. 그렇기에 잃어버린 고향, 출향 전의 고향으로 환원하고 싶어 망향의 꿈속으로 빠져들지만, 그 망향 역시 정겹지만 헛된 도깨비불이다. 고향을 바라보는 망향望鄕이 가져온 것은 잃어버린 고향의 망향성亡鄕性에 대한 재확인뿐이다. 망향의 길 앞에 "이정표 하나가/ 꼼짝도 않고 내 앞에 서 있고/ 나는 이정표 따라가야만 한다/ 그 누구도 돌아오지 않은 길을.Einen Weiser seh' ich stehen/ Unverrückt vor meinem Blick; /Eine Straße muß ich gehen,/ Die noch keiner ging zurück."(20) "모든 냇물이 바다를 만나듯이/ 모든 고뇌도 죽음을 맞는 법Jeder Strom wird's Meer gewinnen,/ Jedes Leiden auch sein Grab."(9. <도깨비불>)이다. 방랑자가 운명적으로, 즉 인간 존재적으로 피할 수 없이 택한 길, 불가항력으로 주어진 길은 한쪽을 가리키는 망향亡鄕의 이정표가 보여준다. 그런데 더 해괴하게도 "마을에서부터 나를 따라오는/ 까마귀 한 마리/ 지금 이 순간에도/ 내 머리 위를 맴돌고 있다./ 야, 이 고약한 놈아, 이제 그만 떠나거라/ 아니면 혹시라도 내 몸덩이를/ 네 먹잇감으로 생각하나/ 사실 나는 이제 내 지팡이에 기대어/ 더 이상 걸을 수도 없다.Eine Krähe war mit mir/ Aus der Stadt gezogen,/ Ist bis heute für und für Um mein Haupt geflogen./ Krähe, wunderliches Tier,/ Willst mich nicht verlassen?/ Meinst wohl, bald als Beute hier/ Meinen Leib zu fassen?/ Nun, es wird nicht weit mehr geh'n/ An dem Wanderstabe."(15. <까마귀>) 방랑아가 택한 길이 결국에는 까마귀가 안내하는 망향亡鄕의 길, 묘지로 귀착한다.

나를 더 이상 인도해 줄 수 없어 나와 같이 모서리에서 쉬어야 할 "내 지팡이"의 자리는 방랑아가 어릴 때 자주 찾아왔던 나무, 기쁠 때나 슬플 때나 항상 찾아와서 평화와 안식을 얻을 수 있었던 "성문 앞 우물가에 서 있는 보리수"에 이미 나타나 있다. 방랑아가 망향望鄕의 길에서 고향을 찾을 때마다 보리수(5)는 방랑자를 불러왔다: “나에게 오너라, 이 친구야/ 너는 네 안식을 여기서 찾는다!Komm her zu mir, Geselle,/ hier find'st du deine Ruh!” 여기 – 네 개인적인 안식 – 찾는다(직설법). 모든 것이 일장 동몽冬夢으로 끝나는 지금에도 방랑자는 듣고 있다: “내가 지금은 비록 그곳에서 멀리 떨어져 있지만/ 잎사귀의 바삭거리는 소리를 늘 듣고 있다: / 거기서 너는 안식을 찾을 수 있을 것이다nun bin ich manche Stunde/ entfernt von jenem Ort/ und immer hoer' ichs rauschen:/ Du fändest Ruhe dort!” 거기 – 너는 보편적인 안식 – 찾을 수 있을 것이다(가정법).

독일어 원문에서 보면 두 문장에 차이가 있다. 첫 번째 문장에는 “hier find'st du deine Ruh”이고 두 번째 문장에는 “du fändest Ruhe dort”이다. 첫 문장은 개인적인 안식을 직설법 동사로 ‘여기서 찾는다’고 표현되어있으나 둘째 문장은 보편적인 안식을 가정법 동사로 ‘거기서 찾을 수 있을 것이다’라고 되어 있다. 첫째 문장에는 문제가 없다. 그러나 둘째 문장은 다르다. 이 안식은 모든 인간이 여기가 아닌, 미래에 거기에서 얻을 수 있을 안식이기 때문에 가정이다. 이제는 단순히 한 방랑자의 안식이 아니고 모든 방랑자의 안식, 모든 순례자의 보편적이고 존재적인 안식, 마지막 안식으로 나타난다. 우리의 방랑자 역시 그곳을 찾아가야 한다.

이것이 최후의 환향還鄕이다. 방랑아는 입향과 출향, 출향을 동반한 실향, 실향에서 벗어나 귀향하려는 망향望鄕, 망향望鄕의 파괴적 결과인 망향亡鄕 등 모든 것과 그것을 병행하는 쓰라림을 체험했다. 이제까지 살아온 생의 흐름은 “냇물이 바다를” 만나러 가는 흐름이었으며 모든 것은 오싹하게 “서늘한 여인숙으로 인도”하는 길이었다는 절망적인 결론을 내린다. 절망적인 종결 후에 남는 것은 최후의 환향이다. 그러나 환향은 고생했다고 그냥 주어지는 선물이 아니다. 환향은 또 다른 차원에서의 귀향이다. 환향의 길을 암시하는 풍향계, 그 길로 안내하는 이정표가 이미 존재하고 있었고 그 이정표는 다른 구조로 형성되어 있다.

그림 101) 카스파 다비드 프리드리히, <눈 속의 수도승>, 1808, 캔버스에 유채, 73x106cm, 노이에피나코텍 소장 중 1931년 뮌헨 신분리파 전시장이었던 수정궁 화재로 소실

그림 102) 에른스트 발라흐, <등불>, 드라마『가련한 사촌』(1919) 삽화, 종이위에 석판화, 26x36cm 고향별을 찾아 방랑한 주인공 한스 이퍼를 다룬 드라마

4.

귀향歸鄕

실질적인 귀향이 아니고 귀향하려는 망향望鄕까지 실패하고 난 방랑아-이방인이 실존의 심오한 고독과 현상의 물리적 고통을 인내하며 고향을 갈구해온 생의 여정이 절망적인 진퇴 불가의 절벽 앞에 서게 된다. 여기에 이방인의 역설적인 본질이 나타난다. 처음부터 방랑아-이방인은 "다른 사람들이 가는 쉬운 길"을 가지 않고 "눈 덮인 높은 절벽"을 지나왔다. Was vermeid' ich denn die Wege,/ Wo die ander'n Wand'rer gehn,/ Suche mir versteckte Stege / Durch verschneite Felsenhöh'n?(20) 인간 사회의 찬바람이 그의 얼굴을 쳐서 인간성을 모독하고 모자를 날려버려 사회적 존재성을 파손해도 "나는 돌아서지 않았다. 나는 피하지 않았다" (5) 지금도 세상의 풍파 속으로 기꺼이 들어가고 또 운명의 폭설이 내 얼굴을 쳐도 나는 고개 돌리지 않는다. (22) 즉, 나 이방인은 평범한 인간이 아니고 더 고귀한 이상을 추구하는 인간성의 소유

자라는 뜻이다. 다른 별에서 '이방인'으로 이 땅에 왔다가 이 땅 또한 이방인의 고향-별이 아니라고 선언하고 또 다른 별을 향해 떠난다. "나는 나다"라고 생각하며 고개 쳐드는 이방인은 반항아가 되어 선언한다. "이 세상에 신神이 없다면,/ 바로 우리가 신이다.Will kein Gott auf Erden sein/ sind wir selber Götter." (22) 이방인의 수려한 뜻을 거두어 줄 수 있는 신이 없는 세상에서는 이방인 자신이 신이라는 뜻이다. 잃어버린 고향을 찾아 고독한 겨울여행을 하는 방랑아의 불쌍한 모습뿐만 아니고 신까지 부인할 수 있는 방랑아의 교만한 자화상이 여기서 드러난다.

그림 103) 윌리엄 헨리, 1903년 이전, via Wikipedia

그림 104) 카스파 다비드 프리드리히, <눈 속의 묘지>, 1826, 캔버스에 유채, 31x25cm, 라이프치히 Museum der Bildenden Künste

『겨울여행』1824 보다 한 반세기 후에 영국 시인 윌리엄 헨리William Henley, 1849-1903가 쓴 '정복당하지 않은 자'라는 뜻을 가진 시 <Invictus>1875가 있다. 가난한 집안의 6남매 중 장남으로 태어났지만 어린 동생들 다섯 명은 모두 다 죽고 혼자 살아남았다. 12세부터 결핵으로 고생하고 14세에 어머니를, 19세에 아버지를 잃었으며, 25세에 결핵성 골수염으로 왼쪽 다리를 잃고 오른쪽 다리도 잃어버릴 뻔했던 시인이다. 시 <Invictus>는 다리가 절단된 직후에 절망을 극복해 나가며 쓴 반항시이다.

사면에 나를 둘러싸고 있는 밤	Out of the night that covers me
칠흑 같은 구덩이 속에서라도	Black as the pit from pole to pole,
신들이 무엇이든 간에	I thank whatever gods may be
내 불굴의 영혼에 감사한다.	For my unconquerable soul.
...	
가는 길이 얼마나 좁고 험하든	It matters not how strait the gate,
형벌이 얼마나 가혹하든 상관없다.	How charged with punishments the scroll,
나는 내 운명의 주군이고	I am the master of my fate:
나는 내 영혼의 선장이다.	I am the captain of my soul. 필자 번역

뮐러보다 더 큰 반항아의 더 깊은 교만이다. 헨리의 경우에는 이해할 수 있는 반항적 교만이라고 할 수 있겠다. 그러나 우리의 방랑아, 환향을 원하는 이방인이 가야 할 길은 그의 배경이 어떻든 교만의 길이 아니다. 교만의 차원을 넘어 마지막 고향을 찾아가야 한다. 다만 환향의 길을 찾기 전에 몇 과정을 넘어야 한다. 이러한 과정들은 시인 뮐러가 의식적으로 생각해서 시적으로 표현했다고 단정하기는 어렵지만 시인 뮐러 가문의 루터-개신교 전통에서 무의식적으로 나타나는 종교적인 양상이라고 하는 것이 더 적합할 것이다.

첫째 과정이 생의 가장 큰 죄라고 할 수 있는 교만고전극적 hybris, 중세 종교적 superbia에 대한 깊은 뉘우침이다. 교만한 이방인-반항아의 생애에서 불가피하게 나타나는 중세적인 상등 통회通悔 contritio이다. 자기는 평범한 인간이 아니고 스스로의 가치에 근거해서 무한의 이상을 찾아가는 험난한 길을 혼자서 개척할 수 있다고 확신했던 교만한 이방인-인간의 모습이다. 진리라고 믿고 고통을 통해 탐구해온 혼자만의 길, 더 높은 차원의 별을 찾아 방황한 길은 도깨비불이 밝힌 헛길일 뿐이었다는 사실을 깊게 느끼는 것이다. "우리의 슬픔도, 우리의 기쁨도/ 모두 도깨비불의 장난일 뿐. Uns're Freuden, uns're Leiden,/ Alles eines Irrlichts Spiel!" (9)이다. "방랑자를 홀리는 빛 …/ 아, 화려한 속임수에 몸을 맡기는/ 나처럼 가련한 자 어디 있으랴. Ein Licht tanzt freundlich vor mir her … / Ach! wer wie ich so elend ist,/ Gibt gern sich hin der bunten List." (19. <환영>) 허망한 꿈에 대한 깊은 뉘우침이 남기는 것은 허망한 세상 속에서 흘리는 "얼어붙은 눈물(3. <Gefror'ne Tränen>)"이다.

통회에 이은 두 번째 과정은 뉘우침에 따른 고백confession이다. 현실을 떠나 다른 별을 찾아 도도한 고독의 길을 헤맨 방랑아의 삶이 비참하다는 고백이다. 지금의 자기모습이 춥고 거칠고 메마른 겨울의 모습이다.(18. <폭풍우 치는 아침>) 이상에 대한 꿈, 영원에 대한 동경과 같은 모든 희망이 사라진 모습이다. "아, 나뭇잎이 떨어지면/ 나의 희망도 같이 떨어지고/ 나 역시도 바닥에 떨어져/ 내 희망의 무덤 앞에서 눈물 흘린다. Ach, und fällt das Blatt zu Boden,/ Fällt mit ihm die Hoffnung ab;/ Fall' ich selber mit zu Boden,/ Wein' auf meiner Hoffnung Grab." (16. <마지막 희망>) 방랑아를 황무지로 안내하는 이정표의 길은 모든 희망을 종결하는 길이었다는 고백이다. "내가 택한 길이/ 나를 묘지로 인도했구나/ … 죽음의 초록색 화환은/ 분명 이 지친 방랑자를/ 서늘한 여인숙으로/ 인도하는 징표이겠지. Auf einen Totenacker hat mich mein Weg gebracht;/ … Ihr grünen Totenkränze könnt/ wohl die Zeichen sein,/ Die müde Wand'rer laden ins/ kühle Wirtshaus ein." (21. <여인숙>) 계획적이든 착오든 실수든 관계없이 방랑자가 택한 자만의 길에서는 비통한 죽음 외에 더 이상 찾을 수 있는 것이 없다는 고백이다.

고독한 방랑아의 결론적 고백이 『겨울여행』의 23번째 시 <환상의 태양>에서 다시 형상화되어 나타난다. "하늘에 세 개의 태양이 떠 있어/ 오랫동안 꾸준히 지켜보았다/ 마치 내게서 떨어지지 않으려는 듯/ 그 자리에 그대로 남아있었다. Drei Sonnen sah ich am Himmel steh'n,/ Hab' lang und fest sie angeseh'n;/ Und sie auch standen da so stier,/ Als wollten sie nicht weg von mir." 세 개의 태양은 아마 주인공 마음의 태양이었을 것이다. 첫째가 생명체에 온기를 부여하는 '사랑'이고 그 다음이 생명체가 내일을 살아가기 위한 '희망'이었을 것이다. 그러나 "두 개는 지고 말았다.Nun sind hinab die besten zwei." 첫 태양 '사랑'은 이미 오래전에 사라졌고 둘째 태양 '희망' 또한 낙엽처럼 떨어져 이제 나는 "내 희망의 무덤auf meiner Hoffnung Grab"(16. <마지막 희망>) 앞에서 눈물을 흘리고 있는 상황이다. 셋째 태양은 비록 사랑과 희망이 사라졌다고 해도 끈질기게 남아 있는 '목숨' 그 자체일 것이다. 그러나 방랑아가 현재 조건에서는 공허한 셋째 태양도 원하지 않는다. "셋째 태양 도 가버리면 좋겠다./ 이유는 어둠이 훨씬 더 편할 수 있기 때문이다.Ging nur die dritt' erst hinterdrein! /Im Dunkeln wird mir wohler sein." 목숨도 거두고 영면의 편안함을 원한다는 뜻이다.

고독하고 고통스러웠으나 교만한 일생을 마무리하고 싶은 심정으로 마지막 과정에 직면하고 있다. 마지막 과정은 고백에 가치를 부여하는 참회 행위, 보속補贖 satisfactio이다. 여기에서 참회 행위는 음악으로서 시작하고 음악으로 끝난다. 마을 건너 여인숙으로 가는 길목에서 방랑아-고백인에게 음악 소리가 들려온다. 손풍금 돌리는 거리의 악사가 만들어 내는 음악이다. "마을 건너 저편에/ 손풍금 돌리는 악사가 있어/ 추워 굳은 손이지만/ 계속 돌리고 있다./ 얼음 위에 맨발로 서서/ 비틀거리는데/ 앞에 놓인 작은 접시는/ 늘 비어있다./ 모두 다 듣기 싫어하고/ 누구도 쳐다보지 않는다./ 개들만이 그 앞에서/ 으르렁거린다./ 세상사 모든 것을 가는 대로/ 그냥 두고/ 손풍금만 계속해서/ 멈추지 않고 돌린다./ 기이한 영감님/ 나도 같이 따라갈까요?/ 내 노래도 연주해 주시겠어요? Drüben hinterm Dorfe/ steht ein Leiermann/ Und mit starren Fingern/ dreht er, was er kann./ Barfuß auf dem Eise/ wankt er hin und her / Und sein kleiner Teller/ bleibt ihm immer leer./ Keiner mag ihn hören,/ keiner sieht ihn an,/ Und die Hunde knurren/ um den alten Mann./ Und er läßt es gehen/ alles, wie es will,/ Dreht und seine Leier/ steht ihm nimmer still./ Wunderlicher Alter,/ soll ich mit dir geh'n?/ Willst zu meinen Liedern/ deine Leier dreh'n?"(24. <손풍금 악사>)

사람 사는 마을 지나서야 보이는 사람 살지 않는 저편, 아마도 죽음의 계곡으로 내려가는 얼어붙은 들판 길에 어떤 사람이 맨발로 혼자 서서 추워 굳은 손으로 음악을 틀고 있다. 동네에서 묘지로 가는 영혼들을 안내하고 있는 것이니 음악은 진혼곡이겠다. 공수거空手去 저편 관 속에 누워야 할 사람들을 위하여 있기에 이제는 음식도 돈도 신발도 필요 없어 빈 밥그릇-동냥그릇 뒤에 맨발로 비틀거리며 서 있다. 모든 사람이 만나기 두려워하고 피하고 싶은 죽음의 전령사 영감님이다. 심지어는 개들마저 영감님을 사람 사는 동네 마을에서 죽음의 계곡으로 쫓아내고 싶어 으르렁거린다. 그러나 풍금장이 영감님은 속세의 사건들은 아랑곳없이 모든 생명을 종착역으로 안내하는 시간의 풍금만을 돌린다. 그런데 정상적인 자연 현상에서는 죽음이 삶을 찾아오지만 여기서는 참회하는 방랑아가 셋째 태양을 품고 죽음을 찾아간다. 혼자만의 비범하고 영웅적인 길을 택해서 평생을 고독하게, 그러나 고고하게 방황하던 방랑아였지만 지금은 이제까지 품고 있던 교만에 대한 가장 뼈저린 참회이며 가장 깊은 보속의 표현이 죽음의 심판 자체라는 인식, 교만에 대한 삯으로 마지막 남은 셋째 태양-목숨까지 바쳐야 한다는 인식하에 스스로 죽음의 사자인 영감님을 직접 찾아가서 간청한다: "내 노래도 연주해 주시겠어요?"

추방당한 이방인의 고독과 반항적인 이방인의 교만을 동시에 지닌 방랑아의 "내 노래"는 긍지와 자만, 탐구와 방황, 고통으로 얽힌 생애를 정리하는 참회 행위이다. 보리수나무와 일심동체가 된 실존적인 이방인-방랑아-반항아가 현상적이지만 부패하지 않는 가치를 가진 보리수 숯이 되어 고독과 교만을 정화하고 자신의 안식을 찾기 위해 고통의 긴 여정을 거친다. 더 나가서 높은 융점의 온도와 막대한 압력의 시련과 거대한 시간의 인내를 넘어 순수한 결실의 알맹이, 투명하게 빛나는 탄소보석이 되기 위한 순례의 긴 겨울여행을 다 마친 후에, 통회와 고백과 보석의 과정까지 다 마치고 최후의 환향 길로 들어서면서 부르는 노래이다. 노래의 주제는 마지막 보속을 행함에 따라 얻을 수 있는 속죄와 평안의 내용으로서 본질적으로는 다르다고 하더라도 아마 옛 로마 시인의 생각과 비슷할 것이다: "이제는 좀 더 숭고한 노래를 부르자"버질, 『목가』 Virgil, *Eclogue* IV, 1.

이로써 첫째 시 <잘 자Gute Nacht>에서 이방인의 입향과 출향으로 시작한 『겨울여행』의 독백의 노래라 할 수 있는 시 24편이 긴 의식의 흐름으로 진행된 다음, 마지막 시 <손풍금 악사>에 등장하는 영감님의 연주로 끝난다. 손풍금 악사 영감님은 이제 더는 망향亡鄕의 동토凍土인 묘지의 장송곡-연주자가 아니고 최후의 환향 길, 영혼의 본향 길의 이정표이자 안내자가 되어 있다. 영감님이 연주하는 곡은 출향한 실향인-탕자를 영원한 집으로 부르는 보리수의 바람 소리이고, 방랑아의 긴 의식의 흐름은 처음으로 선명하게 들리는 이 바람 소리와 화음을 이루며 지친 영혼을 평화의 안식으로 안내하는 연미사곡 "내 노래"로 잠든다.

그림 105) 카스파 다비드 프리드리히, <눈 속의 고인돌>, 1807, 캔버스에 유채, 61x80cm, 드레스덴 국립미술관

제7장

섬의 혈액형

섬에는 여러 생명체가 군소 군락을 이루어 살고 있다. 땅속에서 번성하는 미생물, 땅 위에서 비틀거리는 깃털 없는 두발 짜리 동물, 또 잘 보이지 않는 들꽃에서부터 솟아오른 바다 소나무에 이르기까지 다양한 형태의 세포 조직체가 살고 있다. 섬 자체가 하나의 살아있는 생명체이다. 하나의 생명체로서의 섬은 다른 생명체 섬들과 구분되는 자신만의 독특한 특성이 있는가 하면 다른 생명체 섬들과 공유하는 생명의 특성이 있을 것이고, 그 공유하는 특성은 인류를 혈액으로 분류하듯 분류할 수 있을 것이다. 다만 섬의 혈액은 섬의 본질을 나타내는 상징적인 의미의 초상화적인 혈액일 것이다.

이 글의 목적은 필자가 임의로 10개의 섬을 택해 그 성분을 우선 두 가지 혈액형으로 분류하는 것이다. 호머Homeros 문학에서는 그 혈액을 이미 원형적으로 구분해 놓은 예가 있다. 10여 년의 전쟁을 마치고 또 다른 10여 년의 귀향길에 오른 오디세우스Odysseus는 트로이Troy에서 자기의 왕국 이타카Ithaca까지 대략 14개의 지역을 거친다. 현재 대부분의 학자들은 그 지역의 분포, 즉 표류 및 방황의 영역을 3개의 대륙소아시아, 유럽, 아프리카 및 5개의 바다에게해, 이오니아해, 지중해, 티레니아해, 발레아레스해로 추정하는 것 같다. 소아시아에서 이베리아까지 오가면서 오디세우스와 그의 뱃사공-전사들은 노략질하기도 하고, 심지어는 태양신의 암소들을 잡아먹기도 하며, 또 어떤 때에는 괴물들에게 잡아먹히기도 한다. 그 과정에서 트로이를 떠날 때 오디세우스가 거느렸던 12척의 선박과 600여 명의 전사들이 끝에는 한 척의 배와 소수의 전사만 남아 있게 된다.

오귀기아Ogygia 섬

I

그 14개의 지역 가운데 8개의 섬이 있는데, 그 중에 2개의 섬에서만 표류자 오디세우스가 긴 시간을 보낸다. 여신 칼립소Calypso가 살고 있는 오귀기아Ogygia섬에서는 7년을, 마녀 키르케Circe가 있는 아이아이아Aeaea섬에서는 1년을 보내는데, 시인 호머는 이 두 섬에 특별한 관심을 보이는 것 같다. 첫 번째 섬은 "여신들 중에서도 고귀하고 존경스런 요정 칼립소"가 살고 있는 오귀기아이다. 나중에 헤르메스Hermes가 이 섬을 다음과 같이 묘사하고 있다:

큰 동굴 안에서 머리를 곱게 땋은 요정을 만났다.
화로에는 불이 활활 타고 있고 잘게 쪼갠 삼나무와
향나무 장작이 타는 향기로운 냄새가 섬 전체에 진동했다.
그녀는 안에서 고운 목소리로 노래를 불렀고
베틀 앞을 오락가락하며 황금 북으로 베를 짜고 있었다.
동굴 주위에는 오리나무, 백양나무, 냄새가 좋은 삼나무하며
나무들이 울창하게 자라는 숲이 있었다 …
포도나무 덩굴이 무성하게

뻗어있고 거기에는 포도송이들이 주렁주렁 달려있었다.

그리고 맑은 물의 샘 네 개가 나란히 흐르고 있었다 …

그 전체가 제비꽃과 셀러리가 만발한

부드러운 풀밭으로 둘러싸여 있어 불사신이라도 그곳을

보게 되면 감탄하고 마음속으로 기뻐하지 않을 수 없었다.

천병희 번역, 2006년

이 섬은 간단하게 표현해서 낙원적인 요소를 많이 안고 있는 전원적인 섬이다. 이 섬의 주인공 칼립소 요정-여신은 오디세우스를 7년 동안 잡고 있으면서 자기와 결혼하면 불사신으로 만들어 주겠다는 유혹까지 하지만, 오디세우스는 결국 수호신 아테네Athena의 도움으로 반 낙원 같은 섬을 떠난다. 칼립소는 미녀 여신인 자기와의 결혼뿐만 아니고, 그리스 영웅이라면 누구나 다 소망하는 영원의 명예까지 거부하고 떠나는 오디세우스를 위해 선박도 지어주고, 항해에 필요한 식량도 준비해 준다. 혼자 남아 있지만 아름다운 칼립소가 지키고 있는 이 섬의 혈액형은 주인을 닮아 OK형이다.

그림 106) 피터 브뤼겔(the Elder), <오귀기아 동굴 속의 오딧세우스와 칼립소>, 1616년경, 캔버스에 유채, 런던 Johnny van Haeften Gallery

그림 107) 로마 남쪽에 위치한 키르케의 섬 아이아이아, 오르텔리우스(Ortelius)가 1624년에 출간한 지도책 Theatrum Orbis Terrarum 속의 세계지도 중 이탈리아 부분, via Wikipedia

아이아이아Aeaea 섬

Ⅱ

두 번째 섬은 12명의 오디세우스 용사들이 텔레필로스Telepylos라는 곳에서 괴물들에게 잡아먹힌 후 남은 용사들이 도망쳐 나와 상륙한 곳으로 마녀 키르케의 아이아이아 섬이다. 키르케는 태양신Helios의 딸이지만, 남편을 살해한 죄로 혼자 이 섬에 유배되어 살고 있는데, 그 주위에는 사자와 승냥이들이 그녀의 마법에 걸려 애완용 강아지처럼 살랑이고 있다. 그리스의 용사들이 도착하자 아름다운 노래로 그들을 환영하고 만찬을 베푼 후 모두 다 돼지로 변형시키지만, 오디세우스가 마녀의 마법에서 동료들을 풀어내는 대가로 1년을 마녀와 함께 지낸다. 1년 후에 오디세우스가 또다시 수호신 아테네Athena의 도움으로 섬을 떠나면서 키르케가 제안한 대로 지하의 세계로 내려가 눈먼 예언자 티레시아스Tiresias를 만나고, 그의 조언에 따라 다시 귀향의 길에 오른다. [나중에 헤시오드Hesiod는 오디세우스와 키르케 사이에 태어난 텔레고너스Telegonus라는 아들이 아버지를 찾아 이타카로 가서 착오로 아버지 오디세우스를 살해한다는 내용을 추가한다.].

호머가 묘사하는 키르케의 섬 아이아이아는 남편살해에 대한 형벌로 지어진 구치소라고 할 수 있다. 영원한 저주의 섬이고 고독한 유배의 섬이며, 길들일 수 없는 맹수들을 애완용 동물로 만드는 반자연적인 섬이고, 인간을 동물로 저주하는 반인륜적인 섬이다. 비록 키르케가 끝에는 제우스의 명을 거역하지 못해 오디세우스를 놓아주고, 또 앞으로의 항해를 시작하기 전에 지하세계에 들어가 눈먼 예언자 티레시아스를 만나 조언을 구하라는 도움의 말을 해 주지만, 이 아이아이아 섬은 오귀기아 섬의 반대의 성격을 소유하고 있기 때문에 이 섬의 혈액형 또한 오귀기아의 OK형의 반대되는 KO형이다. 이 섬에 표류하는 모든 사람들은 오디세우스처럼 1년 KO 되거나, 그의 용사들처럼 돼지로 KO 되기 때문이기도 하다.

연옥Purgatorio 섬

III

오디세우스가 경험하고 돌아온 지하세계는 세 번째 섬과 연결되어있다. 세 번째 섬은 이탈리아의 "최고의 시인il sommo poeta" 단테 Dante의 신곡Divina Comedia, 1308-1320의 지옥편Inferno, 연옥편Purgatorio과 천국편Paradiso 3부 중에 연옥편이다. 호메로스의 오디세우스는 지하의 세계Hades에 가서 티레시아스를 만나 귀향길에 대한 충고를 듣고 다시 밝고 살아있는 세상으로 돌아오지만, 단테의 신곡의 오디세우스는 호메로스와 함께 지옥Inferno에 추방되어 있다. 오디세우스뿐만 아니고 그의 친구 아킬레스Achilles, 트로이의 헬렌Helena과 아이아이아의 키르케, 심지어는 올림포스Olympos의 제우스Zeus 신까지 저주받은 영혼으로 지옥에서 고통당하고 있다.

중간 단계에 있는 연옥Purgatorio은 거대한 바위섬이다. 죽은 영혼들이 거주하고 있는 세 개의 영역을 통과하는 단테의 여정 자체는 정확하게 기원후 1300년 부활절 직전 금요일에 버질Vergilius의 도움으로 지옥에서 연옥을 거쳐 천국으로 연결된다. 이 길은 단테 개인의 순례이기도 하고, 중세 유럽 인류의 거대한 참회의 여정이기도 하다. 단테가 부활절 아침에 도착한 연옥 바위섬은 아홉 개의 단계로 구성되어있으니 9층 아파트에 비유할 수도 있겠다. 제일 아래 두 층에는 교회가 파문하고 사회가 추방한 영혼들과 아직 회개할 수 있는 기회를 얻지 못한 중범죄자들이 모여 있다. 그다음 일곱 개 층에는 인간이 범하는 중요한 죄 7가지,

즉 칠죄종seven mortal sins, septem peccata mortalia을 범한 죄인들이 고통당하고 있다. 아래층부터 보면, 교만pride, superbia, 인색greed, avaritia, 질투envy, invidia, 분노wrath, ira, 음욕lust, luxuria, 탐욕gluttony, gula과 나태sloth, acedia의 층이다. 이 섬은 칠죄종을 범한 죄인들만 모여 지옥의 연기만 숨 쉬며 사는 섬이다. 그러니 연옥 바위섬도 그렇게 가고 싶은 섬은 아닐 것이다. 이 세 번째 섬의 혈액형도 OK보다는 연옥의 체류자 모두가 다 이생에서 잘 먹고 잘 살다가 죽음으로써 KO 당한 족속의 혈액이니 KO형이다. 다만 9층과 연결되는 10층이 천국Paradiso으로 들어가는 입구인 에덴동산이라는 점을 감안하면 혈액형을 한 형 정화시켜 KO+형이라고 할 수 있겠다.

그림 108) 플랑드랭, <버질의 안내로 온 연옥의 질투하는 자들을 위로하는 단테>, 1835, 캔버스에 유채, 295x245cm, Museum of Fine Arts of Lyon

그림 109) 토마스 모어의『유토피아』초판 속 유토피아 섬 지도, 1516, 목판화

유토피아Utopia 섬

Ⅳ

네 번째 섬은 토마스 모어Thomas More, 1478-1536의 『유토피아』*Utopia*, 1516 섬이다. 책의 원 라틴어 제목은 길다. 『공화국의 가장 훌륭한 상태와 새로운 유토피아 섬』. 작가 모어 경은 시대의 대표적인 법학자이며, 에라스무스Erasmus의 동료이고, 영국의회의 의장이며, 헨리 8세의 총리이기도 한 당대의 큰 인물이다. 헨리 8세가 자기의 결혼문제로 로마 교회와 결별하고, 새로운 영국교회를 창설하여 왕이 교회의 수장이 되려고 하자 창설을 반대하고 "속세의 인물은 영혼의 지도자가 될 수 없다"고 선언하여 결국 반역죄로 처형된 인물이다. 에라스무스가 "흰 눈보다 더 깨끗한 사람"이라 칭했으며, 교황 파이어스 11세Pius XI가 성지로 추증한 르네상스 학자이다. 처형당하면서 남겼다는 말 "나는 왕의 좋은 종이지만, 먼저 하나님의 종이다I am King's good servant, but God's first"라는 말은 그를 "모든 계절의 사람"A Man for All Seasons으로 항상 존경받게 만들었다.

책 『유토피아』 화자 라파엘Raphael Hythlodaeus은 탐험자 아메리고 베스푸치Amerigo Vespucci의 동행자로 브라질에서 6개월 지낸 후 계속 항해하여 미지의 Utopia라는 섬나라에 도착해서 5년을 보내며 그 섬나라의 전통, 문화, 통치 방법 등을 관찰한다. 자체의 고유한 언어를 소유하고 있는 유토피아 섬은 반달 모양으로 총 둘레가 500마일이다. 이 섬나라에는 54개 도시로 구성되어 있고, 각 도시는 4등분되어 있다. 각 도시에는 6,000가구가 배정되어 있고,

한 가구에는 10~16명의 성인이 살고 있다. 30가구마다 1명의 하위 지도자, 10명의 하위 지도자가 1명의 상위 지도자를 선출하고, 200명의 하위 지도자가 1명의 왕자를 비밀투표로 선출하고, 그 왕자는 폭군으로 규명되기 전에는 종신 통치한다. 인구는 조정되고, 거주 공간집은 10년마다 교환되며, 모든 시민은 농사나 각종 제조업에 종사하고, 시민은 모두 최소한 2년을 시골에서 농사를 지어야 한다. 근로 시간은 6시간이며, 개인 소유의 부동산은 없고, 식량은 나누어 가진다. 특징은 매가구마다 두 명의 노예를 둔다. 노예는 외국에서 매입해오거나, 범죄자를 노예로 삼으며, 늘 금사슬로 묶어둔다. 금을 돌같이 보라는 뜻이며, 같은 맥락에서 요강도 빛나는 금이다. 이 섬나라는 전반적으로 복지국가로서 무상교육, 질환 무상치료, 무상봉사가 원칙이다. 성직자도 결혼하며 안락사도 허용된다. 종교의 자유도 있는데, 종교가 없는 사람은 경멸의 대상이 된다. 법제도가 간단하기 때문에 변호사는 없지만, 통치자가 판결은 한다. 판결은 엄하다. 혼전 성관계는 평생 독수공방의 판결을 받고, 혼외정사는 평생 노예 신세로 처벌받는다. 섬나라 안에서 여행할 때도 여권을 소지하고 있어야 하며, 두 번째 미소지로 발각되면 노예가 된다.

결론적으로 유토피아라는 섬나라는 그렇게 이상국가적이거나 유토피아적이지도 않고, 오히려 국가가 국민의 숨통을 조이는 섬인 것 같다. 그러나 다행하게도 "Utopia"라는 단어의 뜻이 "없는 곳"이니 존재하지 않는 이상국가이다. 달리 언급할 수 있는 일은 없지만, 섬나라의 사람들은 인간 존재와 불가분의 관계를 가지고 있는 권리와 자유를 누리기보다는 억압과 구속을 당할 수 있는 권리와 자유 아래 사는 맛으로 생을 즐기는 것 같다. 세속의 노예 되기를 거부하고, 처형까지 당한 "모든 계절의 사람" 토마스 모어가 다른 모든 계절의 사람을 "세속 계절의 노예"로 만들어 놓은 것 같다. 구속형 유토피아 섬의 혈액형은 키르케의 섬 아이아이아섬과 같은 KO형이라 하겠다.

세인트헬레나St. Helena 섬

V

중세 이태리의 연옥Purgatorio 바위섬을 지나 준 이성의 시대로 들어와 입항한 유토피아 섬, 생활 행동반경이 너무나 제한된 역 낙원적인 유토피아 섬을 떠나 도착한 곳이 "30년 전쟁 1618-1648"으로 역사의 고된 시기를 보내고 있는 바로크 시대의 대륙 유럽이다. Hans Jakob Christoph von Grimmelshausen이라는 긴 이름의 작가가 쓴 Der Abenteuerliche Simplicissimus Teutsch 1649는 30년여 동안 전쟁의 현장을 누비고 다닌 풍운아-건달 주인공 Simplicius Simplicissimus의 소위 자서전적인 소설이고, 이 자서전의 부제는 38개 단어로 묘사되어있다. 긴 부제뿐만 아니고, 30년 전쟁의 기록물이기도 하기 때문에 책 자체도 총 5권 139장으로 되어 있는 긴 소설이다.

풍운아-건달의 생은 고아가 된 시점부터 30년 전쟁의 전장과 전쟁의 파급장으로 계속 이어진다. 세 개의 종교가톨릭, 루터교, 칼빈교가 소유했던 정치적 권력과 영토의 확장 및 신앙의 자유의 존폐 위기 속에서 결국 유럽의 중요국가독일, 스웨덴, 프랑스, 스페인, 덴마크 등가 총동원되어 30년간 계속된 전쟁이다. 풍운아의 자서전에는 종교전쟁의 잔인하고 비참한 면들, 통곡이 답이 될 수 없는 장면 장면들이 묘사되어있다. 건달의 생애도 극에서 극이다. 바보 고아에서 귀족의 아들, 가난한 농민에서 부유한 소군주, 약탈자에서 선량한 주민, 용감한 병사에서 내면의 은둔자, 노예에서 노예 장사꾼, 포로에서 영웅 등으로 변신해 가면서 모스크바, 베니스, 몽골, 중국, 일본, 이집트 등지를 오간다. 한 번은 타타르족에 잡혀 중국에 노예로 팔려 갔다가 조선에까지 끌려온다. 조선에서는 국왕에게 표적물을 등 뒤로한 체 총대를 어깨에 걸치고 발사해서 명중시키는 묘기를 보여줌으로써 자유를 선물로 받고 노예 신분에서 풀려난다. 서구문학에서 "Korea"König von Korea 가 나타나는 것은 이것이 처음인 것 같고, 우리 역사로 계산하면 아마 인조1623~1649 제위 때쯤 되겠다.

풍운아-건달이 전쟁 끝 무렵에 생의 무의미함을 느끼면서 세상을 하직하는 고별사를 보낸다.

> 세상아, 잘 있거라. 너는 믿을 수가 없고 너에게는 희망도 없다. 너에게 과거는 벌써 허무하게 지난 것이고, 현재는 지금도 손가락 사이로 사라지는 것이며, 미래는 아직 시작도 하지 않은 것이다. 가장 든든한 것이 무너지고 가장 강한 것이 깨지며 가장 영원한 것이 끝난다. 너는 망자 가운데 제일의 망자이며 우리 인간들을 백 년에 한 시간만이라도 살아있게 두지 않는다. … 너는 우리를 이유 없이 정죄하고 변호 없이 재판하며 판결 없이 처형하고 죽음 없이 매장한다. … 세상아, 하나님을 경외하라. 한동안 네 육신이 땅에서 썩어 가지만 최후의 심판의 날이 오면 그때는 네 영혼이 지옥의 불길 속에 탈 것이다. … 저주당할 세상아, 너의 유혹 때문에 나는 하나님을 잊고 나의 한 평생을 욕망과 죄와 악과 굴욕 속에 살았구나! … 오 너 산아, 언덕아, 바위야, 어린양의 분노가 내리기 전에 나를 덮어 숨겨다오. … 오 하나님, 우리에게 은총을 베풀어 주사 영원한 생명을 얻게 하소서.

8쪽에 이르는 긴 고별사 후에 주인공 건달은 혼자 숲속 깊이 들어가서 책 속에 묻혀 세상을 등진 은둔자가 된다. 그러나 악몽도 꾸고, 환상도 보고, 반 광인이 되어 다시 뛰쳐나와 또 다른 방랑을 시작하면서 한번은 이집트에서 강도들에게 잡혀 노예가 되었다가 유럽 상인들에 의해 구조된다. 하지만 포르투갈 행 상선에 올라 유럽으로 오는 길에 희망봉 근처에서 폭풍을 만나 남대서양 한 복판에 있는 세인트헬레나St. Helena 섬에 혼자 표류한다. 이 섬은 공교롭게도 나폴레옹의 유배지 섬이기도 하다. 이 고독한 섬에서 야자수 잎에 기록해 둔 주인공의 30년 전쟁 생애가 나중에 그 섬을 다녀온 홀란드 선장 한 사람 덕분으로 세상에 알려지게 되었다. 풍운아-건달의 헬레나 섬은 인간성의 모든 가치가 파괴된 30년 전쟁과 파괴에 동참한 자기의 생애에 대한 참회의 장소로 생각할 수 있기에 다섯 번째 섬의 혈액형은 KO+다.

그림 110) 잔트만, <세인트헬레나의 나폴레옹>, 1820, 수채화, RMN-Grand Palais, Museum der Schlösser Malmaison und Bois-Préau, via Wikipedia

그림 111) 책 속의 사건들을 보여주는 크루소의 섬 '절망의 섬'의 그림지도

로빈슨 크루소 무인도

VI

여섯 번째 섬은 16세기 초의 유토피아 섬을 떠나 17세기 바로크Barock 시대의 남대서양 섬인 세인트헬레나를 지나 태평양쪽 칠레로 항해하다가 난파 착륙한 무인도이다. 영국 작가 Daniel Defoe의 장편소설 『로빈슨 크루소』Robinson Crusoe, 1719에 등장하는 섬이다. 작품의 원제목은 The Life and Strange...로 시작해서 총 66개 단어로 길게 명명되어있다. 화자 로빈슨 크루소는 영국 요크York 중류층 집안에 태어났다. 어릴 때부터 바다에 나가고 싶어 소원하다가 "중류층의 삶"이 가장 편하고 좋은 삶이라는 아버지의 충고에 따라 잠시 자제했지만, 19살 나이에 집안의 허락도 없이 뱃사람이 된다. 그러나 곧 파선을 당하면서 "살려만 주시면, 아버지에게로 돌아가 두 번 다시 바다에 나오지 않겠나이다"는 서원기도를 한다. 하지만 서원기도는 서원기도이고, 다시 바다에 나왔으나 해적들에게 잡혀 노예생활을 하다가 어린 소년 한 명과 함께 도망쳐 나온다. 나중에 그 소년을 노예로 팔고, 그 돈으로 브라질에 와서 잠시 머물다가 아프리카로 노예 장사하러 간다. 그러나 불행하게도 중간에 파선 당하고, 어느 무인도에 혼자 버려진다.

그때부터 28년이라는 긴 세월 동안 고독한 섬에서 고독한 군주로 고독한 삶을 영위한다. 난파선에서 건져온 물건 등으로 움막을 짓고 낚시, 사냥, 농사 등으로 살아가는 법을 익힌다. 그 외에는 달리 할 일이 없으니까 바다와 모래와 하늘 사이를 오가지만 대화할 사람이 없다. 미치지 않으려고 일기도 쓰고, 또 성경도 읽으면서 처음으로 종교적인 시각을 가지기 시작한다. 아유적인 것은 사실 로빈슨 크루소의 집안은 독일계이고, "Crusoe"라는 성은 원래 "십자군"이라는 뜻을 내포하고 있는 "Kreutznaer"가 변질된 것이다.

15년이 지난 어느 날 자기의 섬 왕국 안에서 혼자 원정을 하던 중에 자기 것이 아닌 발자국을 발견하고 기절을 하지만, 인간세계와의 접촉이 새롭게 시작한다. 로빈슨 크루소의 섬 왕국은 인근 섬에 사는 식인종들이 가끔 와서 애용하는 식당으로 여기저기에 인골이 널려 있다. 한 번은 도망쳐 나온 포로 한 사람을 도와주고, 그를 종으로 삼아 이름을 구해준 요일인 '금요일Friday'로 한다. 금요일에게 영어와 성경을 가르쳐 주는데, 야만인 금요일은 잘 생겼으며 영리하고 용감하며 충성스러운 사람이다. '금요일'은 18세기 후반과 19세기 초반에 유럽 및 미국 소설 등에 등장하는 소위 "고귀한 야만인", "귀족적 미개인"의 원형이 된다. 우여곡절 끝에 로빈슨 크루소는 신뢰하는 동료-종 금요일과 함께 영국으로 돌아온다. 그 후 육지에서의 탐험이 한 번 더 계속된다. 남다른 체험을 한 주인공은 이상형의 사람은 아니나 처음보다는 다른 사람으로 변모되어 있다.

크루소에 대해서는 여러 가지의 해석이 가능할 것이다. 역사적으로는 18세기에 제국으로 등장하는 대영제국 같은 나라의 영토 확장 및 식민지 정책의 시작으로도 볼 수 있을 것이고, 사회과학적으로는 인간과 사회, 생명체 인간과 생명체 자연 및 자연질서와 인간사회의 관계 등에 대한 논쟁의 모체라고도 풀이할 수 있을 것이며, 또 문예사적으로는 사실주의에 근거한 소설 양식의 착근이라고도 할 수 있을 것이다. 좀 더 현대적으로는 현대인의 소외 및 고립과 고독의 존재 조건을 처음 제시한 소설이라고도 볼 수 있을 것이다. 그러나 탕자처럼 시작하는 주인공의 무지와 교만이 몇 번이나 죽었다가 살아나는 과정을 거치면서 방황아가 새로이 경험하는 정신의 기상과 영혼의 재생으로 이해하는 것이 더 매력적일 수 있다. 그렇다면 로빈슨 크루소 섬의 혈액형은 OK내지 OK+라고 하겠다.

이니스프리 Innisfree 섬

VII

일곱 번째 섬은 19세기 말에 우리에게 다가온 아일랜드Irland의 작은 섬 Innisfree이다. 20세기의 가장 훌륭한 시인 몇 사람 가운데 속하는 예이츠William Butler Yeats, 1865-1939가 23세 때 쓴 첫 작품 중의 하나가 <The Isle of Innisfree>이다. 이 시는 가장 널리 읽히는 대중성의 시 중 하나이며 한 번은 2,000여 명의 보이스카우트들이 동시에 애창한 3절 각 4행, 총 12행의 짧은 서정시이다.

이니스프리호 속의 섬	The Lake Isle of Innisfree
나 이제 일어나 가리, 이니스프리로 가리.	I will arise and go now, and go to Innisfree,
거기 외줄기 엮어 진흙 바른 오막 집 짓고	And a small cabin build there, of clay and wattles made:
아홉 이랑 콩을 심고, 꿀벌통 하나 두고	Nine bean-rows will I have there, a hive for the honeybee,

벌떼소리 요란한 숲속에 홀로 살리.	And live alone in the bee-loud glade.
거기서 얼마쯤의 평화를 누리리,	And I shall have some peace there,
평화는 천천히	for peace comes dropping slow,
아침의 베일로부터 귀뚜라미 우는 곳으로	Dropping from the veils of the morning
방울져 내리거든	to where the cricket sings
한밤중 온통 빛나고, 대낮에는 보랏빛 광채	There midnight's all a glimmer, and noon a purple glow,
저녁엔 홍방울새 날개소리 가득한 그곳.	And evening full of the linnet's wings.
나 이제 일어나 가리, 밤이나 낮이나	I will arise and go now, for always night and day
호숫가의 잔물결 소리 듣고 있으니	I hear lake water lapping with low sounds by the shore;
한길이나 잿빛 도로 위에 서 있을 때	While I stand on the roadway, or on the pavements grey,
가슴 깊은 곳에서 그 물결 소리 들린다.	I hear it in the deep heart's core.

권의무 역

이 시를 여러 시각에서 읽을 수 있겠으나, 가장 기본적으로는 사실적인 면이다. 런던이라는 대도시 생활에 지친 아일랜드Irland, Irish 출신의 시인이 어린 시절에 자주 가서 놀던 슬라이고Sligo 지역의 이니스프리 섬, 8.8km 길이와 2.4km 폭의 비교적 작은 추억의 섬을 그리며 쓴 글이다. 첫 절은 아름다운 섬으로 돌아가서 우선 몸이 살기 위한 음식과 집에 관한 이야기이다. 둘째 절은 마음의 음식, 평화에 관한 이야기다. 셋째 절은 기억의 맑은 호반과 현실의 시멘트 도로가 서로 만나 오늘로 돌아오는 모습이다. 시인이 『자서전』Autobiography, 1965 에서 언급한 것처럼 이 시는 미국의 토로Henry David Thoreau, 1817-1862 가 인간의 문명과 제도를 떠나 숲 속 외딴곳 월던 연못Walden Pond 가에서 혼자 생활한 일1845~1847 을 생각하며 자기도 이니스프리 호반에서 홀로 외로운 절제의 생활을 잠시라도 영위해보고 싶은 심정이 만든 가슴 녹이는 시이다.

그러나 이니스프리 섬은 두 가지 문제를 안고 있다. 현실을 떠난 꿈속의 섬이고, 지금으로서는 어떻게 생겼는지도 모르는 미지의 섬이다. 한 번쯤은 가서 보고, 파악하고 와서 할 수 있는 이야기이다. 오늘 속에 감금되어있는 현실을 벗어나 내일의 이상을 찾아가야 하는데, 가기는커녕 아직 가려고 일어나지도 못했다. 이제 곧 일어나겠다니 한참 기다려야 할 상황이다. 시저Caesar 의 말처럼 "왔노라, 보았노라, 정복했노라veni, vidi, vici"라면 좋겠지만, 그러지 못하니 환상적이기는 하나 그저 환상의 안개 시이다. 한없이 아름다운 호반의 한없이 맑고 투명한 진주 물방울인 격이다. 그러나 아름다운 진주도 있을 수 있고, 아름다운 물방울도 있을 수 있지만, 불행하게도 "진주 물방울"같은 표현이 뜻하는 과거의 결실과 현실의 허구, 이상과 실체, 환영과 형태, 영원과 시간의 혼합체는 거의 역설적이다. 시의 마지막 절에서 시인이 원하는 새로운 고향, 런던 플리트가Fleet Street 의 현실을 호반의 과거 시간과 아름다움으로 변모시킬 수 있는 새로운 고향의 창조는 시인이 아무리 일어나도 찾아가지 못한다. 무지개 끝에 있는 항아리 속의 금보석이다. 그것을 알기 때문에 일어나지 못하고, 일어날 생각만 하고 있는지도 모르겠다.

두 번째 문제는 혼자인 "나"다. 혼자 환상의 섬으로 가서 혼자 콩 심고, 꿀벌 치고, 혼자 홍방울새 노래 듣고, 혼자 평화를 누리겠다니 이것은 토마스 모어와 정반대되는 유토피아이다. 너무나 절제된 홀로의 삶이니스프리과 너무나 절제된 공동의 삶유토피아 은 결국 하나의 결과, 질식을 가져올 수밖에 없다. 물론 고독한 삶의 심오한 철학자의 외딴 산골 생활, 신앙심 깊은 종교인의 동굴 생활, 건달의 은둔자 생활 등이거나 홀로의 삶이지만 사회 속에서 활동하는 개개인의 독자적인 삶은 예외겠다. 시인을 인신공격하는 것은 아니지만 예이츠가 얼마나 홀로의 삶을 싫어했는지 알 수 있다. 그는 1916년에 모드Maud Gonne라는 처녀에게 청혼했으나 거절당했고, 지금은 과부가 된 그녀에게 다시 청혼했으나 또 거절당한 후에 뒤이어 모드의 딸 이솔트Iseult에게 청혼해서 거절당한다. 같은 해에 제3의 여인 조오르지Georgiana Hyde-Lees에게 청혼해서 비로소 성공한다. 절제된 홀로의 삶, 이니스프리의 잔잔한 물소리는 키르케같은 마녀가 혼자 고독하게 누리는 저주, 유토피아의 국민이 누리는 수감의 자유라고 하겠다. 따라서 이니스프리 섬의 혈액형은 창의적이고 활발한 정신을 거의 질식시켜 의식을 나른하게 만들거나 잃게 만드는 KO형이다.

그림 112) 이니스프리 호수

그림 113) 솔제니친의『포로수용소 군도』초판 표지, 1974, 이탈리아 몬다도리 출판사, CC BY-SA 4.0, © Archivi Mondadori, via Wikipedia

수용소 군도

VIII

여덟 번째 섬은 19세기의 고독한 이니스프리 섬에서 떠나온 20세기의 또 달리 고독한 포로수용소 군도이다. 알렉산더 솔제니친Alexander Solzhenitsyn, 1918-2008의 『포로수용소 군도』Gulag Archipelago, 1918-1956는 소비에트Soviet Russia의 1917년 10월 혁명속칭 "붉은 10월"; 몇 년 전에 숀 코너리 Sean Connery가 출현한 망명 영화 속 배경이 되는 소비에트 핵잠수함 이름이기도 하다.과 볼셰비키Bolshevik의 공포시절부터 스탈린Josef Stalin의 사망 직후까지의 포로수용소 상황을 기록한 다큐-소설이다. 'Gulag'이라는 러시아 단어는 "교정 총국"이라는 러시아어의 약자라고 한다. 30,000개 이상의 수용소-노동캠프가 공산주의 치하에 있던 모든 지역에 군도처럼 분포되어 있었으며, 큰 캠프에는 25,000여 명, 작은 곳에는 5,000여 명의 포로들이 고된 노동과 고문, 병고와 죽음 사이를 왕래하고 있었다. 1940년대 이후에는 어느 한 시점을 택해도 1,200여만 명 ~ 1,500여만 명에 이르는 정치범과 일반 범죄자들이 수감되어 있었으며, 저자 솔제니친의 추정으로는 소비에트 "지도자"들이 1918~1956년 사이에 6,600여만 명을 살해했다고 한다. 이러한 통계적 기록은 1945~1953년 사이의 9년 동안 정치범으로 직접 수감되어 있었던 저자를 비롯해서 227명의 수용소 포로들의 구두 및 서신 증언에 근거한 것이다.

1958년에 시작한 방대한 자료는 1968년에 정리 완성되었으나, 『군도』의 출판역사는 007작전을 방불케 한다. 1961년부터 시도한 부분 출판, 『이반 데니소비치의 하루』One Day in the Life of Ivan Denisovich는 즉시 금지되고, 1965~1967년 동안에는 저자의 모든 극작품, 소설 및 기록 등이 압수당하거나 출판금지 된다. 모스크바를 비롯한 여러 곳에 숨겨둔 『군도』 및 기타 작품과 기록물의 부본들은 소비에트 비밀경찰이 거의 다 압수하고, 남은 복사본 중 『군도』의 사본이 프랑스로 밀반출되어 1973년에 러시아어로, 1974년에는 영어와 프랑스어로 출판된다. 『이반 데니소비치의 하루』부터 세상에 알려진 작품들이 결국 노벨 문학상으로 이어진다. 그러나 30,000여 개에 달하는 정치범-범죄자들의 수용소-강제노동 캠프, 수천만 명의 인명을 파괴한 군도의 혈액형은 동사된 KO---triple minus형이다.

카리브 제도

IX

아홉 번째 섬은 훨씬 더 따뜻한 남쪽에 위치한 카리브 제도Caribbean Islands이다. 연 면적 280만 평방km, 7,000 여 개의 섬과 암초, 4,000만 명을 초과하는 인구, 13개의 독립 섬 국가로 형성되어 있는 카리브 제도는 과거 흑인노예시장의 깊은 상처도 남아 있지만, 그래도 마음이 정착하고 싶은 섬들이다. 그중에도 인구 280만 명의 자메이카 섬Jamaica은 AHSSem 제주도 세미나 때에 모두 같이 제창한 벨라폰테Harry Belafonte의 <Island in the Sun>이다. 순박해서 더 아름다운 가사는 다음과 같다.

태양 아래 섬	Island in the Sun
이곳이 태양 아래 있는 나의 섬,	This is my island in the sun
내 나라 사람들이 태초부터 일하던 곳	Where my people have toiled since time begun
내가 많은 대양을 항해해도	I may sail on many a sea
이 해변이 항상 나의 고향이다.	Her shores will always be home to me
...	...

아낙네들이 무릎 굽혀
가족을 위해 사탕수수 농작하고
남정네들은 바닷가에서
밀리는 파도에 그물을 던지는 곳

오 태양 아래 있는 나의 섬
웃대 어른들이 물려주신 곳
내 평생 이곳에 살면서
너의 숲과 바다와
빛나는 모래를 찬양하리.

I see woman on bended knee
Cutting cane for her family
I see man at the waterside
Casting nets at the surging tide

Oh, island in the sun
Willed to me by my father's hand
All my days I will sing in praise
Of your forest, waters,
Your shining sand.

이 제도는 많은 나라를 품고 있는 제도이기 때문에 지난날, 특히 19세기 때에는 강대국들의 찬탈로 허덕이기도 하고, 노예시장이 되기도 했으며, 20세기에 들어와서도 이런저런 정치적 광대와 광인들이 광란을 벌이기도 했던 제도이기도 하다. 그러나 지금은 태양 아래 있는 섬들, 인간의 존재조건이 거의 충족되는 곳이라고 할 수 있는 제도의 모습을 상상할 수 있는 곳이기도 하다. 자연과 사람, 개인과 섬마을 공동체, 가족과 세대, 노동과 대가, 태초의 시간과 태양 아래 공간 등 모든 것이 공존하는 곳, 많은 바다를 여러 번 거쳐도 늘 평화를 바라보며 돌아오는 곳, 고향집 같은 곳이다. 오디세우스의 방황이 더 이상 필요 없고, 천국에 오르기 위한 단테의 연옥도 필요 없고, 모어의 인위적인 이상국가나 30년 전쟁의 건달의 섬, 크루소의 작은 섬 왕국을 비롯한 고독한 절제의 이니스프리, 더구나 포로수용소 군도 같은 것이 필요 없는 곳이다. 아름다운 노래를 부르는 이 제도의 혈액형은 역시 아름다운 노래를 부르는 칼립소의 섬을 닮아 OK형이다.

제주도

X

이제 태평양 건너 열 번째 섬으로 온다. 우리의 제주도이다. 우리의 섬이기 때문에 구차한 설명이 필요 없는 섬이다. 모두 알고 있는 것은 추사 선생의 유배지1840~1848에 관련된 내용이다. 24세 때 생원시에 장원, 34세 때 문과 급제, 효명세자의 사부, 암행어사, 총 유배기간 13년, 최초의 "개화" 사상가 오경석 같은 금석학자를 '제자'로, 흥선 대원군 이하응 같은 이를 난초 '제자'로 둔 스승, "추사" 등을 포함해 50~500여 개 호의 소유자라는 점 등 여러 정황으로 보아 추사는 대단한 인물이다. 그의 유배지인 제주 섬은 그가 그냥 8~9년을 그 남쪽 섬에서 뒷간에 흑돼지 키우고 붓글씨 쓰면서 지냈다면, 제주도 역시 그냥 그런 섬, 표류자 받아서 먹여 살려주고 돌려보내 준 그저 그런 섬으로 남았을 것이다. 그러나 그는 유배의 상황이 부여한 체류의 기간을 창조의 계절로 만들었고, 중국을 모방하면서 표류하던 김정희 서예체가 유배지뿐만 아니고 국경 너머까지 영향을 끼쳐 깊은 존경의 먹물로 계속 남아 있다고 한다. 타의에 의한 저주로의 유배에서 자의에 의한 승리로의 승화를 가능하게 한 섬이다. 혈액형은 OK+.

호머의 에게해Aegean Sea로부터 시작해서 지중해, 대서양 다 지나고 태평양도 지나 제주의 섬까지 왔으니 이제 더 이상 방문할 섬이 없어 보이지만 또 하나의 섬이 남아 있다. 21세기에 목적 지향적으로 떠돌아다니는 섬이다. 많은 생명체들이 모여서 서로 다른 생명체의 서로 다른 세포군들이 가지는 서로 다른 기능과 방법으로 서로 다른 생명체의 성장을 서로 다르게 수정 보완해 주는 융복합적인 섬이다. 그러나 아직은 하나의 우주를 형성하기 위해 나선형 형태로 돌아가고 있는 성운 같아 그 본질적인 모습이 무엇인지, 어떤 은하수들을 만들고 어떤 태양 별들을 만들어 낼지는 잘 모르는 섬이다. 뭐 이렇게 말이 많은지 모르지만 말 많은 세상이니 말 많다고 말 많이 하지 말고 말없이 떠돌아다니며 조화로운 소리 내는 마지막 섬은 '아카데미아 후마나'라는 섬이다. 아카데미아 후마나 섬의 혈액형은 A형, B형, AB형, O형, Rh+형, Rh-형, OK형, KO형 등의 모든 혈액형을 통융합한 UR-OK형이다.

지금까지 인류의 섬을 고전의 신화적인 섬오귀기아 섬과 아이아이아 섬, OK & KO, 중세 신학의 은유적인 섬연옥 섬, KO+, 르네상스 이후 시대가 만든 논리적인 가상의 섬유토피아 섬, KO, 참혹한 30년 전쟁의 바로크 시대를 참회하는 섬세인트헬레나 섬, KO+, 새로운 영토 확장 시대의 사실적인 섬크루소 섬, OK+, 사라져간 낭만주의 기억의 서정적인 섬이니스프리 섬, OK-, 20세기 냉전시대의 정치이념적 섬포로수용 군도, KO---, 무의식 속에 살아있는 인간의 원형적인 섬태양 아래의 섬, OK+, 문예학 역사의 창의적인 섬추사 제주 섬, OK 및 미래인류의 통과역인 통융합적인 섬후마나 섬, UR OK+ 등을 방문해 보았다. 총결산은 최고의 UR OK섬이 1개, 살만한 OK섬이 5개, 거절하고 싶은 섬이 4개로써 지금은 문화사적으로 지역별 문명의 충돌 운운하지만 그래도 UR OK+ 섬이 있으니 인류와 인류의 우주적 지구 섬은 희망을 가지고 있다고 하겠다. 지구 섬에 평화를!

제8장

베토벤과의 대화

오늘의 주제는 '베토벤과의 대화'이다. 악성이라 하지만 250여 년 전에 태어난 사람과 대화한다는 게 좀 이상하다. 어떻게 이백수십 년 건너뛰고 다른 대륙에 가서 귀가 먹은 사람하고 무슨 대화를 하겠는가? 그때는 수화도 개발되지 못했던 터라 아무런 이야기도 나눌 수 없었겠지만, 그가 남긴 작품을 통해서 우리가 이해하든 못하든 간에 그와 대화할 수 있을 것이다.

우선 그가 어떤 사람인지 알아보기로 하자. 베토벤은 우리나라 개화기 때 우리 단어로는 덕국德國의 '배도변裵道邊' 또는 '변도변邊道邊'으로 알려진 사람이다. 그 음악가는 지금부터 250여 년 전 12월 17일 전후해서 유아 세례를 받았다. 그러고 나서 청소년 시절부터 음악에 몰두하여 작곡하기 시작했는데, 불행하게도 서른 살이 되기 전에 자기가 심각한 청력 문제를 안고 있다는 것을 알았다. 그럼에도 불구하고 그는 30세가 되던 그때부터 40세 초반까지 엄청난 분량의 작품을 작곡했다. 9년 남짓 되는 동안 6편의 심포니, 3번에서 8번까지 작곡했을 뿐만 아니라, 20편이 넘는 소나타 콘체르토 포르테도 작곡했는데, 거기에는 <크로이츠 소나타>와 <월광 소나타>도 포함되어 있다. 한동안 월광이 아니라 발광적인 열정으로 작곡에 몰두했던 것 같나.

그림 114) 슈틸러, <장엄미사곡 악보를 들고 있는 베토벤>, 1820, 캔버스에 유채, 78x58.5cm, 본(Bonn) 베토벤하우스

그림 115) 베토벤, <교향곡 9번(합창 교향곡) 라단조 작품번호 125>, 원본 악보(p. 12), 1822-1824, 1824년 초연

괴테가 인정한 천재

I

그는 1812년에 이 작품들이 완성된 후에 완전히 기진맥진했던지 테플리츠라는 온천 휴양도시로 쉬러 갔다. 지금은 체코 지역에 있는 도시이지만 당시에는 보헤미아의 한 도시였는데, 그는 거기에서 우연히 괴테를 만나게 되었다. 63세의 시성 고高이태 선생이 42세의 변邊도변 선생을 만난 것이다. 두 사람이 오래는 같이 있지 못했지만, 며칠 있는 동안 자주 같이 산책했고, 산책할 때마다 그 도시를 즐겁게 찾던 많은 귀족들을 만나게 되었다. 길에서 귀족들을 만났을 때, 괴테는 정중하게 인사를 하고 자리를 비키면서 그들이 지나가기를 기다렸지만, 훨씬 더 젊은 베토벤은 그런 배려심은 전혀 없이 자기 가는 길 주위에 움직이는 귀족들을 아랑곳하지 않은 채 자기의 길을 그냥 가버렸다. 그래서 괴테가 베토벤더러 이렇게 말했다.

"어떻게 젊은 사람이 그렇게 무례하게 행동하느냐? 이 귀족들이 자기 나라에 가면 정말 위대하다고 대접받는 사람들인데, 그렇게 무시할 수 있느냐?"

그러자 베토벤은 이렇게 대답했다.

"잘 알려진 대로 유럽의 귀족들은 수없이 많지만, 우리는 선생님과 저 둘밖에 없지 않습니까?"

그 이야기를 듣고 괴테는 나중에 '역시 길들여지지 않은 사람이군.' 하고 생각했다고 한다. 우리말로 하면 '야생마'라는 뜻 정도 되겠다. 어쨌든 괴테가 좋게 평가했다고 할 수는 없겠지만, 동시에 베토벤 안에 천재의 불길이 솟고 있음을 감지했다고 할 수 있다. 이렇게 해서 베토벤의 천재성을 또 다른 천재가 인정한 것이다.

천재성을 입증하듯 완전히 농자가 된 이후에 베토벤은 두 개의 걸작품, 두 개의 음악적인 금자탑을 세웠다. <장엄미사곡Missa Solemnis>과 <교향곡 9번>은 일견 별로 관계가 없어 보이는 작품이다. <장엄미사곡>의 마지막 곡인 <Agnus Dei>의 끝부분은 '우리에게 평화를 주소서Dona nobis pacem'인데, 그것은 '이제까지의 고난이 다 끝나고 이제 평화를 주세요'라는 뜻이라고 여겨진다. '평화를 얻었습니다' 하는 것으로 <장엄미사곡>이 끝나지만, 끝나는 것이 아니고 <교향곡 9번>으로 연결된다. 평화가 환희로 직결이 되는 것이다. 고난에서 평화로 다시 승화되어서 환희의 찬가로 끝나는 이것이 바로 베토벤의 천재성 중의 하나라고 할 수 있을 것이다.

인간 베토벤과 시대정신

II

그는 이런 천재성을 발휘했지만, 베토벤 외에도 천재들은 많다. 그런데 왜 우리가 베토벤 운운할까? 베토벤 전에도 같은 자음 B로 시작하는 천재들, 바흐Bach 도 있고, 나중에 비틀즈Beatles 도 있고, 요즘 방탄소년단BTS 도 있는데, 왜 하필 베토벤일까? 물론 그의 작품에 포함되어있는 여러 가지 미학적이고 철학적인 의미의 우월성도 있겠지만, 우리가 더 관심 있게 보고 싶은 것은 그가 어떤 사람이었나 하는 것이다. 그의 음악 뒤에 어떤 인간이 있었느냐 하는 점이다.

다른 각도에서 보자면 우리는 수많은 학자를 대한다. 그러나 교육자로서 그 학자들 뒤에 어떤 스승이 있나 하고 찾는 것과 유사한 것이다. 베토벤이 살던 시대는 긴 이성의 시대, 계몽주의 시대이다. 계몽주의 시대는 우리가 기억하는 대로 이성과 합리성을 존중하고 그러한 인간적 이성이 만든 가치가 최고의 가치라고 생각했던 그런 시절이다. 데카르트, 볼테르, 로크, 칸트 같은 사람들이 만들어 놓은 시대인 것이다.

이러한 이성의 시대에 베토벤이 살아온 것을 생각해보면, 그는 정반대의 행위를 했다. 자기의 인간 조건, 곧 농자라는 인간 조건을 시대정신에 입각해서 본다면 입 다물고 있어야지, 귀가 먹었는데 숭고한 음악은 고사하고 무슨 소리를 내는가? 그렇지만 그는 자기의 인간 조건을 역설적으로 해결해 버렸다. 귀가 먹은 게 아니라, 제일 잘 뚫린 사람도 듣지 못하고 생각하지 못한 고귀한 음을 만들어내었다. 있을 수 없는 일이었다. 그는 자기의 인간 조건을 완전히 역설적으로 해결해 버린 인간이었다.

베토벤의 현대적 해석

III

그렇다면 이 베토벤이 오늘날의 우리와 무슨 관련이 있는가? 우리도 사실 요즘 계몽주의 시대에 살고 있다. 다만 우리는 철학적이고 사회적인 계몽주의가 아니라, 이공학적이고 산업적인 계몽주의에 살고 있다. 사상적인 계몽주의와 마찬가지로 산업적인 계몽주의에도 우리가 처한 인간 조건을 강화하려는 충동이 있다. 꾸준하게 생산하라는 것, 이윤 추구하라는 것이다. 그런데 21세기 인간에게는 거기에다가 추가적인 인간 조건이 부여된다. 요즘 우리가 고생하고 있는 코로나19 바이러스 조건이다.

베토벤을 생각하면서 베토벤이 그때 어떻게 자기의 인간 조건을 극복했는가? 그 길을 알면 오늘을 사는 우리도 어떻게 하면 여기 산업공학적인, 소위 제4차 산업혁명이라는 이 거대한 문명으로, 눈에 보이지 않는 작은 코로나라는 이 괴물을 극복할 수 있나 하는 점을 병행해서 생각할 수 있을 것이다. 베토벤은 자기의 인간 조건을 시대정신과 정반대되는 방향으로, 합리성을 아주 비합리적으로, 귀먹은 사람이 아름다운 음악을 만들어내는 식으로 해결했는데, 우리도 같은 방향으로 생각할 수 있을 것이다. 산업혁명적인 인간 조건의 광적인 이해타산에서 벗어나는 것이다.

산업공학이라는 것은 아무리 좋게 보더라도 결국은 돈벌이 사업인데, 그것을 벗어날 수 있는 길은 그것을 초월할 수 있는 윤리적인 정신이 아니겠는가. 코로나19를 극복하는 방안도 베토벤이 그랬듯이 그 정신과 상반되는, 혹은 그 정신을 무시하는 새로운 요인을 발견하는 데 있다. 코로나 바이러스는 막강한 생산력과 파괴력을 가지고 있다. 많은 것을 가지고 있지만, 지금 가지지 않고, 또 가질 수 없는 것이 하나 있는데, 그것은 바로 윤리성이다. 바이러스에게도 열정이 있고 의지도 있고 생명력도 있지만, 인간이 가지고 있는 헌신적인 윤리성은 결여되어 있다. 인간이 가지고 있는 이 고유한 유전자의 힘, 현 시대정신을 역행할 수 있는 유전자의 힘으로 코로나를 극복하는 길이 베토벤이 우리에게 제시하는 길이라고 할 수 있다.

결국은 오늘 우리가 우리의 조건, 산업공학주의거나 바이러스거나 간에 극복할 수 있는 길은 헌신적인 윤리성 외에는 없어 보인다. 그것이 입증되는 것을 우리는 보았다. 2020년 초반에 계명대학교 의료진을 선두로 전국의 의료진이 보여준 그 헌신적인 윤리 정신이 우리로 하여금 코로나19를 견디게 했다. 코로나19가 창궐한 초기 위기의 순간에 병원 전체를 통째로 비우고 코로나 환자를 치료하며 헌신한 대구동산병원에 '코로나19 기억의 공간'이 들어섰다. 앞으로도 같은 원칙이 적용되리라 믿는다. 우리 후마나 가족 모든 분들은 물론이고 대구시민과 온 세계시민 모두가 다 이러한 헌신적인 윤리 정신으로 우리에게 주어진 현세대의 인간 조건을 다 같이 잘 극복하기를 바란다.

마지막으로 후마나 회원 여러분께 하나의 과제를 드린다. 베토벤이 죽고 난 후에 발견한 소위 연애편지 가운데 'Unsterbliche Geliebte'라는 '불멸의 사랑' 혹은 '영원한 애인'과 비슷한 표현이 있다. 지금까지 거의 3세기가 되도록 누가 불멸의 사랑인 줄 모른다. 무수하게 왈가왈부해왔지만, 지난 세기에서는 "이 사람이다"하는데, 금세기에서는 다른 사람이라고 한다. 직접 한번 찾아보고 판결해 보시기 바란다. 후보가 둘쯤 되지 싶다. 누가 불멸의 연인인지 확정할 수 있다면 우리가 세계 음악사에 크게 기여할 수 있을 것이다.

Tabula Rasa

제3부

시

『유한의 빛』

길

먼 곳에서 나와 같이 태어난 누더기 주인이 있어
걸어온 길옆에 생겨난 길 이야기를 해 주었다.

언덕 위 주막 뜰에서 오늘은 굶고
강 건너 산장 옆에서 내일은 떨고
가노라 가다보니 나타난 길.
반복되는 동면의 산야 지나고 들판 다 지나고 보니
언제인가 나타난 길이 있다.

곧았다, 굽었다, 외줄기 길, 가보지 못한 길이지만
쓴잔 지나 내 옆에서 살아나는 길
눈 감고도 따라가는 길이 사막 지나 바다 지나
하늘과 땅이 맞닿은 곳으로 선명하게 사라져 올라간다.

환향 길

요란한 열기의 날들이 지나고
높이 오른 하늘이 내려와 앉아
앞뜰을 가득 채우면
가뭄과 장마를 같이 품은
원시림의 은행도 알알이 찬다.
마을 떠난 사람의 생각도
잊어버린 집 더듬는다.

고향은 분명 다른 하늘 아래의 왕국
몸에 익은 들꽃과 약초들이
더 따뜻한 볕 아래 자랄 정원이지만
이곳은 자아로 달리 어찌할 수 없이
탕자가 된 자식에게 주어진 유배지.
맑음과 흐림이 교차하고
그림자 비치는 벽이다.

한세월 몸 사글셋방을 떠나
아흔아홉 칸도 더 되는 본가를 찾아
등불 밝혀 들고 길 비추어도
고향 별이 등불에 가리어진다.
옛 늪 찾던 철새가
낯선 모래 언덕에 떨어져 가듯
별빛 받고 갈라진 석류들
제 무게에 못 이겨 떨어지니
구하는 자의 그림자만 길어진다.

공항에서

사람들이 분주히 모여드는
어느 낯선 공항
대합실 같은 찻집에 앉아
폐수 같은 차 한 잔 앞에 놓고
혼자 떠날 시간 기다리고 있다.
등불 빛이 거울 벽에 반사되어
내게 왔다가 다시 흩어져 나간다.

가지각색의 말과 옷차림
사람들의 분주한 눈길도
이리저리 튕기며 집 찾아 돌아다닌다.
바깥 찬 바람에 흩날리는
글 담은 휴지처럼.

유한의 빛

퇴근 시간, 지하철 교차역에 모였다 흩어지는
사람들, 고향에 돌아가도 실향 바람 되고
집에 와도 떠날 손이 되는 고독한 무리.

무모한 일에 시달리며 지친 채 밀려가는 몸들
철선에 실려 지하로 빠진다.

탁한 생선 눈들 사이로 갑자기 나타난
어느 중년 부인,
범할 수 없는 품위를 지닌
숙녀, 얼굴엔 여기저기 회색 주름살이 보이지만
아직 입술의 부드러움, 몸매의 따뜻한 매력을
사랑 마냥 뿜어내는 중년 부인이다.

깊어만 보이는 눈동자 속에는
결핍의 수난과 고뇌의 풍요
지난겨울 바람 안고 언덕 넘은 기억 건너
존재와 시간에 의해 부식되지 않는 뜻이 비친다.

분명 세파에 찢긴 쓰린 상처, 반평생 혼자 흘린
멍든 눈물, 혹은 자식의 고통을
자신의 고통으로 대신하지 못한 고통을
평온으로 다듬어 변형시킨 여인.

이제나 저기나 한결같이 주위의 사랑과 존경
하늘에 두어 변치 않는 향기를
기억 속 가장 은밀한 방에서부터 겉옷 끝 올까지
품고 있는 여인.
삶도 죽음도 구하지 못한 연옥의 무리 속에
유한의 빛을 모은 미녀. 이토록
황폐한 지하에
저토록 마음 부신 여인이 있을까?
눈 감은 눈길이 그를 따라간다.

나 같은 사람

물 건너 맞은 편에 나 같은 사람이 있다.
내가 아침에 일어나 기지개 켜면
저쪽 끝에서 창문을 열어주고 식탁에 앉으면
아침 차려 마주하는 사람이 있다.
하루해 지나도록 세상 끝에서 그림자 되어
나를 연장시키고, 내 웃음, 내 눈물과 함께
흐르는 사람이 있다.

늦게 빈방으로 돌아와 옷을 벗으면
그는 나의 잠옷을 챙겨준다. 말없이
수많은 이야기 나누며 새 아침 부르기 위해
혼자서 같이 밤을 다져나가는
땅끝 맞은 편에
나 같은 사람이 있다.

늦저녁

되는 일 안 되는 일 구분 없어 보이는 땅에서
이루는 일 없이 떠돌다 집으로 돌아온다.

미로 따라 들어가는 안방에서
그래도 하루 일을 하려고 했다는 느낌으로
둘이 앉아 차를 마신다.

아내의 마음결이 나를 감싸고 따뜻한 차가 몸에 돌면
목에 머금은 하루의 찌꺼기가 정화되는 듯한다.

짜증도 불만도 가라앉고 머리 속에 생각이나
목에 걸려 있는 말들도 중요하지 않게 된다.

안방은 더 아늑해지고
내일 또다시 되는 일 안 되는 일 시작할 수 있는
마음이 새롭게 생겨난다.

『기억의 길』

길

이 길이 그 길이었나?
불 수레가 간 길이라고
믿었던 길
와야 했던 길이었나?

이정표 없는 길이라
멀리만 보고 왔는데.

더 깊은 모래 수렁 속으로만
들어가는 길
중간 쯤에라도
어디 넓은 초원이 있겠지.
초원 너머 바다 있겠지.

고향

우리 할배 고향은 청송이시더
여어가 아이고.　　　여기가 아니고
노구재 너머 너머 열린 곳　　　노귀재
우리 할배 고향은 청송이시더
걸 여패 솔, 못 안에 낡의 골　　　작은 강 옆에 푸른 솔의 고을

하늘 천 따따 지
가매소테 누룬밥　　　검을 현, 누를 황
갈차 주시던 곳.　　　가르쳐
멸치국, 멸치국　　　며칠 후
요단강 건너마 맛나리.

할배 어디 가시마
싸리 회초리 뿌라노코
살짜기 내빼 나와
철갱이, 미꾸라지 잡던 곳.　　　잠자리
산토깽이 찾아 딧산 돌고.　　　토끼, 뒷산

밤에 자매 땀 헐리고　　　자면서
히한한 헛소리 하마
산 돌미 캐논 뿌리 이것,　　　돌면서 캐놓은
줄기 저것 꺼려 먼저 자셔보고
따뜻할 때 마시라 따라 주시던 곳.

문중에서 제일 먼저
예수 믿고 상투 끈코
갈 곳 업시 쪼끼나고 쫓겨나고
나중에 도라 와가
마실에 첫 예배당 지으신 곳.

좁디좁은 사랑채 한 칸 방
남향한 낮대로, 호롱불 켠 밤대로
성경 놋코 토막연필 깍꼬
하루 종일 안자
한문 성경 우리말로 옴기시던 곳.

거어가 우리 할배 고향이시더
시끄러운 여어가 아이고.
시간 나마 눈 깜꼬 내 돌아오넌 곳,
거어가 고향이시더.
본향에서 쪼끼나온 내 고향이시더.

모란이 닮은 꽃

둥근 나무 길 중턱 언덕 쪽으로
모란이 닮은 듯한 작은 꽃 한 포기
주위와 상관없이 혼자 조용히 피어 있다.
오가는 객들이 더러는 쳐다보고
잡으려 손을 내밀어 보지만
너무 멀고 바람 같아 잡히지 않는다.

오른 길 쉬며 눈 감고 다시 본다.
세상 바람, 이유 모를 어두움 내려도,
색채 잃지 않고 다시 일어서는 모습,
빛줄기 받고 일어나 웃는 모습.
그러나 꽃잎에도 지난 세월 흔적이
추상화 초서같이 한두 곳에 어려 있다.

눈 뜨고 보면 그때 첫 모습 위에
차가운 하늘 저편으로 달들이 지고
양지바른 뜰에 자주 그늘도 졌지만
아픔 지난 아름다움이 서려 있다.
나랑 같이 온 그 언덕길 위에 서서
기쁜 마음 향기 계속 발하고 있다.

환향

그 긴 나날이 다 어디 갔나?
산천이 몇 번 돌아가는 시간
상처가 존재를 벗기고 있는데
옛사람 말대로 꿈이었나?

손바닥 위에 놓였던 일들이
어느 사라진 종족의
뿌연 이야기가 되었구나.
흐르는 구름만 아니었다면
살아온 곳에서 얻은 흙터마저
원천을 알아보지 못했으리.
혼자 느끼는 시간만이 떨어진다.

먼 어제부터 오늘의 마음 따라
마른 밭에 잡초라도 심고,
내일을 안으려
황야의 쉰 소리 따라도 가고.
옥토의 향기에 끌려도 가고

그래도 늘 콩국수 한 그릇 속에서
낙원을 같이 이루던 동행자들
이제는 모두 다
쭈구렁 뒷방 늙은이 되어
흐린 눈길만 등 넘어 가구나.

미친 바람 앞에
고개 돌리지 않던 눈빛
이제는 안개가 덮고 있지만
유배의 울타리 넘고
한숨이 끝이 아닌 곳
남아 있는 것 가지고, 내 사랑,
옛집으로 영혼 따라가자.

집 찾아

우리 이제
어느 정지된 아침에
조용히 창문 열고 가리.
먼저 떠난 시인 찾아
해 솟는 강물 옆 서쪽 길 따라
어둠 가르고 빛 가리며 가리.
뜻과 일에 익은 수모,
넘어져 다친 명예 다 버리고
새벽녘에 안개 내린 숲 지나
다른 바람 맞는 들 찾아가리.

가는 길 헛돌면 지나는 풍파
맞고 바위 넘어 옆으로 가는
붉은 꽃게 찾아 길 물으며
같이 길 묻고 또 물으며 가리.

전에 느낀 것들이 시간 잊고
결정체 되어 자라는 곳,
거기서 그날그날 벗어나
겨자씨 보리 싹 물주며

평온한 파도 소리 볼 수 있는
거기 그곳, 다른 별 아래 있는
하늘 바다 해변으로 가리.

생

우리 생은
다른 별에서 떨어져 나온 점
시간 속에서 펴져 나간다.
옆 사람 경험까지 다 안고.

아래위로 다 울리는 비파의
별소리 점 위에서 맴돌지만
몇천 년을 걸쳐 올라가도
사라져가는 점만 남을 뿐.

때 묻은 먼지 점이라도
주어진 세상 속에서
하나님의 미소가 될 수 있기를
마음 꿇어, 꿇어 바라지만
막 내리기 전에 한숨이 아닌
침묵이라도 될 수 있으면.

숲길

들과 언덕을 덮고 자라는 깊은 숲속에
희미하게 보이다 사라지는 좁은 길 걸으며
눈 나리는 저녁의 편안한 소리를 듣는다.

멀리 기다림 건너오는 조용한 저녁 시간에
그동안 빗방울 품고 바람 노래 안고 자란 숲
수시로 변하는 그 모습 느끼며 길 따라간다.

걸으며 저절로 고개 숙여지는 모든 것들이
어제 언제 아래위로 갈라지는 길목에서
줄기 얽은 눈 신발 신고 온 이 길 덕분이리.

질그릇

붉은색 띤 황토
풍파 속에 다듬어진 모습

거치는 객과 같이
어제의 이야기를 침묵하고
이제 찬장 위에 앉아
시간 먼지 맞고 있다.

남 위해 돌아간 그릇
비우고는 또다시
환하게 마음 열어 같이 하며
상실 속에 얽은 기억,
이 세대가 되돌아오기 전에
내일 지나다가 금 가겠지만
유한의 빛을 넘어
찾아올 객에게 일러주고 있다.

모든 생각 다 접고
안아주는 손길만이 아름다운 것.
그 외에 질그릇에 담을
진실된 것은 없다.

『바퀴의 흔적』

가을 잡초

조용한 정원 한 모서리에
혼자 한철 보내는 잡초,
동산의 희미한 기억은 있지만
대홍수 아래 메마르게 갈라진 땅도
일상처럼 안고 때 따라 흔들린다.
냉혹한 중력을 거슬리며
무거운 물 뽑아 올리는 줄기,
잠시 지나가는 질긴 풀잎이
빛을 삶으로 꾸며왔다.
이제 흙의 육중한 옷 벗고
한 번만이라도 천리 먼 길
제왕처럼 날갯짓하고 싶어
있음의 이중수감,
꽃잎의 시간과 뿌리의 자리,
벗어날 수 있는 계절을
그늘 아래서 기다린다.
달리 있을 수 있는 조건,
다른 차원에서의 존재는
새로운 들판에서 기다린다.

autumn weed

in a corner of a quiet yard,
a lone weed spends an autumn
with faint memories of the garden
now long dry after summer deluge.
swaying gently with the winds,
the stem draws up water
downward-bound by inexorable force,
as transitory blades
transform light to life.
now longing to cast off
soil's inviolable mantle
and flutter away many a thousand miles
as monarchs do, even just once.
instead, a double incarceration:
the season of petals, the place of roots.
needs must await a time to escape
to a different condition of being,
in a new field of sleep,
lone autumn weed.

거울 우주

거친 나무껍질에
첫 샘에서 흐르는 물길 오르고
옆에 탱자나무 가지도
겹벚꽃 피는 화려한 날 기다린다.
많은 사람들이 모여
젊음의 축제같이 시간을 뒤로 한다.
아이 같은 애기 엄마,
손자 되어 같이 웃는 할배.
꽃, 수다, 웃음,
살아있는 것들의 영상.

이 계절 지나면
곧 이어 낙엽의 갈색이 올 것이다.
방울 남기고 쉬는 사철나무의 잠,
검은 옷 입고 흰 국화 들고 온 사람들
굽은 어깨 지팡이 짚고 예식을 기다린다.
할매가 된 새댁이,
갑자기 백발이 되어버린 젊은이.
마른 잎, 침묵,
망자의 영정.

끝이 다시 끝으로 간다.

mirror universe

the rough tree bark draws water
from the spring's source,
as bitter lemon thorns await
sunlit cherry blossom hours.
now people gather
awakened by sounds of opening
to celebrate a festival of youth,
mothers becoming children,
old men childish sons,
flowers, chitchats, laughter.
pictures in the hall of the living.

when this season passes,
obedient to its given course,
brown leaves follow falling.
winter evergreens sleep fast
and men in black with white chrysanthemums,
stooped shoulders resting on canes,
await the customary rite.
young brides become old grandaunts,
spry hair suddenly white frost.
dried leaves, silence, tears.
pictures of the deceased.

the end returns to the end.

거처할 집

봄눈이 내렸다.
앞집 담장, 뒷산 소나무 가지 위에.
온 땅을 부드럽게 만든 옅은 솜사탕,
넘치게 포근한 세상이다.

그 아래는 아직 깨지 못한 싹,
더 아래는 아직 얼어있는 뿌리,
따뜻한 눈길 찾아 헤매었지만
밟혀 마음 굳은 촉수가 있다.

예민하고 깊은 동공에
피할 수 없이 모아온 기억
믿어 쌓은 실망, 따라 얻은 상처,
살아 오른 분노가 모여 있다.

그러나 찬란하게 녹는 봄눈,
싹 부르는 방울로 변하면
오랜 아픔마저 새 시절이 되고
실뿌리가 다시 솟아난다.

서리꽃 인내의 구슬이 영글고
처사의 당사는 대목을 기다린다.
영롱한 눈, 천리향 열리는 집,
당춘계절에 올라간다.

abode

spring snow falls on the clay
walls of the house in front,
and supple branches of crusty hill pines
bathe in soft folding cotton candy.

sprouts yet to awaken under the snow,
frozen roots buried deeper still
long for embracing glances
though splintered feelers are all that remain.

trampled by once and passing shadows,
wounds inflicted by betraying smiles,
anger rises in dark sharp pupils
and memories linger on and beyond.

but when the radiant spring snow melts,
transforming itself to drops, fresh green,
torment turned ferment forms promising verses,
and dormant roots stretch out anew.

crystal patience ripens to snow flowers,
habitable space opens in florescent scent
'til the blooming time arrives at last
with tender satin beauty frame.

곰 사육장에서

너, 보잘것없는 생명체가 나타나기 그 전부터
푸른 들판, 깊은 숲속 호숫가 처녀림에서
나는 천하의 순리를 내 안에 받고 같이 키웠다.
생명에서 물려 얻은 자유와 평화, 풍요와 감사,
자연 따라 호흡하며 거슬리지 않게 살았다.

언젠가 동굴 속에서 기어 나온 나약한 인간,
얼굴에 황칠하고 타오르는 불 주위 돌며
나를 너 위한 불멸의 영물로 숭배했다.
마녀 웅얼거리듯 주문 외고 제사 올리며
네 나라 세웠다고 내 앞에 엎드려 경외하였다.

이제 많이 컸다고 스스로 일러 만물의 영장,
숨 막히는 철창 우리에 나를 가두어 두고
북치고 나팔 불며 먼 동네 사람까지 다 모아
굽히지 않아 찢어진 내 얼굴, 내 정신 전시하며
내 심장의 파동, 가쁜 숨을 하나씩 잘라가구나.

내 강한 발톱은 뽑아 목걸이 장식물로 떼어가고,
앞발은 천하별미 술 한잔 담근다고 잘라가고,
뒷발바닥은 삶아 고추장 반주 차린다고 끊어가고,
쓸개 깊이 박은 대바늘로 매일같이 즙 빨아내어
보약이라며 이 동네 저 장터 다 돌아다니고.

사흘 굶겨 놓으면 더 값비싼 웅담 나온다며
찌르고 또 찌르는 일 수없이 되풀이한다.
내 강한 몸 병들어 가누지 못하고 쓰러지면
온몸 경련 일으키는 전기 충격으로 일으켜 놓고
굶긴 후 항생제 버무린 쓰레기를 먹이로 준다.

깃털 없는 두 발 동물, 무도하고 포악한 인간아,
아름다운 이 땅에 있는 기적, 존엄한 생명체를
오늘 네 마음 내키는 대로 악독하게 범하느냐!
도라지꽃, 범나비 네 허영 위해 춤추는 줄 아느냐?
이성이니, 이상이니 허울 좋은 가면 쓰고 있구나!

짐승보다 못한 위대한 인간, 만물의 영장아,
네가 이 땅에서 군주로 독주하는 세월 지나면.
너보다 더 영악한 종이 너 위에 홀연히 나타나
유일하고 유용한 인종에게 씩은 먹이 섞어주며
네 숨을 하나씩 즐거이 끊어 앗아갈 것이다.

네 손 끊어내어 섬세한 것들 조립하게 하고,
네 발은 두뇌 달린 기계의 의족으로 만들고,
네 눈동자는 아름답다 뽑아내어 벽에 걸어두고,
네 팔딱이는 심장은 작은 장난감 발전기 되고,
네 새끼 따로 길러 너의 길 가게 할 것이고.

너에게 남는 것도 있으니 가난하지 않을 것이다.
애처롭게, 너무나 애처롭게 어미 찾는 어린 새끼,

썩어가는, 너무나 오랜 시간 썩어가는 몸뚱이,
비참하게, 너무나 비참하게 절단되는 정신과
참담하게, 너무나 참담하게 폐기되는 네 존재.

그때 너는 하늘이 정한 이치를 알게 될 것이다,
서서히 움직이나 어김없는, 잔인한 시간의 저울:
네가 나에게 행한 그대로 너에게 행해질 것이니
없어지지 않으려는 네 의식이 살아있는 그동안,
이 땅 위에 네 짧은 세상 가기 전 그렇게 되리라.

bear farm

long before you came, pathetic blob,
i was one with the scent of grass, of sun rays,
holding the peace of the world in my soul,
the freedom of life, of wild life itself.
i thought not to disturb nature's gentle flow.

even in caves under primeval suns,
you feared me, worshiped me, praised only me,
your dynasty's founding ancestor, now usurped,
and chained behind lifer's iron bars,
while you crown yourself creation's lord!

you cast me strait in a foul, putrid cage,
where i can scarce breathe, move, even feel.
you blow horns to entice distant village crowds,
you parade my bloody and my swollen head,
daily destroying my life breath by breath.

my teeth pulled out and sold as talismans,
my claws removed as accessories for necks,
paws chopped and brewed for alcoholic drinks,
feet severed to make exotic dinner dishes,
my heart revived with electric shocks.

thick needles incise my gall, in and out,
drawing bile to be sold at the market place,
'best quality after three days starvation,'
you shout, and extract it again and again,
giving trash mixed with pills as food for me.

you, a featherless biped, a dark cunning mind,
pleasuring ferocious atrocious conceits.
do ocean waves, bumblebees, dance for your glory?
how specious your reason, your mask of fair play!

homo barbaricus at the gate of catastasis
might rule some millennial decades or less.
but after your years of abhorrence have passed,
other monsters more ghostly than you will appear,
to puncture your heart every sickening day.

agile hands removed for precision parts,
nimble feet prosthetics for robots, all smiles.
haunting eyes pinned up as wall decorations,
beating hearts, generators for children's play,
brain cells soft tissue for artificial minds.

but maybe some things you will keep as your own:
your babies, screaming and pitifully whining,
your bodies, horribly gruesome, decayed,

your spirits, heinous, brutal mutations,
your being, all to tragically nullified in ruin.

then suddenly in horrid comprehending pain
you'll see nature's scales, exactingly cruel,
as the balance-hand etches your fate on the wall:
'whatever you have done to me here on earth
will be done to you, ere your brief life ends.'

곳간

기억은 시간의 긴 알들이
실오리 찾아 얽히며 움직이는 곳간,
바르게 연결되기 전에 서로 부딪혀
순간으로 와해되면
아름다움도 파편으로 분해되고
돌아보는 눈에는 그늘만 낀다.
그러다 어제, 오늘 흩어진다.
창고 속에 숨어있는 어두움은
희게 선명한 영토를 좁혀가고
없어지는 날을 밝히려는 뜻은
백내장 두터워 아직 가려져 있다.
그래도 끊어지지 않은 그림은
파손과는 무관하게 남아있던 사랑,
알알이 기쁜 노래 되어 울린다.
시간이 되돌아와서 온전해지고
곳간이 밝아지는 날 다 꿰어진다.

storage room

memory is a storage room
where strings of silk, jade beads coalesce
in properly correlated groups.
but if they collide before fermenting,
disintegration into lone moments occurs
as beauty shatters in bytes of regret,
granules of pain in the eyes looking back.

yesterday's todays narrowly disperse,
while the will to lighten the darkening days
is confined behind the opaque veil.
yet some small pieces remain unbroken,
immune in the memory of love, still remaining.
years dimly pulse songs mellow, outdated,
returning in time, either honored or disgraced,
as the greater storage room lights up.

남아있는 그림자

rothenburg ob der tauber 반사

흠 없는 수양이나 붉은 눈의 염소,
풍만한 허리나 흐늘거리는 체구,
관계없이 그냥 살아있다.
보석 박힌 지팡이나 가냘픈 여인들의
없어진 기억이나 오지 않은 풍경,
다 잊어진 어제를 잇는 그림자,
초차원적인 색이다.

그림자 더 깊고 뚜렷했던 어두운 시절,
곰팡이 습한 동굴 안 형틀에 묶여
거룩한 도구 앞에 있는 마녀들,
분별할 수 있는 내용도 없이,
분리할 수 있는 한계도 모른 채.
거룩한 이름으로 온 피의 저주이다.
찢어지는 소리의 철가시 채찍,
녹슬어 더 시퍼렇게 날선 낫,
썩은 피 묻은 못 솟아있는 나무의자,
손가락 뼈 조각내는 틀, 철의 처녀.

어디를 보아도 서려있는 비명의 흔적,
기절에서 실신으로 이어진다.
시간이 지나면 사라질 것 같으나
그림자 그대로 남아있다.

번성한 문화가 붕괴되고
새롭게 태동한 우월종족이 멸망하고
돌아온 행성마저 분해되어도
시간의 마지막 찰나의 함몰까지
그냥 그렇게 남아있을 것이다.

모든 진실, 허위 실상 다 체험하고
결핍의 삶, 생존의 뜻 다 씻은 후
항구성을 지니고 남은 그림자,

착시같이 있으나 사라지지 않고,
형태마저 없으나 부서지지 않고
색깔 없는 빛으로의 탈출을 기다리는
절규의 짓붉은 그림자이다.

shadows standing

rothenburg ob der tauber reflection

spotless lamb or red-eyed goat,
dignity rotund or emaciated soul,
continuing to be, oblivious to all.
lingering memories of jeweled staff,
hapless women, landscapes un-arrived,
just shadows connecting all lost moons.

in an age when shadows were deeper, pellucid,
tied in damp cellars to implements of pain,
witches stood, holy servants withstanding,
no contents discernable, untetherable bonds,
waiting were chairs, rusty nails protruding
and whips, with barbed wire tails unleashed,
thumbscrew, pear of anguish, iron maiden to follow.

all-encompassing echoes of piercing screams,
unable to die, strive to be unheard,
fainting moments leading to yet others,
though maybe receding with passing time.
shadows willed but unintended,
long torturous ways still there, they remain
eternally gaoled, super-races outlasting,
as civilizations submerge and planets fragment,

‘til the demise of the last blink of time.

of all truths whether old, false or indifferent,
only shadows of screams, the meaning
of discarded life not lost, have permanence.

apparently fading, but ever distinct,
seeming illusory, but ever empathic,
waiting to escape into colorless light,
stand dark red shadows of bloody screams.

남아있는 빛

철 좋은 계절도 네 것이 아니고
세상 팔경도 내 것이 아니니
얼음 아래 다슬기, 혼자 피는 들풀,
사막 모래 안의 개미마저
다 너와 나 이전의 것이다.

한결같이 오르내리는 동녘
세월 사이로 오가는 안개 바람이
돌리는 바퀴의 돌림,
이후의 것도 다 사라지지만

시간이 지날 대로 지난 후에
고향길에 옛 옷 입은 생명처럼,
빛 머금은 흔적으로 돌아오는 것,

처음에는 이방인의 모습으로 오는 형상
광활한 공허에서 내리는 소립자 모양,

자리 메우는 그림자의 빛이 남아 있다.

light remaining

not yours the time of good seasons,
nor mine the scenic corners seven,
snails under ice, even desert ants,
and wild grass shivering in the field,
were all here before you and me.

dawns rising and setting so beautiful,
fog winds blowing toward rocky hills,
ceaselessly turning the wheel that turns,
everything passes though yet to come.

as seasons change, like life itself
leading you homebound in worn out clothes,
something returns lone, pregnant with light,

appearing at first with a different shape
like some particle out of the great void,

the light of the shadow that fills the heart.

눈표범

만년 설산 정상에
갑자기 일어나는 착시,
살아있는 정령이
혼자 은밀히 왕국을 순회한다.
한번 짧게라도 눈시울 열면
설향나무 흔들림에서
산양들의 불안한 눈길까지
다 비쳐진다.
시작과 끝 사이에
해야 할 일 마치고
닫으면
혼자 느끼는 적막의 평온함,
눈보라 속삭임 사라진다.

snow leopard

on high peaks,
of snow mountains,
a sudden apparition,
majestic specter,
surveys his vast realm.
eyelids opening ever so brief,
all taken in, so well-defined,
from bristle cone pine branches
to vigilant eyes of long-horned goats.
everything reflected between here and
the rest after work, not only for cubs.

eyelids close,
feeling peace he disappears,
a whisper of snow flakes.

두더지의 지혜

내 고향 청송에
천하제일 명당자리가 있어
앞에는 메기 맥 이은 냇물이고
뒤에는 작게 큰 언덕이다.
옆에는 꿀사과 과수원,
마주보며 용 트는 솔숲.
정원같이 가꾼 옛 정자 터,
더 이상 좋은 자리 없다.

최근 그곳에 이사와 살고 있는
본관 미상의 두더지 가족,
어디서 온 타성이겠으나
보기에 그저 그런 이방인 같다,
두더지 서당에도 좀 다닌 것 같고.

떠난 고향, 아마도 산 아래 마을의
초봄 맑은 날 저녁노을,
소나기 지나 피는 쌍무지개에
화려한 옻나무 단풍,
시간 넘은 마음으로 다 보고.
해 오르는 기척에 달 가는 소리,
소리 없이 오는 솜사탕 눈,
동네 개울 휘젓는 아이들의 웃음
세상 넘은 마음으로 다 듣고.

이제는 선조들의 옛 고향 떠나
솔바람 깨끗한 이 마을,
주민등록하고, 집터 잡아
흙 파낸 후 새 문패 단다.
원하는 만큼 길고 넓게
편안하고 안락한 집 지어,
한여름에 시원하고
엄동설한 강풍 없이
청송의 양반들 포근한 방에서
뼈대 있는 집안같이
조용하게 살아간다.

아직도 밖에는 사람 잡는 미세먼지,
잡것들의 허무한 포탄의 함성,
고독한 이들의 어두운 침묵,
그러나 그늘 없는 동산 이곳
이념이나 폭행 없고
분열이나 분신 없다.
돌아가는 꼴 보기 싫으니
시력도 필요 없고,
들리는 잡소리 시끄러워
청력 낮게 귀 닫았다.
남쪽 나라 비단 양복,
북쪽 담비 모피 외투
입고 다닐 음악회, 무도회 없어
이웃사랑 기부함에 갖다줬다.

땅 아래 밝은 세상 살림살이,
필요한 만큼 자급자족이고
세금 고지서 올 일 없으니
통장 잔액 걱정 없다.
식단도 오성 호텔 못지않은 천하일품.
돌아앉으면 식탁이고
살찐 지렁이, 매미 애벌레
고단위 단백질에 별미로 지네, 메뚜기,
건강식 풀뿌리 야채다.
의식주 해결되고.
아이들 취업 걱정도 없다.
시집가고 장가들 나이 되면
값비싼 중매쟁이 찾을 필요 없이
산절로 수절로 이루어진다.
태평천하에 만사형통,
이처럼 좋은 터에
이처럼 좋은 신선 생활이 없다.

이곳이 내 고향,
남향 언덕의 착한 동네,
아랫것 타성까지 다 받아 주는 곳,
내 고향 청송에 땅값 오를 테니
서울 꾼들 닥치기 전에 좀 사야겠다.

wisdom of a mole family

in my hometown of blue pines
there is a small area we pride as
the best spot in the entire universe,
so the geomancy scholars assure us.
in front, the stream where catfish grow,
behind, a small hill big enough for all.
on one side honey apple trees, on the other
age-old dragon-wreathing pine trunks.
with a well-tended pergola garden,
there can be no better place on earth.

but lately a family of moles moved in,
quietly unnoticed, origin unknown.
a commoner family from somewhere or other,
though seemingly quite well brought up.
their former home perhaps nestled in a hill,
they knew the sunsets of fine spring days,
the quiet settings of full moons,
dawn hinting at the rising sun.
they felt the beauty of the land,
the brilliant autumn foliage of sumac trees,
gentle sounds of sugar-candy snowfall,
the laughter of children playing in the stream.

now they have left their fore-moles' home,
entering this village of fresh pine winds,
registering at the village hall, founding a plot,
building a domicile, nameplate over the door.
pleasant and comfortable, deep and wide,
the newest residence in town by far.
free from hot summers' heat underground,
no miserable storms in deep winter nights,
they live like old families of noble descent.

outside the rage of life-decaying fine dust,
futile cannonball screams of ignorant men,
dark silence of masses, lonely, blank-eyed.
but here in this garden, no trace of terror,
no tragic shadows or self-immolation.
turned from the pathetic state of the world,
neither good eyesight nor good ears are needed,
for the sundry happenings at every turn.
italian silk suits and russian sables
all donated to the charity box,
in the absence of concerts, rich parties to attend.

a bright life under the underground sun,
fully self-sufficient, all that one needs,
no utility bills, income or property taxes.
dinners of the best five-star hotel quality,

juicy worms, crunchy insects, grasshoppers, soft larvae,
all tasty and rich in pure family protein.
with occasional delicacies sweet centipedes.
no problems of clothing, housing, or dining,
no need to find jobs for post adolescents
starting a family, no costly match-makers.
everything happening milky-way natural.
a wonderful home for gentle souls,
learn'd hermits seeking deep mountain caves,
or celestial beings visiting earth.

this is my hometown,
where kind people live on a south-facing hill,
tolerating drifters, even moles from afar.
but if property values continue to rise,
i should buy a plot of land for my home
before the land hyenas from outside take it all.

바퀴

처음부터 이미 줄 서 있는 역사,
지난 것 속에 다 준비되어 돌아갈 것이다.
모든 주제 속에 결론이 내려져 있는 것은
의식이 있어야 하는 존재의 전제,
어두운 우주가 웃으며 창안해 놓은 것.

동굴 속의 접시를 신나게 굴리는 곡예사,
독배 마신 마술사를 그림자라 하고,
돌아가는 바퀴를 제 의지로 돌리는
명품 경마는 기수를 제 마음대로 돌린다.

무당 깃털 수탉의 노래 들으려 아침 해 오르면
금빛 나팔수는 기상곡으로 독촉한다.
아침 별은 별대로 이미 저녁을 차려놓고.

지워져 있는 시간이 모든 기억을 덮는데
다 순간의 거대한 수레에 묶여 있다.

새로운 상실이 또 저녁의 기억을 낳는다.

wheel

history waiting in line from the beginning,
will progress, well prepared for all things that occur.
the conclusion, already contained in the subject
forms the condition of conscious being,
concocted by a universe, smiling and mute.

the cave juggler spinning his plates on a stick
calls the poisoned magician an empty show.
the noblest of race horses reins in the jockey
who mistakenly expects to control them at will.

the morning sun harkens to the rooster's song,
as the golden trumpeter sounds reveille,
having composed already the sunset tune.

time erased covers all memories,
everything being tied to the wheel of now.

new loss bears evening's newest memory.

별

끝없이 확장되는 생성과 함께
투명한 미지의 흑암에서 찬란한 금빛,
남극광보다 더 다채로운 생애 지내며
구슬 알 입자들이 파장되어 온다.
구성된 공간 속에 빛과 시간을 꿰어
회오리 몰아 星雲 만든다.
새별의 먼 출생을 고뇌하며.

응고된 불구름 서로 얽혀
줄기로 다시 발산하고,
돌아가는 허공의 수레
감금된 회전을 우주로 삼는다.
끝없이 움직이는 고정된 축
정지된 방랑에서 스스로가 된다.
흑암을 조금이라도 물리는 바위.

파편 流星들의 한결같은 낙하를
표피에서 때로는 심장까지
가늘게 혹은 깊게 안으며
유일한 빛을 恨없이 발한다.
큰 울음 터뜨리는 超新星,
그러고는 빛에서 나온 빛을 따라
시간 떠난 새 성운의 시간 낳는다.

stella

together with creation forever expanding
    scattered particles in waves descend
like polished gold from dark transparency
    more colorful than antarctic aurora.
lights laced with time in cosmic composition,
    coalesce as a whirlwind forming a nebula,
for the boiling birth of a baby star.

pressed fire clouds already intermingled
    build a wheel in empty space,
a universe conceived in rotating unison.
    fixed axis moving without end,
becomes self in contemplative wandering.
    a burning rock, one of a kind,
pushing the bounds of darkness that is.

broken meteor parts receiving,
    from the surface, and to the core,
feels faintly deeply, but mostly in pain.
    the one and only remorseless light,
the thundering stellar call
    follows the light from the light that was,
bearing the new fiery nebula time.

보리수의 꿈

cesky krumlov 반사

축복으로 뿌리내려
성문 안 정자 옆에 서 있는 나무,
노란 장미보다 더 아름다운
꽃향기 동네에 뿌리며
해자에 갇힌 곰은 성문 앞에 두고
아이들의 놀이터 되어왔다.
봄이면 봄대로, 또 봄이 올 때까지
진초록, 단풍잎, 흰 설탕 쌓인 가지 되어
구름 보고 냇물 보며
옛 마을 돌담과 같이 왔다.

때로는 감싸인 달 아래
집 없는 이방인 받기도 하고
집 떠난 방황아 찾기도 하고
집 찾은 환향아 맞기도 하고.

기나긴 짧은 세월
연기 낀 한 달이 한 겁이 되고,
성 아래 붉은 지붕들 돌아 흐르는
급류 앞서 빨리 지나가버린 일들.
얼은 유성이 증기가 되는 밤과
오르는 행성이 사라지는 낮.
앞을 보며 되찾아도

뒤에서 소리 없이 어깨 잡는다.
감사한 성장의 시간이었지만
철 지나는 꽃잎도 색깔을 잃어가고
둥치도 조금씩 말라간다.
곰도 이제는 오래 갈 가죽 되어
군주의 서재에 깔려 쉬고 있다.
보리수도 넓은 나이테 그만 그리고
언제 불타는 황토방에 들어가
썩지 않는 숯이 되어야 할 시간이다.
또 다른 궁전과 샘이 있는 곳,
더 이상 울부짖지 않을 곰과 함께
미지 속의 의식이 이르는 곳에서.

dream of linden tree

cesky krumlov reflection

roots taken with blessing,
tree standing by castle well,
permeating scent throughout,
more beautiful than yellow rose,
bear grunting in the moat,
happy grounds for children's play.

if spring, then spring, 'til spring returns,
        then dark green, autumn color,
        branches with furry sugar caps,
        old stone walls and streams nearby.
times past often under the shrouded moon
        calling prodigal wanderers from far away,
        homeless strangers taken in, life weary,
        home-returning sons embraced, long lost.

short seasons so long,
foggy months timeless eons,
events faster than rapids winding
round red-roofed houses.
burning nights of frozen meteors,
fading days of rising planets,
looking forward to past dreams

though restrained by ethereal hands.

the flowers lose their brilliant color,
trunk barks drying all too frail,
as thankful years of ample growth
pass by. the bear since gone to rest,
everlasting hide on the study floor.

it's perhaps time to cease from drawing
ever widening yearly rings,
entering instead a chamber, red clay walled,
becoming dark charcoal in another life.
together with the bear bawling no more,
seeking an open palace of another kind,
long intimated but as yet unknown.

부서지는 시간

시간이 파손되면
기억은 분리된 부분들이 되고
아름다움은 찌그러진 조각들이 된다.
돌아보는 마음에는 연기만 끼고.

나팔소리같이 터지는 첫 울음,
설익은 석류 자라는 나무 아래서
즐겁게 노는 아이들의 웃음소리.
지난 날 같이 불렀던 노래,
그러나 다 눈물의 계절에서
면제된 것은 아니다.

흰옷 입은 사람들이 모여 있던 집에
풍기던 냄새와 구토증,
비 오는 터에 검은 옷 정장한 사람들,
다르지만 깊게 연결되어 있다.

부서지는 시간이 침해해 와서
맑게 다듬어놓은 기억을 해체시킨다.

time shattering

when time is shattered,
memory becomes disjointed parts,
and beauty blemished - distorted fragments,
smoke settling on minds looking back.

first blast of the bursting trumpet,
laughter of children under a tree
with green pomegranates as yet unripe,
songs sung when young together,
not all immune to years of tears.

visits to buildings of white gowns,
suffering in silent lonely seclusion,
standing in the rain with people in black,
all disinct, but deeply related.

time shattered and lost intrudes on us all,
dismantling our cherished, fragile memory.

성운의 빛

먼 곳, 가까운 곳
떠돌던 바위 부스러기,
가능성의 모습이 가려져 있다.
행성이 궤도 가듯
반 자유로운 성운의 여정
많은 운석 부딪혀
시간과 함께 다듬어지는 본체,
별이 되어
더 큰 빛 반사하면서
시간 끝의 어둠을 물린다.
그러다 빛의 생명이 다하고
초신성이 되어
마지막 열기를 발하면서
새로운 성운의 초석이 된다.

nebular light

near and far in thought space
wandering rock chips are luminous
though the shape of possibility is veiled.

as a planet follows its ordained orbit,
a seemingly free nebula cloud
collides with untold stellar stones.

in due process of cosmic growth,
the body eventually becomes a star,
pushing the outer limits of vision.

then light-hours wane, birthing a supernova,
radiating its last acts of life
and forming the seeds for nebulae to come.

소망

빛이 꺼진 문화의
사라져 더 장엄한 성취와 후광,
수많은 대리석
고독하게 애처로운 시선이
생명을 다리고
오가는 나날이 지나버린 날에도
태고의 밀림 속
붉은 흙덩이 위로 치솟는 샘,
그 사이에서
시간을 잉태할 꿈이 오른다.

새로운 우주의
출생을 바라는 고통의 열정이나
혜성이 아니라
떨어지며 불타는 얼음바위,
돌아가며
흑암을 가르는 하나의 불씨라도,
형태를 가진
창조의 산물, 알 한 점이라도
바다 같은 지혜보다
더 깊은 축복으로 생기를 얻는,
흙물레 돌려
담을 수 있는 그릇이고 싶다.
지나친 겸손, 허영심 없이.

wish

halo of ancient culture,
magnificent in lustre dimmed,
sinking with a pleading glance.
waiting for life amidst countless figures
of marble perfection, frigid and pale,
passing the days that come and again,
spreading from a spring out of red earth
into the virgin forest dark,
　　　　while i dream inbetween
　　　　of conceiving time.

waiting in passionate patience
　　　　for new rays to ascend,
i dare not wish to become a blazing comet
or burning rock of ice, perhaps, or
spark of fire, diminishing dark domains.
even a vase, vague hint of creation,
formed by the potter, a tiny point,
infinitesimal fraction of mimesis,
trace of the very first clay and breath,
a blessing far greater than the birth
of an ocean, wisdom replete,

this i wish,
sans pretense,
sans modesty.

연구의 시대

오늘은 연구의 전성시대,
인쇄된 종이에서 기름때 묻은 손,
선구자의 날이니
아마 좋은 것 같기도 하다.
세상의 관심은 내일,
지능으로 조작된 쇳덩이,
뇌파의 힘에 의한 운동 에너지.
전부 인간의 편의 지향이다.
자연을 보는 시각의 다양성,
활용하는 방법의 효율성,
의식을 넓힌다고 한다.
도구는 과학적 이성.

파충류에서 그리 멀지 않은
포유류 인간의 두뇌에는
상호 괴물 셋이 살고 있다.
형편이 너무 빨리 변해
조화롭게 진화하지 못한 상황.
아름답도록 원초적인 악어,
언어로 상징화하는 동물,
자아를 희생하는 영물.
한 방에서 같이 움직이니
폭행, 자학 다 일고
말도 안 되는 소리 자주한다.

움직이지 못하는 더듬이로
대홍수 살아남은
방울뱀의 서사시를 핥고,
증발되는 우주의 빛으로
무음의 광란 악장을 냄새 맡고,
혹은 수중 분신의 승천 꿈을 듣고.
이성은 헛소리라 하지만
역설의 공존이
사슬 끊은 생명력의 원천이다.

무능의 절망이
창조를 잉태하기도 하고
무한의 영광이
파멸을 예비하기도 한다.

넷째 날
비완의 결핍이
존재를 존속시키기도 하는데
한 지붕 아래 세 괴물에게는
어떤 질서가 드리울까,
인간적인 합리성의 전쟁으로 지속되는?

age of research

this is a prospering age of research,
from printed papers to oil-smudged hands,
pioneering days, perhaps a good thing.
the world's attention is on tomorrow,
intelligent artifacts of crude iron,
waves generating kinetic energy.
all for so-called convenience.
scientific reason determines
man's perception of reality,
revealing the diversity of nature,
and enabling (for all we know)
efficient application of it all.

in the mammalian brain,
not too far from the toothy archosauria,
three mutually monstrous beings dwell,
inharmoniously evolutionized,
through alarming expeditious change.

co-existing together, compressed in
small skull-space, the beautifully
primeval alligator, symbol-prone biped,
and self-sacrificing saint,
terror inflicting, terror inflicted,

a persistence of absurdity,
as contradicting screams rattle the shell.

seeing with rigid tentacles,
the epic of a postdiluvian rattlesnake,
smell of some mute finale furioso,
or dreams of fluid immolation.
absolute gibberish, the scholars say.
but coexistence of contradiction
is life force unchained.

despair of incompetence
at times conceives creation,
infinite glory a terminal day.
sufficient deficiency
at times extends existence,

on the fourth day,
what order for the monsters
under one, constricted roof,
in the continual war of reason?

은하수 길

쉬 천년이 되는 늦저녁까지
새벽부터 이어지는 흙길의 행렬.
뼈까지 말라 눈빛만 남아있는 몸,
누더기옷, 발싸개.
물 한 모금,
돗자리 한 장이 제왕의 위상.
탄 얼굴에 입술 터지고
갈라진 발바닥 피 엉키고.
어제보다 더 많이 남은 시간,
환영의 여정이 보이지 않는다.
이 땅 객의 터벅거리는 발걸음
따라온 흙먼지 알, 안개같이 올라
작지만 밝은 별이 되고
새로운 은하수 만든다.
시간이 차면
순례자의 흙먼지 덮인 눈에
축복이 비친다:
문턱 넘어 밝은 방 한가운데
희고 깨끗한 모시 덮인 식탁 위에
빵과 포도주.

milky way road

from dawn to late evening
over thousands of years
the long line of burnt faces, parched lips,
injured feet, bleeding dark red,
eyes gleaming from emaciated lids,
continues on the pebbled road.
far more yesterdays remain,
resting on worn reed mats,
a cup of lukewarm water
a royal treat.

but progress will soon cease.
grains of dirt follow weary footfalls,
becoming tiny bright stars,
every hint of dust-embracing light
appearing as a cloud in the milky way.

when time ripens,
bloodshot pilgrim eyes look
over the threshold of the room,
on a table of coarse white hemp
bread and wine.

인류사 Ⅱ

- 이성의 쇠사슬 -

모든 것이 이성의 쇠사슬에 매여있다.
생명의 현상에서 희생의 초월까지,
사랑의 침묵에서 전쟁의 열변까지,
영화의 정체에서 몰락의 번성까지
모두 다 스스로의 쇠사슬에 매여있다.
있음의 태초에서 종말의 없음까지도.

현존재의 형상이 옛 이성의 통치 아래
쌓아 올린 흙탑, 혼자 있음의 촛불은
생각한다는 것과 살아있다는 것이고,
있다는 것의 정체는 이성의 흔적이다.
있음 속에 거대한 구심력이 되어
빛으로 떨어져 나온 자아의 의지이다.

있음의 개체는 홀로 있음의 생각이다.
이성 따라 여정 속에서 진화하고,
다르게 생각하는 이성은 본능적으로
불만의 원동력, 반항의 형태가 되어
매인 쇠사슬 끊고 이성의 깃발을 흔든다.

더 높은 이성은 더 강한 쇠사슬이 되어
더 풍요로운 자유의 쇠사슬을 만들고
올바르게 살 수 있는 이성을 찾는다.

바르게 살기 위해 더 잘 살아야 하는,
가장 열정적인 길은 극단의 자아표현,
자아를 이성의 제물로 만드는 이성이다.

이성의 결정체, 인간만의 불가항력,
더 수려한 이성의 더 고귀한 쇠사슬이
자아에서 시작해서 전부를 파괴한다.
있기 위해서는 다 없어져야 하는 결론,
수수만년을 거슬러 대물려 내려오는,
무적 이성이 부여하는 있음의 조건이다.

살아 있음을 위해서 추구해야 할 것은
이성의 쇠사슬로부터 자유롭게 되는 것,
이성보다 더 고귀한 가치창출의 의지가
쇠사슬의 폭행보다 강한 이성을 찾지만
피할 수 없는 쇠사슬의 중단 없는 행진,
그 자체의 쇠사슬에서는 끊을 길이 없나.

하나 가장 취약한 부분만큼 강한 쇠사슬,
이성의 화려한 구속에서 벗어나는 창문,
그나마 약한 고리를 녹이는 탈출이 있다.
혼자 있음으로 있는 자아이성의 쇠사슬은
같이 살아 있음의 깊은 샘의 구조 속에서
창조적 조건의 함정을 극복할 수 있다.

서로의 있음으로 솟는 상호 인정의 힘으로

황무지로 몰아내는 이성의 파멸적 사슬,
이성의 쇠사슬을 지나는 전환의 교량 삼아
자유의 교류와 교류의 미지로 가는 길이다.
같이 있음의 이성을 포용하는 있음의 등불,
미미하나 미지를 열어주는 새로운 빛이다.

인류사에 새겨진 진행사:

이성의 황량한 길을 교류의 비단으로 짠 인류,
생존의 좀 더 숭고한 노래를 부를 수 있었다.

history of man Ⅱ

- the chain of reason -

everything is tied to the implacable chains of reason,
from the beginning of being to the sunset of man,
phenomenon of life to transcendence of sacrifice,
silence of forgotten love to orations of glorious war,
ascent of new glories to decline of old civilizations,
all strung along the iron chains of reason supreme.

the great centrifugal desire unleashed in creation
produced pitifully small points destined to a dent,
desire to persist itself as an entity of guiding lamp,
clay tower constructed by reason of each existence
is being alone, and the sole mark of being alone is
awareness of thinking, the initial whispers of reason.
individuality of being is the thought of being by itself,
and thought about different thoughts of being evolve
in the path of reason that reason itself cannot avoid.
reason thinking differently oft becomes unavoidably
source of discontent, natural expressions of rebellion
and raise triumphant banners in the name of reason.

higher reason becomes still stronger chain of reason
and makes chains of freedom more affluent than all
seeking reason more tolerable and properly livable.

the most passionate value of life based on reason
for better being is reasoned will to self-transcendence.
sovereign reason transforms itself to burnt offering.

reason transfigured through purification of chains
commands nobler chains of more profound reason,
then it destroys the chained self, then the whole,
inexplicable contradiction of not be in order to be,
bequeathed throughout thousands of distant years,
is condition of being granted by supremacy of reason.

to be free from the chains of reason is the purpose
of the search for a value loftier than reigning reason.
longs for reason stronger than the terror of the chains,
but inexorable progressions of high reason govern.
purified reason capable of cutting the chains of reason
cannot be found in the tangled chains themselves.

but the chains are as strong as the weakest link,
characteristic trait in the formation of reason ist
a window of escape from the blinding road of reason,
freedom from the chains, lies in the weakest link.
chains of reason of the self that exists by itself
cannot envision different realm or reason of being.

sole instrument to overcome the destructive reason

can be drawn from the spring of commonality of being.
phenomenal chain reaction of being by being together
is the bridge to the unknown by means of exchange
of different colors of being, distinct visions of being.
exchange melts the chains that expel man to wasteland.

words written in man's progress report:

man who has woven desolate reason into silken cloth
has the blessing to sing nobler songs of being together.

지난날

앞으로 나갈수록
마음은 지난 계절로 돌아간다.
앞에 있는 미지의 날이
잃어버린 시간을
더 선명하게 만들어 준다.
비록 너의 어저께가 희미하다 해도
울타리 안에서는 지워질 수 없는,
얽혀져 생성되어 남아있는 힘이다.

이어지는 일들이 하나의 삶이 된다.
너는 내 기억 속에 있는 시간이니
내 시간이 네 기억이리라.
네 기억이 조금 분해된다 해도
내 시간 속에 다 저장되어 있다:

봄비고 풀,
잠이고 꿈,
강이고 걸,
나무고 불,
너는 집이고 나는 문.

시간과 기억이 연약하게 땋아져 있지만
무대와 행위는 생명처럼 항존한다.

days pastbraid

as days move forward
my mind thinks on past springs.
unknown days approaching
make lost time more distinct.
even if your past now radiates dimmer,
ineradicable persistence remains
in the tethered domain that must be.

since you are time in my memory,
my time becomes your memory,
as connected events bring forth a life.
your memory may disintegrate a little,
but all is kept safe in the safe of my time.

the rain and the grass,
the sleep and the dream,
the river and the stream,
the wood and the fire,
you are the mansion and i the gate.

time and memory - a fragile braid
like life, stage, and action, always there.

초원

나에게 잠자는 초원을 주면,
시간이 저녁 별 부르는 언덕에서
이곳 내까지 이어진 초원을 주면,
나무 괭이 만들어 정원 가꾸리.
돌부리에 걸려 쟁기 부러져도
구르는 돌, 들 짚 넣은 흙벽돌로
나지막한 바람막이 담장 만들고
마디 굵은 내 손으로 매일 골 메며
음치 노래 찬미로 다 키우리라.

풀잎 사이에 숨어 피는 작은 하늘 꽃,
그 사이 옮겨 다니는 날씬한 벌,
간혹 가시나무 굽게 자란 거친 가지,
들쥐 떼 정원 파헤치기도 하고
멀리서 늑대 무리, 붉은 꼬리 여우
밤낮 주위를 돌며 저울질하겠지.
대낮에 태풍도 자주 덮치겠지만
둥근 빛 안아주는 햇볕 아래
천상의 공기 같은 물방울이
뒤이어 만드는 쌍무지개.

이것이 있어 있는 평원의 조건.
한여름 긴 날에 동공이 얼고
한겨울 찬 밤에 심장이 타도

이곳이 하늘 숨 쉬는 내 들판,
철 따라 땅 넘어 솟을 초원의 새,
먼 이웃에서 온 잎갈나무 포기가
거목으로 자랄 수 있는 태고의 옥토.
거친 꾼들 누구도 와서
이름 모를 들꽃들 밟지 못하게 하고
내 정원에서 자라는 모든 초목을
구름 내려 만든 생수 길러 키우리라.

steppes

give me a piece of the sleepy steppes,
from the hill of the evening stars extending
to the cold, pebbled stream trickling over the mound,
and i'll build there a garden with a wooden spade.
though my pickle breaks on a hidden rock,
i'll fashion clay bricks with wild straw mixed.
low windbreaker walls will surround the estate,
and i'll hoe all the furrows by hand every day,
making love to the plants with my tone deaf songs.

little blue flowers that grow hidden in grass,
thin honey bees that move leisurely around,
occasional crook'd branches of old wizened thorns,
hole burrowing field mice, between and before,
a pack of wolves, or foxes red-tailed,
circle and wait till the seeds-man has gone.
thunders will flash at the height of the day,
till sunlight ascends, shooting beams round and warm,
teasing a double rainbow from ethereal drops.

this is the condition of the steppes as they are.
pupils might freeze on a hot summer day
or heart burn alone in the long winter night,
these are my steppes where the heavens breathe,

where the virgin land birds soar high in the sky,
and mightily saplings of larches bud forth.
as the guardian of gardens i'll eject trampling fools,
breaking the stems of unknowable flowers,
and tenderly grow the plants with untamed water
of meandering streams from the clouds flowing down.

평화

erzabtei st. ottilien 반사

숲속에 앉아있는 돌집,
다듬은 몸과 마음이 만든
아름다움으로 솟아오르지만
옆집, 없도록 검소한 방은
탈육신을 바라는 듯 비어 있다.
다른 공간의 시간 속에서.
새벽에 창문을 열면
깊지 않은 산 위의 빛이 보이고
산수정 같은 정기가 들어온다.

장터 돌며 좇아오는 먼지 소리,
피할 수 없이 따라오는 잡생각이
느낄 수 없이 정화된 곳.
햇볕이 강하게 내리지만
눈송이 순리대로 날릴 것이고
봄가을 제 모습대로 필 것이다.
생각과 구름이 어울려
투명한 초점을 늘 맴돌고 있다.

가까이는 찬미 소리,
저 아래에는 사람들의 이야기 소리가
조용히 들려온다.
의식을 잃게 하는 사랑이나 증오,

편리한 무관심도 느낄 수 없다.
다만 무성하게 조용한 숲 마을이
있음에 대한 겸허한 영혼,
같이 있음에 대한 감사한 마음을
흠 없는 하늘 아래서 감싸고 있다.

이 세상에 평화가 있다면
이것과 비슷하리라.
여기와 비슷하리라.

peace

erzabtei st. ottilien reflection

a fine stone building in the woods,
though rising in beauty
chiseled with graceful mind and body,
stands in poverty compared
to a room next house.
more than modest, breathlessly bare,
strait space waits in timeless flow
as if for excarnation.
when windows are opened in the morning
light is seen on the mountain,
near and not so deep,
and air quietly comes in,
as clear as mountain crystal.

dusty noise from market places
and sundry worries unavoidable
are cleansed by imperceptible breeze.
strong sunlight already in early hours,
but snow flurries will dance in due time,
and spring, autumn show their nature.
thoughts and clouds mingle around
a transparent center in the primaeval sky.

nearby soft songs of praise,
down the hill sounds of people in dialogue.
love and hate, that transcends awareness,
and convenient disinterest are not of here.
quiet woodtown just embraces
souls humbled for being,
hearts thankful for being together.

be there peace in this world,
it probably will be like this.
it probably will be like here.

회오리바람

어제가 오늘 같은데
오늘은 사라진 어제 같으니
오늘이 정말 있었을까?
시간은 계속 흐르지 않고
그냥 옮겨 돌아가고 있다.
내일은 언제 올지
온다고 해도 오늘 사라질
어제가 될 것이다.
그러나 어제는
예고 없이 사라진
오늘의 망각일 뿐.
다시 가까운 어제로 옮긴다.
둥근 바퀴 속에서
앞으로 갔다가 뒤로 도는
시종도 헷갈리는 시간이다.
때가 되면 화살선이 되겠지만
지금은 회오리바람만이 있다.

whirlwind

perhaps yesterday was today, so today is a lost yesterday.
but was today really here? yet time does not flow, it
just moves around. will tomorrow come? even if
it does, it will be yesterday disappeared today,
but yesterday is today's lethe boat,
returning to a closer yesterday.
time turns in a wheel,
spinning backward
and forward,
its beginning
lost in its
end. in
time
time
will
be
an
arrow,
now it is
just a whirlwind.

이후의 시

연해주 고려인들에 대한 소고

이방 고향 추운 가을 어느 늦고 젖은 밤에
여기 저곳 무리 모아 만든 숫자 몰아간다.
두려움에 잠긴 눈이 입술을 닫고 있다.
감춰진 이유가 급히 닫혀버린 창살 되고
돌아가는 맷돌 소리는 부서지는 어제.
급하게 움직이는 모든 것이 폐허가 된다.

동결수정 만드는 바람 되어 도는 시간.
하룻날, 하룻밤 날이 가을의 폭행이다.
비어있는 사랑방에 남아있는 골방에는
쫓겨나 두고 온 그림자의 전 그림자,
보름 넘도록 지평선 넘어 밀려 지나며
속도 절도 없는 밤 겨울의 거지가 된다.

병든 굶주림의 생기 잃은 어린 얼굴,
품 안에 있던 아들의 흰 눈이 고정된다.
한쪽 구석에 주저앉아 있던 늙은이,
질긴 명주실 숨소리마저 처져 버린다.
힘없어 곡 없으나 소리 없는 흐느낌이
돌아가는 쇠 뿌리 소리에 깔려버린 채.

다만 죽어도 놓지 못하던 엄마 부르며

이산 없는 먼 땅으로 죄 없이 떠난 딸,
애처로운 밤 별빛 되어 철로 따라오고,
부디 살아 남아라는 옆 칸의 소리는
한의 가랑잎 먼지 되어 주위 맴돈다.
어둠 속으로 계속 가는 바퀴에 매인 짐.

하늘에 붙은 땅 어디서 내팽개쳐진 몸,
어른어른한 정신은 필요 없어져 버린 짐.
혀 얼리는 추위, 이어지지 않는 그림자,
빈 마음에 모두 다 이름 없이 채운다.
송곳 고드름 된 마른 잎의 바람길은
깨어 꿈 보려는 눈을 이미 찌르고 있다.

머리 위에 치는 천둥에 웅크린 작은 한숨이
망국의 눈을 보는 비창의 눈을 늘 느낀다.
눈 감은 체 머리 내리고, 얼음 땅 또 깨고
새로운 피난처, 버려진 것 살려줄 땅굴.
사암 돌 조각 모아 입구 만들어 막은 후
흙방에서 모르게 잔기침하며 구석에 선다.

이곳이 반복되는 수난의 다른 고장이다.
죽으려니 겁나고 다시 사는 것 서럽지만
고향에 남겨둔 곱거나 쓰린 상처 다 덮고

이제는 가는 뼈만 남은 빈주먹 떨며 쥔다.
소모품 삶의 흔적 없어진 옛 그림자 찾아
땅굴 집 돌문 앞에 땅 깨고 터전 만든다.

거대한 돌밭은 나에게 주어진 장엄한 영토,
나무 괭이 지나 언덕 넘어 흐르는 걸 까지다.
얼어붙은 돌부리에 걸려 쟁이 부러져도
마른 잡초 느인 흙등이로 바람막이 만들고
음치 갈라지는 헛노래 웅얼이며 불 지핀다.
저주의 땅을 삶 향한 푸른 대지로 만들면서.

풀잎 사이에 숨어 보잘것없이 보이는 꽃,
없어도 고개 숙여 허리 아래 자란 덤불,
간혹 거친 나무 삐뚤게 자란 큰 가시가지.
들쥐 떼 들락거리며 정원 헤치기도 하고
밀리서 늑대 패거리, 겁 꼬인 여우무리들
끝없이 주위 돌며 같이 저울질하겠지.

한밤 같은 대낮에 땅 가를 날벼락치고
메마른 태풍 따라 회오리바람 덮치겠지만
철 되면 대지 넘어 솟아오를 황무지 새,
하늘 오를 거목의 새싹 자랄 수 있는 곳,
넓은 들판이 숨 쉬며 지나는 구름하늘은
저녁별 부르는 순례자가 쉬며 가는 뜰이다.

그곳에는 이미 기다리는 봄 길이 있다.
지친 마음 측은히 안아주는 원주민의 눈.
없어 같이 나누는 샘물 한 사발의 기원,
티 없이 같이 눈물 흘리는 기도의 손길,
쌍무지개 만들어 내는 빈곤의 정이다.
다음 세대가 지나도록 갚아도 부족한 빚.

실낙원 이전에 받은 빛 속에서의 그림자
이 세상에서는 찾을 수 없을지 모르나
사라지면 또 엮을 그림자 만들어 간다.
태양 다시 오르면 얼음 불같이 일어서고
어느 총부리 와서 들꽃 뿌리 뒤엎어도
잡음 없는 결에서 하늘 내린 물 기른다.

이것이 있어 있는 황무지 들판의 조건.
세대 피는 한 여름 긴 날에 동공 얼어도,
세대 지는 한 겨울 긴 밤에 허파 불타도
이것이 이어져 넘지 못할 유배의 조건,
옥토에서 초원사막으로 연장되는 그림자.
에덴으로부터 물려받은 있음의 조건이다.

다시 떠날 이방인 비망록에 새겨진 비문:

어제처럼 지난 훗날에나 옆에서는 오늘,
그곳이 어디든 우리 아직 여기 있노라.
눈물보다 아픈 웃음으로 그림자 그리며
비록 심장 뼈 얼어 마디 조각 붉게 타도
절망의 굴욕 없이 우리 여기 서 있노라.
추방의 영광 안고 우리 여기 서 있노라.

고개 숙인 길

진사 아재가 쓴 글 배우느라
장독에 모은 물 다 썼다.
뒷짐에 벼류, 겨드랑이에 짚신 끼고,
마을 어귀 떠난 지 옛날이다.
집안 어른들과 동네 이웃의 꿈을
지고 가는 길목 주막에는
사람들이 모두 초조하게 모여있다.

색깔 옷 입은 사람들이
제목을 주고 주위에 둘러 있는데,
늦은 등잔 아래 익힌 것
하늘 아래 엎드려 피땀으로 태웠다.
그러고 며칠 너무나 긴 밤을
잠 없이 뒤척였다.

지금은 꿩 깃 없이 오는 뒷걸음,
돌아오는 터벅 걸음이다.
찾아온 집에는 인기척이 없다.
마당에 잠자리가 돌고
옆집 나무에 늦 매미가 운다.
비어있는 좁쌀 독 옆으로
건초가 된 붓끝이 돌아왔는데
남은 것은 태평소 소리도 없다.
시간이 삼켜버린 마을뿐이다.
내일은 창백한 걸음으로
어른들 계시는 산에 간다.

Dusty Return

Pails full of water for family ink stone
used in mimicking the characters uncle wrote,
a respected man of high learning,
is now dry after many a year.
With straw shoes held in the arm pit,
a couple of cherished books,
brushes and the stone in the hemp pack,
he left the worried eyes behind.
Hills up and down, rivers crossed
to the town of colored garments he went,
the aspirations of the entire village,
to be measured by the royal scholars.
After a quick day under the burning sun,
after endless nights with parched lips,
now it's a return road to home.
The splendid pheasant feather
and the bugle that awakens the paths
are not the companions once dreamt.
No crowds gather, no cheers rise.
Only smells of depleted sorghum pot
and barren stalks decaying in the barn
are left of the homely portrait.
The brush used in grand expectations
are turned into a town swallowed by time.
Silent dragonflies and shrill cicadas remain
Tomorrow will be a pale road
to the hills where ancestors wait.

노년의 양지

나이 듦에는 축복이 따른다.
역사가 이루어 놓은 구속과
미래가 준비하는 석방이
둥근 시간을 감싸고 있다.
하고자 한 일들이 무너지고
불이 소각된 자리에는
모르는 일, 예측한 일들이
시간의 채광주리에 갇혀있다.
한마디, 한 파장이 쓰림을 다스려주고
내용이 없는 웃음의 허무함을 감해준다.
즐겁게 하고 싶은 일들이 줄어든다.
원하거나 원하지 않은 것들의 실상을
찾거나 찾지 않은 대마의 옷자락이
뚫을 수 없는 투명함으로 감돌고 있다.
때로는 일들이 이루어진다.
제자들이 스승의 부족함을 메워주고
남은 길의 동행자가 되어준다.
그리고, 인간의 성취와는 다른 빛이 있다.
오래 있음에 따르는 우둔함을
지울 수 없지만, 서서히 모인
탁한 그림자는 계절에 따라
가늘고 느린, 맑은 호흡을 시작한다.
모르는 양지 향한 언덕에 누워
순례자의 먼지가 만든 은하수를 본다.

Sun-lit Place of Old Age

Blessings follow becoming old.
Incarceration built by history
and liberation prepared by future
constitute time. Desired works fall,
and where fire is extinguished,
things unknown or anticipated
are confined by temporal meshes.
Often a wave embraces the hurt
and diminishes the sorrows of laughter
that has no joyous content.
Sometimes works are done.
Students grow up
and stand next to the teacher.
They become teacher's companions.
And there is a flow different
from human accomplishments.
Hemp of the being sought or not sought
binds reality of things wanted or not wanted
with transparency that is impenetrable.
Though slowness accompanying the years
and the descending dullness are present,
shadows collected breathe thin but clear.
Lying on a hill facing the southern cross
old age watches the milky way of old
made of dust born by pilgrim treads.

빛의 탈육신

태초의 중심에서부터
빛이 둘레를 넓혀 나간다.
없는 것에서 빈 것을 만들고
따라오는 시간이
뒤를 사슬로 막는데
빛은 앞을 스스로 열어 나간다.
시간과 얽힌 빛이
물과 흙을 빚는다.
굴절의 산통으로 태어난 색채가
모든 것을 분리한다.
빛은 계속 파장을 일으키는데
하늘과 불 사이에 구분된 것이
이제는 환향을 바란다.
이루어진 후 수많은 날 동안
해를 감싸는 노을 구름에서
영혼의 애절한 호소까지,
빛이 시간의 동행을 벗기 원한다.
때 묻은 형상들이
빛의 탈육신을 소망한다.

Excarnation of Light

From the center of the beginning
light expands the circumference.
It creates emptiness from nothingness,
and as time follows the path.
it generates its own front.
But the light from the beginning
shatters as it collides against crystal
formed by time. Colors born of refraction,
pains of birth, separate all
that is between the heaven and the fire.
Ever since the point when all was
individuated, muddy shapes,
nebulas near and far,
and soul wrenching pleas
await alike to escape the light.
When the farthest light explodes
and an instant of nothingness
arises, the time is no more.
And the unencumbered light
returns to the once
and future home to darkness,
shedding the shade made of time.

빨래하기 좋은 날

오늘은 추수 계절에 청명한 날
빨래하기에 안성마춤이다.
이리저리 찌든 때,
어울려 비빈 탁한 땀을 다 받아
떨치지 못한 냄새를 만들어 왔다.
좋은 물 사분으로 한 번 씻고
자외선의 살균력을 받도록
널어두기에 아주 좋은 날이다.
서로의 가시들이 만든 생각과 행위,
누렇게 부패한 것들은
다 잠 설치게 하는 기억이다.
겹겹이 쌓인 후회와 실망,
작더라도 해묵은 분노를
낙엽이 다 떨어지기 전에 모은다.
하늘 향해 열고
자외광의 축복을 받을 수 있는
청명하게 좋은 날이다

A fine day for laundry

It is a fine day in the harvest season,
not a cloud anywhere,
a day made to order for laundry.
Here and there stubborn stains,
layers of sweat of mine and others,
have turned dirty yellow.
Inner wears and outer cloaks
together have made nauseating odors.
Oft mutually expectorated droplets
of words and deeds,
committed or withheld but remembered,
are memories that burden the sleep.
Before the sun sets after a perfect day,
it is time to wash with gratitude,
and be cleansed in the ultraviolet light.

장작

언제 그 전날 장작 사러 갔다.
시장에는 소달구지가 줄 줄인데
겨울 땔감으로
진 나고 속 살찐 소나무 잘 골랐다.
솔은 솔대로 흔들리는 바퀴 위에서
수도원 브랜디 향기 피우며
시간 넘을 수 있는 숯을 꿈꾼다.
언덕 아래 아궁이에서
뜨겁거나 미지근한 겨울밤이다.
아침에는 잿빛 가루가 남는다.
다시 거름이 되고
세대가 지나면 씨앗 자라서
또 바퀴에 꿈이 실린다.

Firewood

Often times in yesteryears
father and i used to go to the market
to buy firewood for winter nights.
Rows of ox-carts piled with pine
well grown and fat, dark resin
smelling pure as monastery brandy.
Firewood dreams on dancing cart
of charcoal that needs no return
it then heats, hot or luke warm,
only to leave in the morning
good ashes behind, fertilizer for spring.
In a score the dream will
ride again on two squeaking wheels.

함성

여름은 살아가는 것들의 함성이다.
터지는 봉오리에서 낙엽으로 가는 길,
곰은 꿀을 따고,
사람은 발바닥을 찐다.
뒷걸음으로 집 찾아가는 쇠똥구리,
귀향으로 사라지는 혜성이
다 이루어 놓은 회전의 일부이다.
새날을 잉태할 낮 꿈도 꾸고
위로 뻗어나가기를 바라지만
한 계절이면 잔이 넘친다.
여름은 살아가는 것들이
신음의 반복을 거부하는
마지막 정열의 함성이다.

Scream

Summer is the scream of the living
on the road to the turning leaves.
Bears claim honey,
and bipeds broil the soles.
Dung beetles rolling future to home
and the comets fading homeward
daydream alike of bearing a new time.
Rotations may come and more
but one season makes the cup run over.
Summer is the passionate scream
that refuses to repeat the whimper.

그림 116) 크리스티안 롤프스, <흰색 히아신스>, 1916년경,
피지 위에 수성 템페라, 63,7x48,5cm, CC BY-SA 4.0,
© Anvilaquarius, via Wikipedia

그 전날

병실에 누워있는
당신을 마지막으로 보았을 때
맥박은 서서히 더 느려졌고,
산소공급에도 불구하고
숨소리는 더 약해졌다.
내 손을 잡고 눈은 감은 채
움직이지 않고 있었다.
매우 평온한 모습이었다.
이어 호흡의 흔적이 없어지고
심장이 정지되었다.
세상이 정지되었다.

어떻게 그렇도록 간단하게
생명에 대한 감사의 표현,
고통에 대한 유한의 신음이나,
죽음에 대한 불안의 시선도 없이
시끄러운 세상이 그렇게 조용하게,
일생이 그렇게 쉽게 끝났는지 모르겠다.
계절이 한번 지나가는 것 같았다.
적막한 흐느낌 외에는
남아있는 것이 아무것도 없었다.

그러나 그 전날은 달랐다.
내가 병실에 들어왔을 때

알아보고 두 팔을 벌리며
안아 달라는 듯 환하게 미소 지었다.
평생토록 나에게 보내준 것보다
더 깊고 따뜻한 미소를 보내주었다.
결혼 육십 주년을 한 달 앞두고
당신이 나에게 준 마지막 선물이었다.

빛이 나를 떠나고 다른 빛이 올 때까지,
당신이 나를 보고 다시 웃을 때까지
그 미소를 영원토록 간직할게.

The Day Before

When I last saw you in your hospital bed,
your pulse was slow and you were breathing
assisted with oxygen from a tank nearby.
You were quiet and motionless, pupils closed.
Your breath weakened,
and when the pulse stopped, the world stopped
forty-five days short of our sixtieth year.

The day before was different.
With a smile to cover a thousand smiles
you recognized me as I entered into the room,
raising your arms to embrace me
Then you closed your eyes, seemed to rest,
and never opened your eyes again.
Your last smile was your last gift.

I will cherish it until the light dies, Forever,
I will cherish it until you smile at me again.

내가 이른 새벽에 일어나서

내가 이른 새벽에 일어나서
꽃 찾아가는 바람처럼
당신이 편안하게 자는 방으로 간다.
가까이 가서 이름을 부르면
눈도 뜨지 않은 채
팔을 내밀고 내 손을 잡는다.
당신 손을 다시 이불속에 넣어주면
내가 거기 있는 것을 알고는
다시 잠든다.
많은 날과 밤을 지나면서
내가 찾을 때마다 당신은 곁에 있었다.
내가 찾지 않을 때도 늘 곁에 있었다.
그러나 얼마 전부터는 불러도 답이 없고
손을 내밀어도 잡지 않는다.
불러도 답이 없을 때 나는 숨이 막힌다.
손을 내밀어 답을 해다오.
그렇게 해 주어야
나의 세상이 바로 돌아간다.
답을 해다오.

When I awake in the Dark

When I awake in the dark,
past the long couch I see your bed room
where you sleep so peacefully.
And I tiptoe to you like wind seeking a flower
and watch you sleep like a child.
When I come near and softly call,
you raise your hand out to me in the air
without even opening your gentle eyes.
Then I hold and put your arm under the blanket
and you go back to sleep knowing that I am there.
Throughout the long and short days and nights
you are there whenever I call you
or even when do not call.
But tonight you do not answer me
and your hand is not there when I reach out.
When you do not answer me I cannot breathe.
Answer me and stretch your arm out.
Then I will know that the world is in order
and I can breathe and go back to sleep.
Answer me and give me your hand.
Answer me.

신기루

사막과 사암들이
계속되는 조건들이다.
보이지 않을 정도로 먼 저곳에서
신기루 그 이상의 신기루가 나타난다.
순간적이면서도 지속되는,
숨겨져 있는 삶의 향기가
멀리서 오는 듯하다.
모래에 빠지는 발걸음에
타는 듯 눈시울을 덮는 먼지를 안고
순례자는 다시 만나는 장소를 찾는다.

많은 시간이 흘러야
메마른 신기루가 사라지고,
푸른 뜰의 저택이 나타난다.

Mirage

Deserts and sand stones
are the conditions that persist.
In the distance a mirage
that is more than a mirage rises,
lasting and ephemeral
with its scent of life hidden
and coming from afar.
Moving tired steps that sink
and burning eyes covered with dust
the pilgrim dreams of a place to meet.

Many an hour must flow
before the dry mirage disappears
and the green mansion appears.

석류나무

정원에
이 집과 같이 살아온 석류나무가 있다.
잘 자란 묘목을 어렵게 구해서
양지바른 곳에 심어둔 나무이다.
수십 년 동안 열기와 한파,
해충이 이리저리 입힌 상처를
둥치에 흔적으로 입고 있다.
그래도 철 따라 붉은 꽃 피우고
풍만한 열매를 맺어왔다.
지나가는 사람에게 기쁨을 주고
내재한 향기를 건너 주었다.
그런데 몇 년 전부터
시들기 시작하고
철 따라 하는 일을 잊어버렸다.
물 주고 거름 주고,
웃음 주고 사랑 주고 했으나
둥치의 상처는 깊어만 갔다.
그러던 어느 날 아침에
마지막 미풍을 남기며 사라졌다.
이제 여기는 다 비어있는 것,
향기 없는 정원만 남아있다.

Pomegranate Tree

In the garden
grows a pomegranate tree
that has aged with the house,
a rare seedling planted long ago
at a sunny place inside the gate.
For decades, heat and storms,
careless pests have left deep cuts
in the old trunk.
Still it flowered, and pomegranates
ripened as seasons changed.
It brought joyous inner scent
to the people near and distant.
But from some years back
it began to wither,
forgetting to rise and bloom.
In spite of love and other nutrients
the wounds became ever deeper.
Then suddenly one morning
it quietly faded away after a gentle sway.
All that remains now is emptiness,
just a vacant garden without any scent.

그림 117) 크리스티안 롤프스, <무덤에 빛을 밝히는 천사>
1925년경, 캔버스에 템페라, 100.7x75.6cm, 에센 폴크방 미술관,
CC BY-SA 4.0, © Trzęsacz, via Wikipedia

해설

해설:

빛을 향하는 순례자

빛을 향하는 순례자

1

아리스토텔레스는 시란 인생을 모방하는 것이라고 하였다. 헤겔은 시문학의 주요 과제는 인간의 모든 표상, 활동, 행위, 운명뿐만 아니라 신이 다스리는 세계를 의식하는 것으로, 진실한 것에 대한 가장 원초적인 표상이라고 하였다. 시는 인간의 정신성을 포괄하는 것으로 삶을 사유하고 궁극적인 의미를 탐구하는 것이다. 감각을 우선하고 사변적인 현대시가 간과하고 있는 점이 바로 이런 부분이 아닐까 하는 생각이 든다. 이 시대는 과학이 이루어낸 성과의 이면에 환경 파괴, 이성의 도구화 등 인류가 직면하고 있는 위협이 큰 만큼 어떤 시대보다 이 위험 지대를 횡단하는 데 시의 역할이 중요하다고 볼 수 있다.

이 시선집은 『유한의 빛』, 『기억의 길』, 『바퀴의 흔적』 3권의 시집에서 고른 것으로 회고록이자 명상록이며 무한한 시간 속을 살아가는 존재에 대한 사색과 성찰의 시편으로 이루어져 있다. 47편의 시는 압축과 비유, 상징으로 빛과 시간을 포괄하며 유기적이고 건축적인 총체성을 이룬다. 시인은 현상하는 것들을 통찰하고 심화하며 길가의 작은 꽃에서부터 우주까지 광대한 영역을 아우른다. 각각의 시편에 나타나는 무한한 시간의 운행은 거대한 공간성을 바탕으로 하고 있으며 빛은 깊은 어둠을 배경으로 한다. 이 속에서 온갖 생명이 움트고 성장하고 소멸하며 기억의 길을 만들고 바퀴의 흔적을 남긴다. 시편들은 표면적으로는 기독교적 색채를 띠지 않지만 이 속에 자리하는 무한한 시간은 절대성을 지니는 것으로 우주 속에 깃든 하나님의 신성을 표현한다. 또 곳곳에 스며들어 있는 빛은 절대자와 진리를 상징화한다. 시간과 빛은 물리적인 현상이지만 이념이고 지혜이며 초월이다. 모든 생명은 시간의 제한 안에 놓여 있으며 본원적으로 빛을 향하는 굴광성이다. 그리고 시집은 이러한 제한성 속에서 우리가 다시 돌아갈 수 없는 궁극적인 운명이라는 사실을 들려준다.

『유한의 빛』, 『기억의 길』에서도 시간과 빛에 대한 성찰이 있었다. 하지만 세 번째 시집 『바퀴의 흔적』에는 시간과 빛에 대한 보다 근원적인 통찰이 나타난다. 『바퀴의 흔적』에서 시간은 독립된 실체가 아니라 시공의 변화와 그 사이에서 피어나는 생명체들과 불가분하게 연결되어 있는 4차원의 연속체를 구성한다. 이 시간은 일상의 시간이자 천문학적인 시간이며 직관이 일관하는 우주적 차원의 시간이다. 그리고 이것은 주관과 객관의 구별이 없는 관조의 세계로 나아가며 유일한 절대성 속으로 회귀한다.

『바퀴의 흔적』에 나타난 시간에 대한 성찰을 읽다 보면 아르헨티나의 작가 보르헤스Jorge Luis Borges, 1899~1986의 작품을 떠올릴 수밖에 없다. 모든 책과 모든 문학은 서로 연결되어 있는 상호 텍스트라는 보르헤스의 발언을 이 시집에서도 어렵지 않게 찾을 수 있다. 보르헤스의 작품 중에서도 「두 갈래로 갈라지는 오솔길들의 정원」은 과거, 현재, 미래와 우주까지 포함하는 갈수록 구불거리는 끝없는 미로의 이야기이다. 이 시간의 미로는 새로운 가능성과 마주칠 때마다 하나를 선택하고 나머지를 버리게 되지만 갈라지는 길들이 계속 증식하면서 새로운 시간과 미래를 창조하고 또 다른 갈림길의 출발이 되고, 그리고 언젠가 그 미로가 모여 출발한 곳에 다시 도착하게 된다는 본원적인 원리를 보여준다.

이처럼 『유한의 빛』, 『기억의 길』, 『바퀴의 흔적』은 서로 이어진다. 첫 시집 『유한의 빛』은 첫 장이 "정원으로 가는 길"이다. "먼 곳에서 나와 같이 태어난 누더기 주인이 있어/ 걸어온 길옆에 생겨난 길 이야기를 해 주었다.// 언덕 위 주막 뜰에서 오늘은 굶고/ 강 건너 산장 옆에서 내일은 떨고/ 가노라 가다 보니 나타난 길" 이렇게 시작되는 「길」은 곧거나 굽은 외줄기 길, 가보지 못한 길과 사막과 바다를 지나 "하늘과 땅이 맞닿은 곳으로 선명하게 사라져 올라간다"로 첫 편을 마무리한다. 『기억의 길』 또한 길에서 시작하여 길로 이어지는 시간의 여정으로 가득하다. 이 길은 불 수레가 지나간 길이고 이정표 없이 더 깊은 수렁으로 들어가는 길이기도 하지만 진정한 집이자 영원한 안식처, 본향으로 향하는 여로이다.

세 번째 시집 『바퀴의 흔적』은 제목에서 드러나듯이 현대과학의 성과를 바탕으로 하는 시간에 관한 사유가 주를 이룬다. 「두 갈래로 갈라지는 오솔길들의 정원」은 첫 페이지와 마지막 페이지가 같은 한 권의 책으로 만들어진 미로이며, 한 권의 책이 무한한 책으로 변화하고 끝없이 지속될 수 있는 가능성을 지닌다. 이러한 점에서 『바퀴의 흔적』을 읽다 보면 보르헤스의 의도를 떠올리지 않을 수 없게 된다. 특히 마지막 시 「회오리바람」은 이러한 생각들을 확고하게 한다. “어제가 오늘 같은데/ 오늘은 사라진 어제 같으니/ 오늘이 정말 있었을까?” “둥근 바퀴 속에서/ 앞으로 갔다가 뒤로 도는” “지금은 회오리바람만 있다” 한 권의 시집에 등장하는 수많은 표상들, 모든 오늘과 내일은 다시 이 회오리바람의 혼돈 속으로 빨려 들어가 새로운 창조의 시간을 만들어낸다. 「회오리바람」을 마지막 페이지에 배치한 것은 시인의 이러한 의도가 전적으로 작용했기 때문이다.

이처럼 세 권의 시집에 나타나는 작품들은 무한하게 연속되는 시간성을 바탕으로 하고 있으며, 각각의 시편들은 상호 텍스트성을 갖는 수많은 의미와 노래들로 채워져 있다. 그것은 「거울 우주 mirror universe」에 나타나듯이 “끝이 다시 끝으로 가는” 우주적 시간성을 보여주며 끝없이 새로운 시간과 공간을 만들어내는 재생을 통해서 유한한 인간을 성찰한다. 정적의 시간에 둘러싸인 거울 우주는 시간이 축적되어 있는 공간이며 시간이 흐를수록 깊어진다.

2

세 권의 시집은 견실한 직관의 세계와 추상성 속의 보편성을 대상으로 삼는다. 그것은 무한한 세계 속에 놓인 지극히 왜소한 존재에 관한 것이자 존재 그 자체로 무한한 목적이 되고 있는 기독교적 세계관을 드러낸다. 시인의 날카로운 통찰insight과 직관intuition은 시각성과 현재성을 바탕으로 하지만 일상의 시간과 공간을 초월하여 다른 차원을 향한다. 먼저 육신의 눈은 감각의 세계를 파악하는 눈이며, 마음의 눈은 자아와 세계를 인식하는 눈이며, 정신의 눈은 보이지 않은 더 깊은 세계를 탐지하는 눈이다.

육신의 눈은 무한한 시간 속에서 유한한 시간을 살아가는 생명들에 머문다. 움트는 생명들은 모두 혹독한 시련을 이기고 나와 역동적인 현재를 살아 움직인다. 이곳은 질서와 조화로 연결되어 있는 세계이며 일상적인 개념과 인과율로 해석되는 경험의 세계이다. 「거처할 집」, 「동백」, 「은행」, 「오후의 새」 등은 "싹트는 시간"으로 수렴되는 생명에 대한 찬사이다. 이 생명들은 고난의 시간을 이겨내고 "그늘져 있는 기쁨의 밭에/ 새 고랑을 파나갈 것이다" 생명은 본능적으로 빛을 향하고 빛은 생명을 북돋우고 성장시킨다.

또한 이곳은 「곰 사육장에서」, 「코뿔소」 등에 드러나듯 "한 개의 병든 종이/ 모든 종을 폭행"하는 파괴와 폭력의 장소이기도 하다. 이 폭력은 「남아있는 그림자- Rothenburg ob der Tauber 어제의 반사」에 나타나듯 신의 이름으로 약자를 고문하던 허위의 긴 그림자를 드리우고 있으며, 「연해주 고려인들에 대한 소고」처럼 유민들의 한과 수난을 통해 폭력으로 얼룩진 민족사를 인식한다. 그러나 연해주에서 다시 중앙아시아로 강제 이주한 고려인들은 절망 속에서도 "저주의 땅"을 "푸른 대지"와 "장엄한 영토"로 가꾸면서 유배의 운명을 넘어 굳건한 생명력으로 살아남는다. 시인은 어제의 일들을 오늘의 거울에 비춘다.

만년 설산 정상에/ 갑자기 일어나는 착시,/ 살아있는 정령이/ 혼자 은밀히 왕국을 순회한다./ 한번 짧게라도 눈시울 열면/ 설향나무 흔들림에서/ 산양들의 불안한 눈길까지/ 다 비쳐진다./ 시작과 끝 사이에/ 해야 할 일 마치고/ 닫으면/ 혼자 느끼는 적막의 평온함,/ 눈보라 사라진다.

-「눈표범」 전문

시인은 험준한 산악을 누비는 「눈표범」을 통해 설산을 평정하는 생명의 위대함을 찬양한다. 척박한 지형과 악천후 속을 살아가는 눈표범의 고요함과 확고함은 아름다움보다 숭고의 이념을 자극한다. 숭고는 자연의 위력 앞에 놓인 인간을 일깨우고 자신의 고유한 숭고성을 고양시킨다. 시인은 범접할 수 없는 대상에 대한 경외의 감정을 통해 악조건 속에서도 사명을 수행해나가는 강건한 인간의 모습을 상정한다. 그리고 히말라야 눈표범에게 위엄과 인격을 부여하고 인간과 자연, 인간과 세계가 분리된 관계가 아니라 긴밀하게 이어진 관계임을 밝힌다.

앞에서 폭력은 생명 억압과 파괴로 이어지고 자아와 세계가 분리되는 부조화를 드러냈다. 시인은 파괴된 생명의 회복을 위해 고향의 자연으로 회귀하고자 한다. 고향은 실낙원의 모든 갈등에서 벗어난 세계이며 낙원을 대체하는 징소이다. 그곳은 우주의 중심에 위치하는, 아담이 진흙으로 만들어진 곳으로, 불모화된 자연과 인간을 품어 회복시켜주는 모체로서의 고향이다. 시인은 부조화와 분열, 파괴에서 영원한 생명성을 지닌 질서와 조화의 장소로 나아가고자 한다.

하늘 천 따따지/ 가매소테 누룬밥/ 갈차 주시던 곳./ 멸치국, 멸치국/ 요단강 건너마 맛나리.//할배 어디 가시마/ 싸리 회초리 뿌라노코/ 살짜기 내빼 나와/ 철갱이, 미꾸라지 잡던 곳./ 산토깽이 찾아 뒷산 돌고.// 밤에 자매 땀 헐리고/ 히한한 헛소리 하마/ 산 돌미 캐논 뿌리 이것,/ 줄기 저것 꺼려 먼저 자셔보고/ 따뜻할 때 마시라 따라 주시던 곳.// 문중에서 제일 먼저/ 예수 믿고 상투 끈코/ 갈 곳 업시 쪼끼나고/ 나중에 도라 와가/ 마실에 첫 예배당 지으신 곳.

-「고향」 부분

내 고향 청송에/ 천하제일 명당자리가 있어/ 앞에는 메기 맥 이은 냇물이고/ 뒤에는 작게 큰 언덕이다./ 옆에는 꿀사과 과수원, 마주보며 용 트는 솔숲, 정원같이 가꾼 옛 정자 터, 더 이상 좋은 자리가 없다.

-「두더지의 지혜」 부분

고향은 분명 다른 하늘 아래의 왕국/ 몸에 익은 들꽃과 약초들이/ 더 따뜻한 볕 아래 자랄 정원이지만/이곳은 자아로 달리 어찌할 수 없이/ 탕자가 된 자식에게 주어진 유배지./ 맑음과 흐림이 교차하고/ 그림자 비치는 벽이다.// 한세월 몸 사글셋방을 떠나/ 아흔아홉 칸도 더 되는 본가를 찾아/ 등불 밝혀 들고 길 비추어도/ 고향 별이 등불에 가리어진다./ 옛 늪 찾던 철새가/ 낯선 모래언덕에 떨어져 가듯/별빛 받고 갈라진 석류들/ 제 무게에 못 이겨 떨어지니/ 구하는 자의 그림자만 길어진다.

-「환향 길」 부분

시인에게 고향은 심리적 퇴행의 장소가 아니라 원체험과 삶의 원형질을 고스란히 간직하고 있는 온전한 장소이다. 고향은 존재의 근원이고 터전이며 시인의 정체성을 확보해 주는 가족의 공통 기억과 역사가 묻어 있는 곳이다. 사투리로 쓴 시에는 이에 대한 그리움이 진하게 배여 있다. 또 고향은 자연의 순리대로 살아가는 한갓 설치류에 불과한 「두더지의 지혜」를 통해 우매한 인간을 깨우친다. 그것은 건축자가 버린 돌처럼 들판의 보잘것없는 미물에게도 그리스도의 모습이 투영되기 때문이다. 시인의 고향 지향성은 세계를 탐험하기 위해 떠난 이향 체험에서 출발한다. 그리하여 "고향은 분명 다른 하늘 아래의 왕국"에 드러나듯 유토피아적 의식을 통해 이상화되고, 귀향은 시인의 지향점이자 최후의 장소로 작용한다. 또 고향은 "시간 나마 눈 깜꼬 내 돌아오넌 곳"「고향」에 드러나듯 종말론적 시간관을 바탕으로 완성과 도달의 의미를 함축한다.

3

움트는 생명의 시간과 자연의 순리를 찬미하고 폭력과 파괴를 적시하던 시인은 「가을 잡초」, 「남아있는 빛」, 「미소」, 「바퀴」 등의 시편을 통해 쉴 새 없이 변화하는 시간 속의 고유한 인간과, 그러한 인간을 담고 있는 세계를 그린다. 그곳에는 빠른가 하면 느린 시간이 있고, 변화 속에서도 안정이 담겨 있으며, 거시적 세계와 미시적 세계가 함께 나타난다. 빠르게 변화하는 시간과 거시적 세계 속에는 창조와 쇠퇴, 분열과 파괴가 동시에 상존하지만 느린 시간과 미시적 세계 속에는 세심함과 부드러움, 사려 깊음이 자리를 잡고 있다. 이 시선집은 두 세계의 공존을 들려준다. 바퀴의 속도는 변화를 창조하지만 낡은 것들을 버리지 않고 기억 속에 보존한다.

> 조용한 정원 한 모서리에/ 혼자 한철 보내는 잡초,/ 동산의 희미한 기억은 있지만/ 대홍수 아래 메마르게 갈라진 땅도/ 일상처럼 안고 때 따라 흔들린다./ 냉혹한 중력을 거슬리며/ 무거운 물 뽑아 올리는 줄기,/ 잠시 지나는 풀잎이/ 빛을 삶으로 꾸며 왔다.
>
> -「가을 잡초」 부분

참 좋은 계절도 네 것이 아니고/ 세상 팔경도 내 것이 아니니/ 얼음 아래 다슬기, 혼자 피는 들풀,/ 사막 모래 안의 개미마저/ 다 너와 나 이전의 것이다// 중략 시간이 지날 대로 지난 후에/ 고향길에 옛 옷 입은 생명처럼,/ 빛 머금은 흔적으로 돌아오는 것,// 처음에는 이방인의 모습으로 오는 형상/ 광활한 공허에서 내리는 소립자 모양,// 자리 메우는 그림자의 빛이 남아있다.

-「남아있는 빛」 부분

천 개의 세기, 또 대홍수가 쓸고 가면/ 사람의 역사도 사라진 옛이야기가 되겠지만

-「미소」 부분

지워져 있는 시간이 모든 기억을 덮는데/ 다 순간의 거대한 수레에 묶여 있다.// 새로운 상실이 또 저녁의 기억을 낳는다.

-「바퀴」 부분

기억의 길은 시간이 축적되어 있는 길이다. 이 길은 다양한 존재가 살아가는 실존적 시간성에서 시작되지만 역사적 시간과 초역사적 시간이 동시에 공존하는 길이다. 시인은 동역학적인 시간과 무시간적인 영원의 시간에 대한 성찰을 한다. 시간은 유한성을 지닌 인간에게 한계의 징표이며 동시에 극복하고자 하는 대상이 된다.

시인은 심오한 정신의 세계로 들어가 시간 속에서 부침하는 것들과, 학문적이고 종교적인 세계를 통찰하고 내적 체험의 영역을 감각적인 질료를 이용하여 구체적인 형태로 드러낸다. 이 통찰은 깊고 넓은 세계와 그 속에 현상하는 것들을 수용하여 심화하고 변용하는 과정을 거친다. 헤겔에 의하면 제한성을 지닌 소소한 것들로부터 자유로워지고 직관의 에너지가 관통하는 이 시기가 시인이 시를 쓸 수 있는 가장 원숙한 시기라고 한다.

「연구의 시대」, 「탐구」, 「탐구자의 길」, 「인류사Ⅰ」, 「인류사Ⅱ」 등의 작품은 광범위한 영역에 걸친 시인의 관심과 정체성을 표상한다. 작품들은 내적 형상화와 객관성을 바탕으로 추상적이고 보편적인 형태로 고양된다. 학문적인 사색으로 이루어진 이러한 사유를 시적 오성이라 할 수 있을 것이다. 직관과는 또 다른 사색적이고 철학적인 시편들에서 시인은 비본래적인 언어를 배제하고 본래적이고 함축적인 언어로 내면에 내재된 노련하고 대담한 에너지를 보여준다. 진리를 추구하는 순례자에게 연구는 또 하나의 영적인 길이 된다.

> 무능의 절망이/ 창조를 잉태하기도 하고/ 무한의 영광이/ 파멸을 예비하기도 한다.// 넷째 날/ 미완의 결핍이/ 존재를 종속시키기도 하는데
>
> -「연구의 시대」 부분

> 서로의 있음으로 솟는 상호 인정의 힘으로/ 황무지로 몰아내는 이성의 파멸적 사슬,/ 이성의 쇠사슬을 지나는 전환의 교량 삼아/ 자유의 교류와 교류의 미지로 가는 길이다./ 같이 있음의 이성을 포용하는 있음의 등불,/ 미미하나 미지를 열어주는 새로운 빛이다.// 인류사에 새겨진 진행사:// 이성의 황량한 길을 교류의 비단으로 짠 인류,/ 생존의 좀 더 숭고한 노래를 부를 수 있었다.
>
> -「인류사 Ⅱ -이성의 쇠사슬-」 부분

「초원」은 낙원의 시간이다. 예이츠의 시 「이니스프리의 호도」를 연상시키는 낭만적인 이 시는 가속하는 시간의 압제하에서 시간의 풍요와 휴식의 풍요로 이루어진 소박한 이상향을 추구한다. 이 시간은 긴 휴식과 긴 호흡으로 인생을 관조하는 시간이며 소진되었던 생기를 회복하는 고유한 시간이다. 시인은 「초원」을 통해 자아에 머무르는 내면의 목소리에 주목하고 내면의 깊은 심정에서 포착한 대상에 집중한다. 「초원」은 「평화- erzabtei st. ottilien 반사」, 「보리수의 꿈」과 더불어 삶의 궁극적인 지점을 제시한다. 해체되어 있던 삶은

자아와 세계가 일치하는 자연의 세계와 평화의 세계로 회귀하여 다시 새 생명을 키울 풍요로운 시간을 완성한다.

> 나에게 잠자는 초원을 주면,/ 시간이 저녁별을 부르는 언덕에서/ 이곳 내까지 이어진 초원을 주면,/ 나무 괭이 만들어 정원 가꾸리./ 돌부리에 걸려 쟁기 부러져도/ 구르는 돌, 들 짚 넣은 흙벽돌로/ 나지막한 바람막이 담장 만들고/ 마디 굵은 내 손으로 매일 골 메며/ 음치 노래 찬미로 다 키우리라.
>
> -「초원」 부분

> 가까이는 찬미 소리,/ 저 아래에는 사람들의 이야기 소리가/ 조용히 들려온다. 중략 // 이 세상에 평화가 있다면 / 이것과 비슷하리라./ 여기와 비슷하리라.
>
> -「평화- erzabtei st. ottilien 반사」

> 감사한 성장의 시간이었지만/ 철 지나는 꽃잎도 색깔을 잃어가고/ 둥치도 조금씩 말라간다./ 곰도 이제는 오래 갈 가죽 되어/ 군주의 서재에 깔려 쉬고 있다./ 보리수도 넓은 나이테 그만 그리고/ 언제 불타는 황토방에 들어가/ 썩지 않는 숯이 되어야 할 시간이다.
>
> -「보리수의 꿈」 부분

4

빛과 시간, 보이지 않는 세계를 탐지하고자 하는 순례자의 눈에는 순환하는 우주적 시공간의 세계가 펼쳐진다. 그것은 끝없이 변화하고 움직이는 역동적인 세계이며 무한하게 팽창하고 있는 우주의 절대적 시간과 영원한 현재에 관한 시선이다. 모든 존재는 천체의 운동 리듬이라는 주기성 속에서 살아간다. 인간은 무한한 우주와 소통하기 위해 무형의 시간을 연도와 계절, 가시적인 눈금으로 만들었다. 「별」, 「성운의 빛」, 「은하수 길」 등에는 시간의 순례자가 힘겹게 지나온 여정이 나타난다. 별의 일생과 사람의 일생은 같은 모습을 띤다. 떠도는 먼지와 부스러기들이 별이 되고 은하수를 만들고 초신성이 되어 산산이 흩어지며 새로운 성운의 초석이 되듯이, 순례자 또한 이러한 길을 최선을 다해 완수하고자 한다. 기억의 길을 거쳐 수레바퀴를 회전시켜 온 순례의 긴 여정 끝에는 "희고 깨끗한 모시 덮인 식탁 위에/ 빵과 포도주"「은하수 길」가 차려져 있다. 지친 순례자를 품어주는 생명의 근원지이자 모든 것을 합일시키는 본향, 낙원의 세계가 여기에서 다시 구축된다.

> 유일한 빛을 恨없이 발한다./ 큰 울음 터뜨리는 超新星, 그러고는 빛에서 나온 빛을 따라/ 시간 떠난 새 성운의 시간 낳는다.
>
> -「별」 부분

> 많은 운석 부딪혀/ 시간과 함께 다듬어지는 본체,/ 별이 되어/ 더 큰 빛 반사하면서/ 시간 끝의 어둠을 물린다./ 그러다 빛의 생명이 다하고/ 초신성이 되어/ 마지막 열기 발하면서/ 새로운 성운의 초석이 된다.
>
> -「성운의 빛」 부분

이러한 순례자의 삶을 더욱 복되게 한 것은 「유한의 빛」, 「나 같은 사람」, 「늦저녁」, 「모란이 닮은 꽃」 등의 시편에 구체적으로 나타난다. 시인은 "모란이 닮은 꽃"으로 은유한다. 그는 "깊어만 보이는 눈동자 속에는/ 결핍의 수난과 고뇌의 풍요/ 중략 하늘에 두어 변치 않는 향기를/ 기억 속 가장 은밀한 방에서부터 겉옷 끝 올까지/ 품고 있는 여인.「유한의 빛」"이며 "나를 연장시키고, 내 웃음, 내 눈물과 함께/ 흐르는「나 같은 사람」" "나랑 같이 온 그 언덕길 위에 서「모란이 닮은 꽃」" 있는 "나 같은 사람"이다.

그리고 "삶도 죽음도 구하지 못한 연옥의 무리 속에서/ 유한의 빛을 모은 미녀. 이토록 황폐한 지하에/ 저토록 마음 부신 여인이 있을까?/ 눈 감은 눈길이 그를 따라간다.「유한의 빛」"를 이어서 읽다 보면 아름다움에는 지성과 선이 필수적으로 수반된다는 사실과 인생의 여러 능선을 넘어 부드러운 빛의 지대로 들어선 한 부부의 풍경을 파악할 수 있다.

「곳간」, 「부서지는 시간」, 「지난날」에는 "같이 불러왔던 노래"에 대한 추억과 회한이 담겨 있다. "너는 내 기억 속에 있는 시간이니/ 내 시간이 네 기억이리라./ 네 기억이 조금 분해된다 해도/ 내 시간 속에 다 저장되어 있다.// 봄비고 풀,/ 잠이고 꿈,/ 강이고 결,/ 나무고 불,/ 너는 집이고 나는 문.「지난날」" "그래도 끊어지지 않은 그림은/ 파손과는 무관하게 남아있던 사랑/ 알알이 기쁜 노래 되어 울린다.「곳간」"에는 완만하게 흐르는 넓은 강이 되어 수면에 지난날을 비춰보는 시인의 신실한 애정과 존경, 다정한 배려가 담겨 있다. 이로써 지극히 유한한 존재는 사랑의 신성함을 통해 불멸과 영원에 근접할 수 있게 된다.

> 주께서 사람을 티끌로 돌아가게 하시고 말씀하시기를 너희 인생들은 돌아가라 하셨사오니 주의 목전에는 천년이 지나간 어제 같으며 밤의 한순간 같을 뿐임이니이다 중략 그들은 잠깐 자는 것 같으며 아침에 돋는 풀 같으니이다 풀은 아침에 꽃이 피어 자라다가 저녁에는 시들어 마르나이다 시편 90: 3-6

이 시선집의 마지막 시편인 「그 전날」, 「내가 이른 새벽에 일어나서」, 「신기루」, 「석류나무」에 나타난 시인의 탄식에 대해서는 「시편」의 구절로밖에 달리 위로의 방법이 없을 것 같다. 그는 시인의 또 다른 고향이고 본향이기에 상실의 압박감은 이루 말할 수 없다. 「시편」 104편에 나타나는 하나님의 권위의 역사와, "헛되고 헛되며 모든 것이 헛되도다"는 전도서의 말씀, "이 엄청난 우주 속에 기억하는 것도 기억되는 것도 모두 하루살이일 뿐이다"라는 『명상록』의 구절과 인생을 역려과객逆旅過客에 비유한 『루바이야트』 등은, 곧 인간 조건의 덧없음과 무상함으로 하나님의 권능을 찬양하고 인간의 실체가 생성하고 소멸하는 한정적인 존재라는 사실을 표명하기 위한 것이다.

5

세 권의 시집은 시간과 변화를 본질적인 주제로 삼는다. 첫 시집 『유한의 빛』의 첫 편「길」은 제3시집인 『바퀴의 흔적』 마지막 시편「회오리바람」과 불가분하게 연결되어 있다. 그것은 이 시선집에서도 마찬가지이다. 선집의 마지막 시편 「그 전날」, 「내가 이른 새벽에 일어나서」, 「신기루」, 「석류나무」에 나타나는 내면의 회오리는 「길」과 긴밀하게 연결된다. 이것은 성경 창세기 1장 1절"태초에 하나님이 천지를 창조하시니라."과 요한계시록 22장 21절"주 예수의 은혜가 모든 자들에게 있을지어다. 아멘"이 다시 만나는 미로와 같은 구조를 취한다. 첫 줄incipit과 마지막 줄explicit은 성경에서 기조를 이루는 구절이다. 수많은 사건과 역사가 이 구절 속으로 수렴된다.

『유한의 빛』에서 시작된 길은 『기억의 길』을 따라 『바퀴의 흔적』의 마지막 시 「회오리바람」으로 끝을 맺으며 새로운 시작을 알린다. 이 선집의 마지막 시편 「그 전날」, 「내가 이른 새벽에 일어나서」, 「신기루」, 「석류나무」에 나타나는 내면의 회오리 또한 모든 오늘과 내일이 섞여서 새로운 시간을 창조해 나갈 것이다. 이러한 여정에서 나타나는 수많은 생명과 사건, 기억과 탐구는 시간과 공간이 만곡彎曲하는 우주의 한 지점에서 명멸하는 유한의 빛들이며 모두 무한의 빛 속으로 수렴된다. 빛은 입자이고 파동이며 무한은 수학적이고 천체물리학적인 의미를 지니지만 종교적 의미를 더 짙게 띠게 된다.

시인의 시작詩作 전반에는 특별한 점이 나타나는데 1인칭 대문자 I를 쓰지 않는다는 점이다. 이에 대해 시인은 인간의 "교만적 존엄"이 나타나는 것에 대한 조건 반사적인 반감이라고 밝힌 바 있다. 우리가 살고 있는 지구조차도 우주의 변방에 위치한 하나의 작은 점에 불과하다. 내가 세상의 중심이 아니라는 것은 무한 속에 놓인 유한성에 대한 성찰을 보여준다. 그것은 「뚝배기」, 「나」, 「질그릇」, 「소망」 등에 나타나듯이 "늙은 옹기장이가/ 하찮은 흙 주물러 만든 뚝배기「뚝배기」"이지만 "귀하면 귀한 대로/ 천하면 천한 대로/ 환란이 오면 그대로/ 높아 아래 경멸하지 않고「나」" "남 위해 돌아가는 그릇/ 비우고는 또다시/ 환하게 마음 열어 같이 하며" "모든 생각 다 접고/ 안아주는 손길「질그릇」"로 "흙 물레 돌려/ 남을 수 있는 그릇이고 싶다./ 지나친 겸손, 허영심 없이.「소망」"와 같이 낮은 자리를 견지하고자 하는 겸허함이다. 시인은 작은 질그릇이 되어 변치 않는 빛의 한 올이라도 담고 싶은 소망을 반복해서 피력한다.

이 시선집에서 모든 존재는 통일체의 불가분한 일부이고 서로 연결되어 상호작용을 하고 있으며 이런 작용을 통해 존재의 의미를 생성한다. 그리고 모든 피조물은 잉태하고 성장하고 사라지는 중이며, 우주는 기록되고 있는 한 권의 무한한 책이라고 할 수 있다. 하이데거는 "예술의 근원이란 그 안에서 일종의 존재자의 존재가 현성하는 그런 본질의 유래"라고 하였다. 그러한 점에서 삼라만상을 포괄하는 이 시선집의 본질에는 궁극적이고 전능한 실재, 우주의 질서이자 진행이며 부단한 유전流轉이자 변전變轉 그 자체인 신성이 자리하고 있다.

예술의 사명이 절대적인 것, 이상을 감각적으로 표현하는 것이라 할 때 이 시선집은 시간의 무한한 순환성 속에서 창조와 존속, 쇠퇴와 파멸을 겪는 존재들을 통해 자연의 순리와 그 속에 담긴 보편적인 진리를 제시하며 절대적인 것과 이상을 추구한다. 또한 제3시집 『바퀴의 흔적』을 외국인 교수들에게 헌정하며 동서양의 교류를 통해 청석 바위산에 계명대학교가 설립되었듯이, 자유로운 교류가 미지의 길을 열어주는 새로운 빛이 될 것「인류사 II –이성의 쇠사슬–」이라고 천명한다. 시인은 이성의 구속에서 벗어나는 열린 장을 제시하며 끝없음의 무한으로 뻗어나갈 계명과 인류의 역사적 운명을 축복한다.

『유한의 빛』과 『기억의 길』, 『바퀴의 흔적』 그리고 이후의 시편을 따라가다 보면 예술의 정신성을 통해 시문학을 한 곡의 숭고한 노래로 만들고자 한 시인의 의도와 열정을 찾아낼 수 있다. 해설: 서영희

참고문헌

어니스트 헤밍웨이, 『노인과 바다』, 김욱동 옮김, 민음사, 2012.

『성경전서』

Aquinas, T. 1953. *Summa Theologica*. trans. Fathers of the English Dominican Province, rev. D.J. Sullivan. Chicago. Pt. I, Q, 3, Art, 4.

Aristotle. 1951. *The Rhetoric*. trans. W. R. Roberts. New York.

Barth, K. 1926. *Der Römerbrief*. München.

Beckett, S. 1959. *Watt*. New York.

Bel and the Dragon.

Bergson, H. 1956. "Laughter" In: Sypher, W. *Comedy/* introduction and appendix. Garden City.

Buttrick, G. A. (eds) 1952. *The Interpreter's Bible*, 12 vols. New York.

Carlyle, Th. 1896. *The Works*, 30 vols. New York. *Sartor Resartus*.

R. H. Charles, R. H.(ed.) 1913. *Apocrypha and Pseudepigrapha of the Old Testament*. 2 vols. Oxford.

Chesterfield, Ph. D. S. 1901. *4th Earl of Letters to His Son*. 2 vols. London.

Coleridge. S. T. 1959. *Writings on Shakespeare*, ed. Terence Hawkes. New York.

Corrigan, R. W. 1973. *The Theater in Search of a Fix*.

Curtius, E. R. 1963. *European Literature and the Latin Middle Ages*. trans. W.R. Trask. New York.

Don Juan, *Canto*, IV. St. 4.

Freud, S. 1969ff. *Werke* (Studienausgabe) 10 vols. Frankfurt, IV: *Psychologische Schriften*.

Fry, Ch. 1963. *Theater in the Twentieth Century*. ed. R.W. Corrigan. New York.

Grossvogel, D. 1959. *The Depth of Laughter: The Subsoil of a Culture*. Yale French Studies XX1H.

Hegel, G. W. F. 1955. *Ästhetik*. 2 vol. Frankfuft.

Hobbs, Th. 1651. *Leviathan*, I.

Höfer, J./ Rahner K. (eds.) 1957ff. *Lexikon für Theologie und Kirche*. Freiburg. "Humor".

The Iliad. 1951. trans. Richard Lattimore. Chicago. Bk. X, I.

Ionesco, E. 1964. *Notes and Counter-Notes*. Writings on the Theater. trans. Donald Watson. New York.

Kallen, H. M. 1968. *Liberty*, Laughter, and Tears. De Kalb.

Kayser, W. 1966. *The Grotesque in Art and Literature*. trans. Ulrich Weisstein. New York.

Kierkegaard, S. 1941. *Concluding: Unscientific Postscript*. trans. David Swenson and Walter Lowrie. Princeton.

______, 1954. *Fear and Trembling*. tr. Walter Lowrie. New York.

______,1959. *The Journals of Kierkegaard*. 1. trans. Alexander Dru. New York.

Koestler, A. 1948. *Insight and Outlook*. New York.

Mann, Th. 1956. *Doktor Faustus*. Frankfurt/M.

Niebuhr, R. 1969. "Humor and Faith" in: *Holy Laughter*. ed. M. Conrad Hyers. New York.

Nietzsche, F. 1966. *Werke*, 3 vols. München.

Lynch, W. F. 1960. *Christ and Apollo*. New York.

Paul, J. 1960-63. Werke. 6 vols. Müchen. V: *Vorschule der Ästhetik*.

Plato. 1952. *The Dialogues*『대화』, tr. B. Jowett. Chicago.

______, *The Republic*『국가』, Bk, III.

Rabelais, F. 1952. *Gargantua and Pantagruel*. trans. Urquhart and Motteux Chicago.

Schiller, F. 1955. *Werke*, 3 vols. Wiesbaden. II.

Schlegel, F. 1956. *Schriften und Fragmente*, ed. Ernst Behler (Stuttgart, 1956).

Shakespeare, W. Hamlet, II.

______, *Love's Labour's Lost*.

Sirach.

Homer. 1967. *The Odyssey*. trans. Albert Cook. New York. Bk. VIII.

Sypher, W. 1956. *Comedy/ introduction and appendix:* "The meanings of comedy" Garden City.

Tillich, P. 1951-G3. *Systematic Theology*. 3 vols. Chicago. III.

Vischer. F. T. 1922. *Kritische Gänge*. 4 vols. München. IV.

Vogelweide. 1936. *Die Gedichte Walthers von der Vogelweide*. ed. Carl v. Kraus. Berlin.

Vos, N. 1967. *For God's Sake Laugh*. Richmond.

Wimsatt, W. K. Jr./Brooks, C. 1967. *Literary Criticism. A Short History*. New York.

도판 저작권 링크

그림 1) <길가메시 서사시> 점토판: https://en.wikipedia.org/wiki/Enkidu#/media/File:The_Newly_Discovered_Tablet_V_of_the_Epic_of_Gilgamesh._Meeting_Humbaba,_with_Enkidu,_at_the_Cedar_Forest._The_Sulaymaniyah_Museum,_Iraqi_Kurdistan.jpg

그림 6) 함무라비 법전비 상단 부분: https://en.wikipedia.org/wiki/Hammurabi#/media/File:F0182_Louvre_Code_Hammourabi_Bas-relief_Sb8_rwk.jpg

그림 10) <콘스탄티누스 대제의 거상> 중 두상: https://en.wikipedia.org/wiki/Colossus_of_Constantine#/media/File:Constantine's_head_at_capitoline_-_Flickr_-_cking.jpg

그림 11) 샤를마뉴의 흉상(유골함): https://en.wikipedia.org/wiki/Bust_of_Charlemagne#/media/File:Bust_of_Charlemagne.png

그림 15) <아벨라르의 상>: https://en.wikipedia.org/wiki/Peter_Abelard#/media/File:Abelard_cour_Napoleon_Louvre.jpg

그림 16) <아벨라르와 엘로이즈>: https://commons.wikimedia.org/wiki/File:Abelardo_ed_Eloisa.jpg?uselang=en#Licensing

그림 18) 샤르트르 노트르담 대성당: https://en.wikipedia.org/wiki/Chartres_Cathedral#/media/File:Notre_Dame_de_Chartres.jpg

그림 19) 랭스 노트르담 대성당: https://fr.wikipedia.org/wiki/Cath%C3%A9drale_Notre-Dame_de_Reims#/media/Fichier:Cathedrale_notre_dame_reims_2023_03.jpg

그림 37) <귀부인 체푸의 초상>: https://en.wikipedia.org/wiki/Painting_of_Lady_Tjepu#/media/File:LadyTjepu-TombPainting.png

그림 39) 이즈드크바스트 카라반사라이: https://en.wikipedia.org/wiki/Izadkhast_Caravanserai#/media/File:Izadkhvast_Caravanserai_01.jpg

그림 40) 오마르 카이얌: https://en.wikipedia.org/wiki/Omar_Khayyam#/media/File:Hakim_Omar_Khayam_-_panoramio.jpg

그림 47) 미켈란젤로, <모세>, 부분: https://en.wikipedia.org/wiki/Moses_(Michelangelo)#/media/File:'Moses'_by_Michelangelo_JBU310.jpg

그림 66) 네오 아시리아 인장(티아마트의 살육장면): https://en.wikipedia.org/wiki/En%C5%ABma_Eli%C5%A1#/media/File:Tiamat.JPG

그림 93) 헤밍웨이 가족: https://commons.wikimedia.org/wiki/File:Ernest_Hemingway_1950.jpg?uselang=en#Licensing

그림 94) 조 디마지오: https://commons.wikimedia.org/wiki/File:Joe_DiMaggio_salutes_his_bat.jpg?uselang=en#Licensing

그림 95) 산티아고 데 콤포스텔라 대성당: https://en.wikipedia.org/wiki/Santiago_de_Compostela_Cathedral#/media/File:Santiago_Compostela_Cathedral_2023_-_View_from_Alameda_Park.jpg

그림 96) 순례자 야곱, 콤포스텔라 대성당 파사드: https://en.wikipedia.org/wiki/Santiago_de_Compostela_Cathedral#/media/File:Santiago-Cathedral-St-James.jpg

그림 99) 잉고 퀼 <동결>: https://de.wikipedia.org/wiki/Winterreise#/media/Datei:Ingo_K%C3%BChl_%22Erstarrung%22_Bild_4_aus_dem_24-teiligen_Bilderzyklus_%22Winterreise%22_nach_Franz_Schubert,_%C3%96l_auf_Leinwand_120_x_300_cm_(2-teilig),_1996,_Werkverzeichnis_6-96.jpg

그림 113) 솔제니친, 『수용소 군도』의 표지: https://it.wikipedia.org/wiki/Arcipelago_Gulag#/media/File:Aleksandr_Solzhenitsyn_-_Arcipelago_Gulag_(%D0%90%D1%80%D1%85%D0%B8%D0%BF%D0%B5%D0%BB%D0%B0%D0%B3_%D0%93%D0%A3%D0%9B%D0%B0%D0%B3)_-_I_saggi_Mondadori_1974.jpg

그림 116) 롤프스, <흰색 히아신스>: https://commons.wikimedia.org/wiki/File:Christian_Rohlfs_Wei%C3%9Fe_Hyazinthe_c1916.jpg / Source: https://www.kettererkunst.de/

그림 117) 롤프스, <무덤에 빛을 밝히는 천사>: https://commons.wikimedia.org/wiki/File:Christian_Rohlfs_-_Engel,_der_Licht_in_die_Gr%C3%A4ber_tr%C3%A4gt_%28ca._1925%29.jpg

편집후기

편집후기

이 책은 2005년에 나온 『타불라 라사』의 후속편이다. 여기에는 1권의 연장선에서 인간과 삶의 다양한 문제와 씨름하며 그 완결을 향해 나아가는 사유의 운동이 담겨 있다. 제1부 '사람됨의 길목'에는 후마나의 토요 특강 「천로역정의 비단길」제76회, 2021.05.15 「각설이의 나들이」제62회, 2017.11.18 「비극의 눈물」제82회, 2023.03.18. 을 실었으며, 저자의 번득이는 젊은 지성을 엿볼 수 있는 논문 「웃음의 삼단률」을 추가했다Synn Ilhi. 1973. "The Triadic Rhythm of Laughter" 『인문과학』 제29집, 연세대학교 인문학연구원 21-52.

제2부의 '비평과 수상'에 실린 글들은 소설과 시의 비평이자 그때마다 특별한 시간을 반영한 강연이다. 「헤밍웨이의 '노인과 바다' 읽기」는 정순모 목사님 미수 기념 특강2018.06.16. 이고, 「W. 뮐러와 함께 떠나는 '겨울여행'」2018.12.15. 「베토벤과의 대화」는 각각 송년회 및 베토벤 탄생 250주년 기념음악회2020.12.23. 의 특강. 「섬의 혈액형」은 아카데미아 후마나의 봄 세미나AHSsem, 2017.04.14. 의 발제이다. 제3부 '시'에서는 이미 출판된 『유한의 빛』 『기억의 길』 『바퀴의 흔적』에서 독자들의 사랑을 많이 받은 시를 발췌하고 그동안 발표하지 않은 시를 실었다.

제1부에서 확인할 수 있듯이 저자는 고유한 잣대로 서양의 문명을 꿰뚫어 본다. 거기에는 단순히 연대기적 기록만 있는 것이 아니라 인류의 생생한 체험이 반영되어 있다. 인류

는 애당초 무한하고 영원한 세계에 대한 열망으로 알 수 없는 세계를 여러 형식에 담아내었다. 이러한 노력이 인간을 늘 새로운 인간으로 만들어왔고 이 가운데서 인간 됨의 역사가 성취되었다. 인간의 인간 됨에는 돌이킬 수 없는 실패가 있기도 했으나 문명의 큰 물결은 항상 인간의 오류를 바로잡아온 것이다. 저자는 거대 담론의 엄청난 배경 앞에서 인문학의 문제를 다룬다. 인문학은 단순히 학문 영역에 국한된 작업이 아니라 인간 존재 자체와 기나긴 역사가 만들어낸 삶의 빛과 그림자이다. 비극의 역사 속에서, 그리고 웃음의 3단계를 통해서 우리는 이것을 따라-체험할 수 있다.

저자가 읽어내는 인류 문명사는 분명 긍정의 길이며 새로운 인간을 가능하게 하는 내면화의 과정이다. 이 과정에는 모든 일이 순조롭게 펼쳐지면서 그 종착이 쉽게 잡힐 듯 보이는 청명한 때도 있지만 연원을 알 수 없는 사건의 엄습으로 무의미와 혼돈 속으로 빠져들 때도 있다. 소용돌이 속의 삶은 정신을 아무리 가다듬어도 논리적인 언어로는 포착할 수 없는 수수께끼로 다가오기도 한다. 독자들은 이 책에서 언어가 가지는 엄청난 폭발력을 경험할 수 있을 것이다. 산문이든 시이든, 친절한 설명이든 물음을 또 다른 물음으로 엮어내는 비어秘語이든 간에 그 힘은 살아있다.

우리들의 선생님이자 아카데미아 후마나의 회장님이신 저자의 글을 엮어내면서 4-50년 전의 강의실을 떠올리기도 하고 그때 가르침을 확인했던 유학 시절을 생각하기도 했다. 아무것도 그려지지 않은 백지를 무엇으로 채울지 고민하면서 보냈던 그 시간에 이제는 무엇으로든 답할 때가 다가온 듯하다.

2023년 10월

최신한, 김중순, 허정명, 이경규, 김경미, 정찬호, 서영희

저자소개

저자 소개

行素 신일희 박사는

1939년 대구에서 태어났지만 청송 골짜기가 고향이다. 계성중학교를 졸업하고 1954년 열다섯 살의 나이로 미국 유학을 떠났다. Trinity 대학교에서 수리학을 전공하고 Princeton 대학원에서 독문학을 전공한 후 1966년에 독일의 대표적인 표현주의 조각가이자 작가인 Ernst Barlach에 관한 연구로 박사학위를 받았다. 그리고 뉴욕의 Queen's College에서 교수 생활을 시작했다. 1971년 독일의 Kiel 대학에서 교환 교수를 지내고 1972년에 귀국한 후 연세대학교를 거쳐 1974년부터 계명대학교에 정착했다.

2024년이 되면 그는 교육자로서 60년을 맞게 된다. 그 가운데서 50년을 계명대학교에서 보냈지만 활동 무대는 한국에 국한되지 않았다. 2001년에 프린스턴 대학원 저명 동문 100인에 포함된 것을 비롯해서 전 세계 8개의 유명 대학에서 명예박사학위를 받았다. 14개의 국외 교육기관과 정부에서 명예교수와 명예영사 등으로 임명되었으며 국내외 25개의 사회단체에서 이사와 회장으로 활동했고, 폴란드, 스웨덴, 독일, 이탈리아 등의 국가 원수로부터 공로 훈장을 수훈했다.

세계와의 소통은 곧바로 제자들에게로 전해졌다. 오랜 총장직에도 불구하고 다방면에서 많은 제자를 길러냈으며 그들과 함께 문화사에 대한 담론을 이어가고 있다. 지역사회의 많은 지도자와 끈끈한 사회적 교류를 이어가는 것도 교육의 장을 교실 안으로 한정하지 않은 진정한 교육자의 면모를 보여준다. 그런데도 그의 발걸음은 아호 '行素'가 그러하듯이 결코 요란하거나 화려한 적이 없었다.